통일한국의 정치제도

초판 발행 2015년 9월 7일

편저 윤영관 강원택 **펴낸곳** (주)늘품플러스 **펴낸이** 전미정 **기획·교정** 이동익 **디자인·편집** 전혜영 윤종욱
출판등록 2008년 1월 18일 제2-4350호 **주소** 서울 중구 필동 1가 39-1 국제빌딩 607호
전화 070-7090-1177 **팩스** 02-2275-5327 **이메일** go5326@naver.com **홈페이지** www.npplus.co.kr

ISBN 978-89-93324-96-9 03340 **정가** 15,000원
ⓒ 윤영관·강원택, 2015

 늘품은 항상 발전한다는 순수한 우리말입니다.

통일한국의 정치제도

—

윤영관 · 강원택 엮음

Contents

발간사 | 윤영관   6

서론   통일한국 정치제도 디자인의 조건과 원칙
      | 강원택   9

제1부 권력구조

제1장   통일한국과 이원정부제
      | 한정훈   45

제2장   통일한국과 내각제
      | 정병기   89

제2부 정치제도

제3장 통일한국의 중앙·지방 관계
　│ 이옥연　　　　　　　　　　　　　127

제4장 통일한국의 의회제도
　│ 손병권　　　　　　　　　　　　　169

제5장 통일한국의 선거제도
　│ 임성학　　　　　　　　　　　　　201

제6장 통일한국의 사법제도
　│ 김종철　　　　　　　　　　　　　239

제3부 독일의 정치제도와 통일

제7장 독일의 정치제도와 통일
　│ 송태수　　　　　　　　　　　　　279

제8장 독일 통일 이후 지방분권과 통일
　│ 윤영관　　　　　　　　　　　　　333

발간사

—

독일은 여러 가지 면에서 한국인들의 선망의 대상이 되고 있다. 효율성을 최대한 살리면서도 공동체 정신을 강조하는 그들의 경제체제가 그렇고 무엇보다 통일을 이루어 냈다는 사실이 그렇다. 필자는 2013년 봄부터 6개월간 베를린에 머물면서 독일통일 및 통합과정을 연구하면서 여러 가지 자극을 받았다. 특히 통일 이후 비교적 성공적인 통합과정을 이루어 낸 것을 보고 그것이 아직도 분단 상태에 있는 한국인들에게 시사해주는 점이 무엇인지 많은 생각을 하게 되었다.

분명한 것은 그들은 통일을 우리처럼 입으로 외치지는 않았지만, 2차 대전 이후 냉전의 와중에서도 통일을 감당할 만한 실질적인 역량을 꾸준히 키워 왔다는 점이다. 경제적 능력뿐만 아니라 경제체제 측면에서도 통합과정에서 발생할 수 있는 어려움을 감당할 수 있는 역량을 키웠다. 또한 외교적으로도 아데나워(Konrad Adenauer) 이후 서방정책과 브란트(Willy Brandt) 이후의 동방정책이 아우러져, 통일의 순간 주변국으로부터 협력을 끌어낼 충분한 외교역량을 키워 왔다.

그러나 무엇보다 부러웠던 것 중의 하나는 서독의 성숙한 민주정치제도였다. 이것이 있었기에 통일이 급작스럽게 왔음에도 불구하고 동독 주민들을 민주주의 정치체제 속에 성공적으로 품어 안을 수 있었다. 즉 동독 주민들이 상대적 박탈감을 느끼지 않도록 하면서 효율성과 민주성을 동시에 추구하는 정치 통합을 이루어 나갈 수 있었다. 이러한 독일의 사례는 한국의 정치가들이나 국민들이 진정으로 통일을 원한다면 평소에 민주주의 실현을 위해 왜 진력해야 하는지를 말해 주고 있다. 그러한 관점에서 볼 때 우리의 현실은 아득하기만 하다. 심지어 적지 않은 정치인들은 통일과 민주주의가 별개의 문제라고 생각하는 듯하기도 하다.

그래서 평소에 이 문제에 대해 깊은 관심을 가지고 있던 강원택 교수를 만나 상의했다. 통일 이후 통합과정이 순탄하게 이루어지도록 하기 위해서는 어떠한 정치체제를 통일한국이 갖춰야 될 것인지 논의가 필요하다는 데 합의했고 그래서 이 책을 기획하게 되었다. 이 책은 통일이 오더라도 분단체제 하의 남쪽의 지금과 같은 불완전한 정치제도를 북한에 그대로 이식시킬 수는 없을 것이라는 전제 하에서 출발한다. 물론 통일 이후 남북을 아우르는 새로운 정치제도로 시작한다 해도 그것을 주도해 나갈 남쪽 주민들의 민주적 역량과 내공이 축적되어 있지 않으면 민주주의 정치 통합은 힘들 것이다. 그러한 문제의식에서 이 책은 통일 한국이 지향해야 할 민주정치체제를 첫째, 통치구조 측면, 둘째, 중앙·지방 관계, 의회제도, 선거제도, 사법제도 등 각종 정치제도 측면, 그리고 셋째, 민주주의적 통합을 성공적으로 달성한 독일의 경험이 던져주는 시사점이라는 측면에서 심도 깊은 논의를 펼쳤다.

물론 이 논의가 통일한국의 정치제도에 대한 해답을 제시했다고 보지는 않는다. 그것보다는 한국의 정치학계, 정계 및 기타 관련 분야, 국민들 사이에서 이 같은 중요한 문제에 대해 그동안 심도 깊은 논의가 없었는데 이제 본격적 논의가 시작 되도록 물꼬를 트는 역할을 할 수 있기를 희망할 따름이다. 이 책을 출간하기 위해 수차에 걸친 세미나를 주관해주신 강원택 교수, 그리고 열정적으로 토론해주고 참여해주신 모든 필진 여러분들께 깊은 감사를 드리고 그분들의 노고가 의미 있는 결실을 맺기를 진심으로 바란다.

2015년 9월
윤영관

서론

통일한국 정치제도 디자인의
조건과 원칙
—
강원택

Ⅰ. 들어가며

그동안 남한과 북한 주민 모두에게 통일은 너무나도 당연한 지상과
제로 받아들여져 왔다. 분단은 '잠정적이고 비정상적인' 상황이며 통
일은 그와 같은 '비정상적 상황'의 해소로 생각하는 것이다. 고려의
통일 이래 한반도라는 공간 속에서 하나의 정치공동체를 형성하며
살아온 우리 민족이 시대적 상황과 내부, 외부적 요인으로 인해 분
단이라는 비정상적 상황을 맞이한 것이기 때문에 통일은 원래의 자
연스러운 상태로의 복귀를 의미한다는 것이다. 곧 통일은 '일시적
분리 상태'의 종식과 '원상회복'이라는 것이다.

여기서 '회복'은 되돌아갈 지점을 상정하고 있는 것이지만, 현실
적으로 분단 이후 70년간 남북 간의 교류가 거의 이뤄지지 않은 채
서로 완전히 분리된 삶을 살아온 역사적 경험은 '되돌아갈 지점'이
어디인지를 매우 불분명하게 만들어 두었다. 동질성을 말하지만, 남
북 주민들이 집단적으로 서로 공유할 수 있는 '이전 상태', 곧 되돌
아갈 지점은 거의 없다고 봐도 될 것 같다. 더욱이 분단 70년이 되
면서 북한에 대한 기억이나 경험을 갖고 있는 이들의 수는 점점 줄어
들고 있다. 규범적으로는 통일이 필요하다는 점을 부정하지 않지만,

현실적으로는 남한 주민들의 통일에 대한 태도는 적지 않게 변화했다.

특히 남북한 간 장기적인 분단의 지속으로 인해 아예 통일을 원치 않는 이들도 많아졌다. 뿐만 아니라 북한을 '그들'로 바라보고 남한만을 '우리'로 바라보는 독자적인 정체성의 모습도 나타나고 있다(강원택, 2006). 세월이 흐르면서 분단 이전 상태에 대한 공유된 기억이 사라졌으며, 남한 사회에서는 한반도 남쪽 공간으로 국한된 새로운 정치공동체에 대한 정체성과 애정이 생겨난 것이다. 이러한 특성은 정도의 차이는 있을지라도, 마찬가지로 분단과 단절의 삶을 살아온 북한의 경우에도 크게 다르지 않을 것 같다. 남북한 모두 이제 통일이 '자연스러운 원래 상태로의 복귀'로 받아들이기는 어려운 상황이 된 것이다. 따라서 이제는 남북한 통일에 대해 보다 현실적인 인식의 전환이 필요하다. 통일을 규범적이거나 당위적 차원에서 '정상적 상태로의 복귀'로 바라보기보다는, '이질화된 두 사회의 통합'이라는 보다 현실적인 시각으로 바라볼 필요가 있다. 그런 만큼 남북한의 통일이 단순한 지리적 공간의 확대를 넘어서 진정한 통합에 이르기까지 그 과정은 매우 지난(至難)할 것이다.

'되돌아갈 지점'이 분명치 않다는 것은 통일 이후 안정적이고 통합된 삶을 구현하기 위해서는 보다 현실적인 관점에서 각종 정치, 경제, 사회 제도에 대한 제도적 디자인이 중요하다는 사실을 의미하는 것이기도 하다. 통일이 진정한 의미를 갖기 위해서는 남한 주민뿐만 아니라 북한 주민에게도 분단보다 정치적으로 안정적이고, 경제적으로나 문화적으로 보다 풍요로운 삶을 제공해야만 하는 것이다. 이러한 조건을 충족시키기 위해서는 무엇보다 통일 이후의 정치 제도가 공정한 정치적 대표성을 갖춰야 하고, 효과적으로 사회적 갈등을 해소해 낼 수 있어야 할 것이다. 이 장에서는 이런 문제의식으

로부터 통일한국의 정치제도를 수립하는 데 있어서의 기본적 조건
과 원칙에 대해서 논의할 것이다.

II. 통일을 어떻게 이해해야 할까?

통일 이후의 민주주의를 고민해야 하는 것은 이처럼 이질화된 사회가 재결합하는 과정에서 생겨날 수 있는 남북 간의 갈등과 마찰, 소외를 최소화하고 새로운 정체성을 확립하기 때문이다. 이를 위해서는 정치 지도자들뿐만 아니라 남북한 주민의 많은 노력이 필요하겠지만 동시에 이를 뒷받침할 수 있는 적절한 정치제도의 도입이 중요하다. 어떤 제도적 틀을 갖출 것인가 하는 문제는 통일의 방식에 따라 달라질 수 있을 것이다. 그런데 이 책에서의 논의는 통일과 관련해 기본적인 두 가지 원칙을 전제로 하고 있다. 첫째는 통일의 방식이 평화적이어야 한다는 것이며, 또 다른 하나는 자유민주주의와 자본주의 체제가 유지되어야 한다는 것이다. 통일이 평화적이어야 한다는 것은 굳이 다른 설명이 필요하지 않을 것이다. 한국전쟁의 상흔이 60년이 지난 지금까지도 우리 사회에 커다란 영향을 미치고 있다는 점을 고려한다면 폭력적 방법에 의해 통일이 이뤄진다고 해도, 그러한 물리적 결합이 진정한 의미에서 남북 간의 통합으로 이어지기까지는 너무나도 많은 시간과 희생이 따르게 될 것이다. 평화와 안정을 보장하지 않는 통일은 분단이라는 현 상황보다 결코 나을 것이 없다. 두 번째 전제인 자유민주주의와 자본주의체제의 유지는 논란의 여지가 있을 수 있다. 남북의 분단은 바로 체제경쟁의 결과였기 때문이다. 그러나 1980년대 후반 소련과 동구권의 공산주의체제가 붕괴하면서 체제경쟁은 더 이상 의미를 갖지 못하게 되었다. 정치적으로 자유민주주의, 경제적으로 자본주의는 민주화, 세계화의 물결과 함께 이제는 국제적으로 보편적인 체제가 된 것이다. 더욱이 현실적으로 북한의 경제적 곤궁, 정치적 억압과 민주화된 남한 사회의 풍요로움 중 무엇을 선택할 것인가에 대한 답은 너무도 자명하다. 따라서 자유민주주의, 자본주의는 통일한국이라는 정치공동체에 자유와 번영을 보장하기 위한 필수조건이다.

그런데 여기서 중요한 점은 자유민주주의와 자본주의의 유지가 중요한 전제조건이라고 해도 통일한국의 정치체제가 현재의 남한체제를 유지한 채 이를 그대로 북한에 이식하는 형태가 되어서는 안 된다는 점이다. 사실 독일 통일의 사례를 지켜보면서 우리도 통일이 된다면 서독의 체제를 동독에 이식하는 형태와 마찬가지 방식이 될 것으로 생각하는 사람들이 적지 않다. 그러나 설사 우리나라에서 독일과 마찬가지로 외형상 흡수하는 형태로 통일이 이뤄진다고 해도 현재 남한의 체제를 원형 그대로 해 통일한국의 정치체제를 설정하는 것은 적절하지 않다. 그 이유는 무엇보다도 현재 남한 정치체제가 지닌 불완전함, 모순 등의 문제 때문이다. 민주화 이후 민주주의적 진전에도 불구하고 여전히 남한의 정치제도는 여러 가지 문제점을 많이 내포하고 있으며, 이 때문에 정치개혁뿐만 아니라 개헌에 대한 요구까지 제기되고 있는 것이 현실이다. 더욱이 남한체제의 이러한 불완전성과 모순은 분단이라고 하는 상황과 긴밀한 관계를 갖고 있다. 따라서 통일은 그간의 남한 정치체제의 여러 가지 내부적 문제점과 모순을 개혁할 수 있는 기회가 되기도 하는 것이다.

현재 남한의 정치체계가 지닌 한계는 크게 세 가지로 정리해 볼 수 있다. 첫째, 해방 이후 통일한국이라는 국민국가 형성에 실패하고 분단이 이뤄지면서 남북한이 각각 통일이 될 때까지의 '임시적인' 분단체제를 수립해 왔다는 것이다. 즉 현재의 남한 정치체제는 통일한국을 전제로 한 것이 아니었다는 사실이다. 둘째, 분단과 뒤이은 군사적 충돌과 대립은 남북한 모두 내부적으로 정치구조와 관행, 정치문화를 왜곡시키는 결과를 낳았다. 남한의 경우에는, 그동안 권위주의체제에서 통치의 명분으로 내걸었던 것처럼, 반공주의의 강조와 이로 인한 자유민주주의적 가치의 침해를 예로 들 수 있을 것이다. 셋째, 통일이 민족적으로나 국제적으로 평화와 번영에 기여하기 위해서는 자유, 인권, 평등과 같은 보편적 가치를 구현할 수 있는 정치체제의 마련이 필요하다. 한반도 통일이 세계사적인 의미를 지니기 위해서 협소한 민족주의적 관점을 극복하고 인류사회의 보편적인 가치를 강조해야 하는 것이다. 민주화 이후 남한 민주주의가 많은 진전을 이루었지만, 자유, 인권, 평등 등의 보편적 가치가 정치적으로 내면화되었다고 보기는 어려울 것이다. 이러한 가치는 남한 정치에서도 중요성을 갖지만, 동시에 장기간 분리된 이질적 사회의 통합을 위해서도 매우 중요한 조건이 될 것이다. 그럼 이 세 가지 점에 대해서 보다 상세하게 살펴보도록 한다.

첫째, 분단이라는 임시체제의 극복이다. 1945년 일본으로부터 해방되었을 순간에 남북이 분단될 것으로 생각했던 사람은 아무도 없었을 것이다. 한반도라는 공간 내에서 하나의 국가가 존재하는 것은 너무도 당연한 일이었다. 그러나 일본의 패망 후 북쪽에 소련군이 진주하고 남쪽에 미군이 들어오면서 한반도에서는 전후처리의 관할권이 양분되었고, 국제정치적으로 미국과 소련 간의 경쟁과 냉전의 심화, 국내적으로는 좌우 정치집단 간의 이념적 대립이 격화되면서 통일은 현실적으로 어려운 일이 되었다. UN에서는 남북한 총선거를 통한 정부 수립을 추진했지만 북한의 거부로 실현되지 못했다. 이런 상황에서 이승만과 한민당은 남한 지역만이라도 정부를 구성하는 것이 현실적으로 가능한 선택이라고 판단했으며, 이러한 입장에 반대하는 김구, 김규식 등은 남북연석회의에 참여하는 등 분단을 막기 위해 노력했다. 두 차례에 걸친 미소공동위원회가 결국 결렬되고 신탁통치를 둘러싼 북한 및 남한의 좌익과 남한의 우익 세력 간의 갈등이 격화되면서 미군정은 남북통일 정부의 수립이 현실적으로 어렵다고 판단했다. UN 한국임시위원단의 북한 지역 진입을 소련이 거부하면서 결국 남한은 1948년 5.10선거를 통해 제헌의회를 구성했고 8월 15일 대한민국 건국을 선언했다. 북한에서는 미소공동위원회가 열리고 있던 1946년 2월 김일성이 사실상의 통치기구인 '북조선임시인민위원회'의 책임자가 되었고 이는 1년 뒤 '북조선인민위원회'로 공식화되었다. 그리고 1948년 8월 선거를 통해 최고인민회의를 구성한 뒤 1948년 9월 9일 '조선민주주의인민공화국'을 선포했다.

결국 남북한의 통일정부를 구성하지 못하고 분단이 성립되었지만 적어도 남한에서의 논의 과정을 본다면 처음부터 분단된 국가를 의도했던 것은 아니었다. 통일을 이뤄야 하지만 현실적으로 그 가능성이 크지 않기 때문에 차선의 선택으로 당분간, 혹은 임시방편으로 단정(單政)을 선택했다는 것이다. 주요 정치인 가운데 남한 단독정부 가능성을 처음 언급한 사람은 이승만이다. 1946년 6월 3일 이승만이 단정을 주장한 '정읍 발언'은 남한만의 단정은 남북 간의 통일정부 구성이 현실적으로 불가능한 상황에서 불가피한 선택이라는 것이다. 그러나 이승만은 단정이 '임시적'이거나 '과도적'인 속성을 지닌 것이며 이것이 남북 분열을 영구히 인정하는 것은 아니라는 점을 강조했다. 따라서 남한체제의 수립은 통일될 때까지 유효한 과도기적 속성을 갖는다는 의미를 지니게 된다. 오늘의 관점에서 볼 때 적어도 현재 남한의 정치체제의 수립이 통일의 상황까지를 고려해 정치체계를 디자인한 것은 아니라는 점은 분명해 보인다.

또 다른 문제는 통일과 단정이라는 두 가지 대안을 둘러싼 해방 이후 정치권의 갈등으로 인해 남한 정치체계의 근간을 설계한 제헌의회 선거에 모든 정파가 다 참여한 것은 아니라는 점이다. 다시 말해 1948년의 5.10선거는 지리적으로나 이념적으로 한계가 있는 선거였다. 지리적으로는 남한 지역만으로 국한되었고, 이념적으로도 우파 세력만이 제한적으로 참여했다. "좌파(남노당)는 선거에 참여할 수 없었고, 중간파(민족자주연맹)와 우파의 일부(한독당)는 적어도 '공식적'으로는 선거에 참여하기를 거부한 가운데 한민당과 이승만 세력(독촉), 그리고 무소속이 대거 참여해 남한에서만 치러진 선거였기 때문이다."(김일영, 2004, 69). 이로 인해 제헌국회의 대표성은 한계를 지닐 수밖에 없었다.

더욱이 통치 형태의 결정 과정에서도 제헌국회에서 구성된 헌법 기초위원회에서는 원래 내각제로 결정했지만 이승만이 내각제일 경우 정부참여를 거부하겠다고 위협함으로써 하루아침에 대통령제로 바뀌는 우여곡절을 겪었다. 통치 형태의 결정 과정에 새로이 탄생하는 정치 공동체가 구현해야 할 가치의 문제가 개입되지 못한 채 위인설관(爲人設官)과 같은 방식으로 특정인의 정치적 이해관계가 통치 형태 결정에 반영된 것이다. 미국 건국 과정에서 헌법 제정자들이 권력의 집중이 개인의 권리와 자유를 침해할 수 있는 가능성을 우려해 입법, 사법, 행정 권력을 분립하고 상호 견제의 체제를 고안해 낸 것과 같은 제도 선택의 가치가 반영되지 않았다는 것이다.

따라서 현행 남한의 정치체계는 통일까지의 과도적 상황을 위한 차원에서 수립되었다는 점에서 처음부터 분명한 한계를 지니고 있었다. 대표성의 측면에서 제헌국회의 구성은 애초부터 제한적이었으며 통치 형태와 같은 중대한 사안에 대해서도 새로운 정치공동체를 위한 어떤 합의된 가치를 구현하기 위한 것은 아니었다. 말하자면 현행 남한의 정치체계는 통일한국이라는 새로운 정체에 적용하기에는 기원부터 여러 가지 불완전함을 내포하고 있었던 셈이다.

두 번째 의미는 분단으로 인한 왜곡된 정치구조의 교정이라는 점이다. 분단은 적대적인 두 개의 권력을 만들어 냈다. 남북한은 서로 상이한 이념적 토대 위에서 격렬한 체제경쟁을 했고 이는 국제적으로 유일한 정통성을 인정받기 위한 투쟁이기도 했다. 남북한 간의 이념갈등과 체제대결은 특히 한국전쟁을 겪은 후에는 생존의 문제로 이어졌다. "해방과 한국전쟁을 겪으면서 전쟁과 학살의 매 고비마다 반공주의는 대중들에게 '생존 본능'의 표현물"이 되었다(전재호, 2007, 249). 그러나 남북한 간의 군사적 대립과 국제적인 냉전구조 속의 긴장 속에서 체제유지와 생존의 추구는 정치적으로 억압적인 형태로 나타났다. "현실에서 반공에 반하는 행동이나 문제제기는 대한민국 체제에 대한 부정으로 간주"되었고 "그 결과 반공주의는 한국인들의 사고와 행동의 영역을 제한하는 강력한 억압기제로 작동"하게 된 것이다(전재호, 2007, 249).

반공주의가 우리 정치체계에 미친 부정적 영향은 제헌 과정에서부터 살펴볼 수 있다. 남한의 정체가 자유민주주의 이념을 토대로 하고 있지만, 현실적으로 반공주의와 남북한의 군사적 대립은 그러한 원칙이 제대로 구현되지 못하도록 만들었다. 이러한 자유민주주의 이념의 왜곡은 통치자의 장기집권 욕망이나 정통성이 결여된 권력의 등장으로 인해 더욱 그 정도가 심해졌다. 그 스스로 철저한 반공주의자였던 이승만은 자신의 권력을 유지, 강화하고 반대자를 억압하기 위해서 반공주의를 최대한 활용했다. 예컨대, 이승만의 장기 지배에 대한 불만이 높았던 1948년 9월 이른바 '반공언론정책'을 발표했는데, 국시 국책 위반 기사, 정부 모략 기사, 이북 괴뢰정권 비호 기사, 허위사실 날조 선동기사, 국위를 손상시키는 기사, 자극적인 논조와 보도로 민심에 악영향을 끼친 기사, 기밀 누설 기사 등 이 7개항에 대해서는 국가의 언론통제를 허용하도록 했다. 반공을 명분으로 사실상 언론표현의 자유를 원천적으로 막으려고 한 것이다. 최근 대법원이 잘못된 판결로 인정한 진보당 조봉암의 사형 역시 그 대표적인 예가 될 수 있다(이하 심지연, 2009, 93-99). 1956년 대통령선거에서 진보당의 조봉암 후보는 216만 표를 얻어 유효투표의 30퍼센트를 획득했고, 181개 선거구 중 20개 이상의 선거구에서 이승만 후보를 앞질렀다. 이러한 득표에는 민주당 신익희 후보의 타계로 인한 반사적 효과도 있었겠지만 당시의 관권, 금권 개입, 투개표 부정 시비를 감안할 때 놀라운 결과로 볼 수밖에 없다. 그러나 1958년 1월 13일 진보당 위원장 조봉암을 비롯한 당의 핵심 간부가 모두 구속되었고 2월에는 진보당이 불법화되었다. 조봉암에게는 간첩 혐의가 부여되었고 대법원 판결을 통해 사형이 확정되었으며, 이에 대해 조봉암이 제기한 재심이 기각된 바로 다음 날 사형이 집행되었다. 대통령 선거 이후 정치적 경쟁자로 떠오른 조봉암을 북한의 첩자로 몰아 제거한 것이다. 한편, 박정희는 5.16 군사쿠데타의 명분을 반공주의에서 찾았다. 이른바 혁명공약은 "반공을 국시의 제일로 삼고 반공태세를 강화한다"는 것이었는데, 1961년 11월 초의 연설에서 박정희는 쿠데타를 행한 이유를 "우리가 공산주의자들로 인해 느낀 위협 가운데 가장 큰 것은 직접적인 침략보다도 오히려 우리나라를 내부로부터 전복시키려는 공산주의자들의 전략일 것입니다. 이와 같은 이유로 우리의 군부 동지들은 행동을 취하지 않을 수 없었던 것입니다"라고 해, 반공의 국내 정치적 명분을 보다 분명하게 밝혔다(박정희, 2005, 26). 이후 반공주의는 반대자를 억압하는 도구로 활용되었는데 대표적인 사례가 인혁당 재건위 사건이다. 인혁당 사건은 당시 유신체제 하에서 민청학련 사건 등 정치적 저항이 거세지던 상황에서 공산주의자들이 인민혁명당을 재건해 국가 전복을 꾀한다는 이유로 기소했고 대법원이 사형을 선고한 지 18시간 만에 사형을 집행했다. 최근 의문사진상위원회에서는 이 사건이 중앙정보부에 의해 조작된 것으로 밝혀냈다. 이후 등장한 전두환정권 역시 반공주의를 정통성 없는 정권의 방어 명분으로 활용했으며, 광주 민주화운동 역시 공산 폭도의 선동에 의한 것으로 몰아갔다. 이처럼 반공주의는 정치적 반대자를 억압하고 자유로운 의사표현을 규제하기 위한 수단으로 활용되었다. 권위주의 통치자에 대한 반대는 곧 반공을 근간으로 한 자유민주주의 체제에 대한 도전으로 전치시켰고 그러한 명분 속에서 반대자를 억압하는 정치적 명분을 찾았다.

반공주의는 또한 이념적으로 편협한 정당체계를 만들었다. 군부 권력자의 정치적 억압 속에 진보당 해산처럼 이념적으로 상이한 정치 집단은 사실상 존립 자체가 허용되지 않았다. 한국전쟁 이후 반공주의의 사회적 내면화는 정치문화적으로도 진보적 정당의 출현을 어렵게 만드는 결과를 낳았다. 그로 인해 한국 정치체계에서는 보수라고 하는 이념 스펙트럼상의 '반쪽'만이 대표될 수 있었다. 다시 말해 "냉전 반공주의를 헤게모니로 한 정치경쟁의 지형은, 광범위한 이념적 스펙트럼을 갖는 정치경쟁을 불가능하게 하고 협애한 흑백논리적 양자택일로 정치를 축소"시켰던 것이다(최장집, 2002, 80).

박찬표(2010, 69-71)는 반공체제가 한국의 자유민주주의에 지속적으로 미치고 있는 영향을 크게 세 가지로 정리했다. 첫째, 자유주의의 부재, 또는 자유주의 기반의 취약함을 초래했다는 것이다.

자유민주주의는 사회 여러 집단들의 상충된 이해와 가치의 상대성을 인정하고 차이를 관용하는 자유주의를 기반으로 하기 때문에 그 최고의 정치적 표현은 사상과 이념의 자유가 되어야 하지만, 반공체제는 이를 부정하고 이념을 강요하면서 가치를 독점해 왔다는 것이다. 자유주의라고 해도 이념과 사상의 국가적 통일을 전제로 한 냉전적 자유주의로서 반공국가의 권위주의체제를 뒷받침하는 논리에 불과했다는 것이다. 다시 말하자면, 원래의 자유민주주의에 담겨져야 하는 절대적 의미의 가치보다는 공산체제에 대한 대항체제로서의 상대적 의미만이 강조되어 왔다는 것이다. 두 번째로는 보수적 민주주의라는 특징을 들었다. 민주주의는 체제 선택을 둘러싼 정치적 갈등이 제거된 뒤에 그 결과물로 남은 남한체제를 정당화하는 수단으로 도입되었고, 따라서 갈등적 이해나 이념을 둘러싼 실질적 경쟁이 배제된 체제유지를 전제로 한 보수적 성격을 지니게 되었다는 것이다. 이로 인해 사상, 이념의 차이를 인정하고 공존을 받아들이는 민주적 태도 대신 이데올로기에 의해 정의된 국민적 정체성을 외부에서 강제해 왔다는 것이다. 셋째, 냉전 자유주의와 보수적 민주주의는 강력한 국가와 억압된 시민사회, 시민사회와 괴리된 보수독점의 정치대표체제라는 모습으로 구체화되었다. 즉 반공체제 내에서 제도화된 자유민주주의는 좌파 이념과 세력을 정치사회에서 배제함으로써 정치적 경쟁의 틀을 매우 협애한 이념적 스펙트럼 내로 제한했고 이로 인해 한국에서 정치사회와 정치대표체제는 시민사회와 심각하게 괴리되는 특성을 갖게 되었다는 것이다.

사실 이러한 문제점은 민주화 이후 20여 년이 지난 오늘날까지도 극복되지 못한 채 여전히 지속되고 있다. 통일은 이러한 체제경쟁의 속박에서 벗어나게 함으로써 반공주의로 인해 왜곡된 정치구조와 침해된 자유민주주의의 본질적 가치를 되살릴 귀중한 기회를 마련해 줄 것이다.

셋째는 분단 극복으로 인한 미래지향적 가치의 확립이라는 의미다. 박정희가 군사쿠데타의 명분으로 내세운 대로 사실상 그 이후의 대한민국의 국시(國是)는 반공이었다. 북한과 체제경쟁 및 군사적 대립을 지속해 왔고 더욱이 전쟁의 경험까지 겪은 이후 체제의 유지와 남한이라는 정치공동체의 생존은 대단히 중요한 의미를 지닐 수밖에 없었다. 앞서 지적한 대로 여기에 통치자의 권력유지의 욕망이 합쳐지면서 반공은 사실 대한민국이라는 국가의 존재 이유가 되었던 것이다. 그러나 반공이라는 국시는 한 나라의 존재 이유가 되기에는 너무나도 소극적이고 방어적이다. 대한민국이라는 국가의 존립 목표가 공산주의에 반대한다는 것이기 때문이다. 북한의 위협 속에 국가의 생존 자체가 위태로웠던 때라면 모르겠지만, 한 나라의 국시는 보다 진취적이고 전향적인 목표와 가치를 담고 있어야 함이 마땅하다. 그런 점에서 반공의 근거가 사라진 통일한국에서는 반공과 같은 소극적이고 방어적인 목표를 넘어서 정치공동체 구성원 모두가 공감할 수 있는 새롭고 미래지향적 가치를 담아야 할 것이다. 예컨대, 통일로 인해 형성된 통일한국이라는 새로운 정체가 통합과 조화를 이룰 수 있어야 하며 자유와 인권과 같은 민주주의의 기본 질서가 내재화될 수 있어야 하고, 대외적으로는 평화와 공동의 번영에 기여할 수 있는 가치를 주창해야 한다.

이와 관련해서 한 가지 참고할 만한 사례는 유럽연합이 구 공산권 동구 지역의 국가들을 새로운 회원국으로 받아들인 경우이다. 유럽연합은 동구권 붕괴를 전후한 시기까지 정치적으로 자유민주주의 체제를 안정적으로 확립했고, 경제적으로 풍요로운 서유럽 지역의 국가들을 중심으로 통합을 심화시켜 왔다. 그러나 이웃한 동유럽 사회주의권의 붕괴와 함께 이들 국가들에 관심을 기울이지 않을 수 없게 되었다. 유럽연합이라는 공동체의 틀 속에 함께 속해 있는 것은 궁극적으로 볼 때 유럽 지역의 정치적, 경제적 이익에 도움이 되는 일이었다. 그러나 이들 국가들을 유럽연합에 회원국으로 가입시키는 문제는 그리 단순한 문제가 아니었다. 구 동구권 국가들은 정치적으로 볼 때 자유민주주의의 경험이 일천한 신생 민주주의였고 경제적으로는 서구 국가들에 비해 크게 낙후되어 있었다. 따라서 어떤 기준에 의해 동유럽의 국가들을 신입 회원국으로 받아들여야 할 것인지 그 문제가 먼저 해결되어야 했다. 1993년 6월에 덴마크 코펜하겐에서 유럽연합 회원국 정상들이 모이는 유럽이사회가 열렸다. 이 유럽이사회에서 동유럽 국가들의 가입조건을 논의했는데 유럽연합에 가입을 위한 세 가지 중요한 원칙, 곧 '코펜하겐 기준 (Copenhagen criteria)'이 만들어졌다. 그 내용은 첫째, 민주주의를 보장하는 제도적 안정성, 법의 지배, 인권 존중, 소수자의 권리 보호와 존중. 둘째, 시장경제의 활성화, 유럽연합 내 경쟁의 압력과 시장의 힘에 대응할 수 있는 능력의 확보. 셋째, 정치, 경제, 통화 동맹의 목표에 대한 준수를 포함한 회원국으로서의 의무를 실행할 수 있는 역량의 확보 (강원택·조홍식, 2009, 102) 등이다. 요약하자면 정치적으로 자유민주주의의 기본 원칙이 지켜져야 하고, 경제적으로 경쟁적인 시장경제를 수용해야 하며, 유럽통합을 유지해 가기 위한 의지와 역량을 가져야 한다는 것이다. 이러한 코펜하겐 기준은 우리에게도 시사하는 바가 크다. 자본주의와 자유민주주의를 안정적으로 유지해 온 서유럽 국가들이 공산주의체제 하에서 갓 벗어난 동유럽의 국가들과의 '통합'의 기준과 유럽연합이 추구하는 기본적 특성을 제시해 주고 있기 때문이다. 여기서 관심을 갖는 통일 이후의 민주주의와 관련해서는 첫 번째 기준이 가장 중요한 의미를 지니고 있다. 공산주의체제의 상대적 의미로서의 자유민주주의가 아니라 그 속에 담겨진 법의 지배, 인권 존중, 소수자의 권리 보호와 존중 등의 가치를 제도적 안정성과 함께 제시하고 있다. 통일한국 역시 이런 관점에서 남한과 북한 주민 모두가 함께 추구하고 누려야 할 미래지향적이고 진취적인 가치를 창조해야 할 것이다.

이와 함께 통일이 민족적 차원의 문제를 넘어 지역적, 나아가는 세계적 의미를 갖는 사건으로 보려는 인식 역시 매우 중요하다. 독일이 통일을 추구했을 때 영국, 프랑스, 러시아 등 인접국에서는 독일 통일을 탐탁지 않게 생각했다. 지난 두 차례의 세계대전에서 경험한 대로 강력해진 독일은 유럽 안보에 매우 위협적인 존재였기 때문이다. 만일 독일 통일이 독일 민족주의를 강조하는 형태로 추진되었다면 아마도 이뤄질 수 없었을 것이다. 통일독일은 통합된 유럽의 일원으로 남아 있게 될 것이며 유럽통합에 기여할 것이라는 점을 강조했기 때문에 가능한 일이었다. 실제로 독일 통일 이후 독일은 인접한 동유럽 국가의 유럽연합과 나토 가입을 적극적으로 지원했고, 과거 오랜 기간 적대국이었던 폴란드와 관계 개선에 힘썼다(Seidt, 2010, 7). 이런 점은 우리에게도 시사하는 바가 적지 않다. 한반도의 통일이 민족주의의 토대 위에서 추진되고 이뤄진다면 현실적으로 주변 강대국의 동의를 얻어내기가 어려울 것이고, 설사 통일이 이뤄진다고 하더라도 국제사회에서의 위상이나 지역적 평화체제의 구현이라는 점에서 적지 않은 문제점을 갖게 될 것이다. 따라서 통일로 인해 확대된 통일한국이라는 새로운 정치공동체가 국제사회에서 공감할 수 있는 보편적 가치를 추구할 것이라는 점을 분명하게 하는 것은, 통일의 과정에서뿐만 아니라 통일 이후 국제사회에서 보다 높아진 위상을 유지하기 위해서도 매우 중요한 조건이 될 것이다. 통일은 한국 사회에 보다 보편적이고 미래지향적인 가치의 지향으로 이어져야 한다는 것이다.

III. 통일과 사회통합

앞에서 언급한 대로, 남북한의 통일은 '과거에 존재했던 원래 상태로의 복귀'로 볼 수는 없다. 이미 너무 오랜 기간 상호 교류 없이 각각의 정치적, 경제적, 사회적 구조 속에서 별개의 존재로 살아왔다. 더욱이 남한과 북한은 분단에 더해 상호 적대적인 대립과 갈등을 겪어왔다. 따라서 남북한의 통일은 갈등을 겪은 이질화된 사회 간의 재결합으로 바라보는 것이 보다 현실적이다. 남북한 주민 모두 70년간 살아온 각각의 체제에서 만들어진 관행, 태도, 가치가 하루아침에 바뀔 것으로 기대할 수 없다. 따라서 남북한 간의 통일은, 어느 한쪽의 제도나 가치를 일방적으로 이식시키려고 하거나 강제적으로 동화시키려고 해서는 안 될 것이다. 설사 남한 주도의 통일이 성사되었다고 하더라도 북한 주민들이 소외감을 갖거나 수적 열세로 인한 피해의식을 갖지 않도록 하는 정치체계의 마련이 필요하다. 그런 점에서 볼 때 통일한국의 사회는 이질적 인구 구성을 지닌 캐나다, 스위스, 영국의 북아일랜드 지역과 같은 곳에서의 통치 형태로부터 보다 큰 시사점을 찾을 수 있다. 캐나다는 프랑스어권과 영어권 주민 간에 갈등이 존재하며, 스위스는 독일어, 프랑스어, 이

태리어, 로만쉬 어 등 크게 네 개의 상이한 언어권으로 구성되어 있다. 북아일랜드는 가톨릭을 믿는 아일랜드계 주민과 신교도인 영국계 주민 간의 심각한 갈등을 겪은 바 있다. 통일한국은 이들 국가의 경우처럼 인종이나 종교, 혹은 언어의 차이는 없지만 60여 년간 전혀 다른 이념, 체제, 가치 하에서 살아온 만큼 이들에 못지않은 이질성을 발전시켜 왔다.

레이파트(1977; 1984)는 북아일랜드처럼 상이한 속성을 지닌 이질적 사회에서는 영국 등으로 대표되는 웨스트민스터형의 다수결주의(majority rule)가 아니라 합의를 중시하는 협의제 민주주의(consociational democracy), 혹은 합의제 민주주의 모델(consensus model)적 특성이 중요하다는 점을 강조한 바 있다. 그는 협의제 민주주의의 특성으로 대연정, 분할된 자치권(segmental autonomy and federalism), 비례성(proportionality)과 상호 거부권(mutual veto)을 제시했다(Lijphart, 1977, 25–52). 또한 그 이후의 연구에서는 합의제 민주주의 모델에서는 대연정, 공식적·비공식적 권력분립, 균형된 양원제와 소수자의 대표성 확보, 다당제도, 다차원의 정당제도, 비례대표제, 영토적 및 비영토적 연방주의와 분권화, 성문헌법과 소수자의 거부권 등의 여덟 가지를 합의제 민주주의를 위한 중요한 특성으로 제시하였다 (Lijphart, 1984, 31–46). 앞서 지적한 대로 통일한국이 더 이상 동질적 사회라고 볼 수 없으며 지역, 이념, 계층, 문화적으로 상이한 두 지역 간의 결합의 특성으로 이해한다면, 특정 세력이 권력을 독점할 수 있는 다수결주의보다는 합의제, 혹은 협의제 민주주의의 형태를 취하는 것이 보다 바람직해 보인다. 현실적으로 인구가 소수인 북한과의 통합에서 수적 다수가 권력을 독점할 수 있는 다수결주의 방식은 남한에 대해 북한의 항구적 열세를 의미하는 것이기 때문에 정치적 안정과 사회적 통합에 결코 긍정적인 결과를 가져다주기 어렵다. 이런 점에서 볼 때, 합의제냐, 다수제냐 하는 제도적 특성을 말하기 이전에 보다 중요한 점은 합의제 민주주의가 추구하는 정치적 목표에 대한 사회적 합의다. 레이파트(1984, 40)는 다음과 같이 합의제 민주주의의 의미를 설명하고 있다.

> 합의제 민주주의의 8개 요소는 모두 다음과 같은 장치를 요구하고 권장함으로써 다수자의 지배를 견제하는 것을 목표로 삼고 있다. 그 장치란 다수자와 소수자 사이의 권력공유(sharing of power, 이것은 대연합으로 나타난다), 권력분산(dispersal of power, 집행부와 입법부, 입법부의 양원 및 여러 소수자 정당 사이의 분산), 권력의 공정한 분배(fair distribution of power, 비례대표), 권력의 위임(delegation of power, 영토적 혹은 비영토적으로 조직된 집단에의 위임) 및 권력에 대한 공식적인 제한(formal limit on power, 소수자의 거부권에 의한 제한) 등이다.

70년간 상이한 체제 하에서 서로 완전히 단절된 삶은 언어나 인종적 동질성에도 불구하고 남북한을 서로 이질적인 사회로 바꿔놓았다고 보는 것이 현실적인 판단일 것이다. 이러한 이질적 사회의 재결합은 그만큼 통합 과정을 어렵게 만들고 북아일랜드의 사례처럼 통합 과정에서 위기를 맞기도 한다. 물리적 공간의 재결합이 저절로 사회적, 정치적 통합을 보장하는 것은 아니라는 말이다. 따라서 남북한의 통일은 단순히 남한의 체제로 북한의 영토와 주민이 자연스럽게 귀속되고 궁극적으로 동화되는 것을 의미한다고 보기는 어렵다.

레이파트가 지적한 권력의 공유, 권력의 분산, 권력의 공정한 분배, 권력의 위임과 소수파의 거부권 인정 등은 상대적으로 인구의 수가 적고 사회경제적으로 뒤처진 북한과 새로운 정치공동체를 이루려고 한다면 남한에서 깊이 있게 고려해 봐야 할 중요한 조건이 된다. 통일은 남한의 패권의 확립이나 지배적 지위를 갖도록 하는 것이 아니라, 인구 규모나 제도적 특성에서 상이한 두 개의 공동체가 조화롭고 평화로운 방식으로 통합을 이뤄 나가는 과정이기 때문이다. 따라서 남북한을 포함하는 새로운 정치공동체는 북한 주민을 포함하는 전체 구성원의 공정한 대표성과 참여가 보장되어야 하며 권력이 공유되어야만 안정적인 정체로 발전해 갈 수 있는 것이다.

이런 점에서 볼 때 통일한국의 정치체계가 합의제 민주주의적 틀 속에서 디자인되어야 한다는 것은 불가피해 보인다. "통일은 제도의 통일로서 끝나는 것이 아니라 국민의 통합"(최진욱, 1996, 290)이라는 점을 감안할 때, 북한 주민을 포함한 새로운 공동체 구성원 모두로부터 동의와 만족을 얻을 수 있는 것이 되어야 한다. 그런 점에서 볼 때 앞에서 언급한 대로 현행 남한의 정치체계를 토대로 통일한국의 정체를 상정하는 것은 매우 적절하지 않아 보인다. 통일 이후의 정치제도는 통합에 기여할 수 있어야 하며, 또한 불완전함과 왜곡을 감당해야 했던 분단시대를 극복하는 미래지향적이고 진취적인 제도적 틀을 갖춰야 하는 것이다.

IV. 책의 구성과 내용

이러한 문제의식 하에서 이 책에서는 크게 세 가지 관점에서 통일 이후 한국의 정치제도를 디자인하고 있다. 첫째는 통치구조에 대한 논의다. 통일한국에서 통치구조의 선택은 통일이 상이한 두 사회의 결합이라는 점에서 매우 중대한 의미를 갖는다. 통치구조는 정치적 안정을 보장할 수 있어야 하며, 동시에 두 지역의 통합에 도움이 되어야 할 것이다. 통치권력이 일방주의나 승자독식주의로 흐르게 되면, 이는 소수집단의 정치적 소외를 낳게 되고 통합에 부정적인 영향을 미칠 것이다. 이 책에서는 두 가지 대안에 대해 논의하고 있다.

우선 한정훈은 이원정부제를 통일한국의 통치구조로 제시하고 있다. 한정훈은 통일한국의 정부 형태를 모색하기 위한 이론적 기준으로 '효율성(efficiency)'과 '대표성(representativeness)'이라는 두 가지 가치를 제시하면서, 이원정부제가 효율성과 대표성이라는 사회적 가치를 조화시킬 수 있는 정부 형태라 주장하고 있다. 이원정부제는 대통령과 의회가 동시에 행정권한을 지니고 있는 정부 형태다. 한정훈이 이원정부제를 통일한국의 통치구조로 고려하고 있는 까닭은 통일 이후에 예상되는 내부적, 대외적 문제 때문이다. 내부적으로는 통일 이전에 남한과 북한 사회에 존재했던 사회갈등이 통일 이후에는 오히려 더욱 강화될 가능성이 높으며, 대외적으로는 미·중 대립구도의 전략적 완충지로서의 북한의 역할이 소멸하면서 통일한 국을 중심으로 동북아 국제정치의 전략과 전술의 재정립이 이루어 질 가능성이 높을 것으로 보았다. 통일한국이 직면하게 될 이와 같 은 변화를 예상한다면 대내적으로는 다층적이고 다변적인 갈등이 정책결정 과정에 적절히 반영할 수 있는 대표성의 확립이 중요하며, 대외적으로는 통일한국의 안정성이 위협받지 않도록 하기 위한 효 율적인 정책 추진이 필요하다는 것이다. 즉 대외관계의 변화에는 대 통령이 효율적으로 대처하도록 하며, 총리와 내각은 의회와의 연계 를 통해 통일 이후의 다양한 내부적 갈등을 대표하고 조정하는 역할 을 하도록 해야 한다는 것이다. 이에 한정훈은 핀란드의 사례를 통 해 이원정부제의 긍정적인 제도적 효과를 제시해 보이고 있다.

한편, 정병기는 이와 달리 의원내각제를 통일 한국의 바람직한 대안으로 고려하고 있다. 정병기는 통일한국의 통치구조 선택의 조 건으로 주요 갈등들을 조정하고 특히 지역갈등을 해결할 수 있는 화합적인 권위와 함께, 다양한 문제들을 효과적으로 해결하고 정치 적 안정을 이룩할 수 있는 효율적인 권력을 발휘해야 한다는 점을 들었다. 이와 같이 화합적 권위와 효율적 권력을 갖추기 위해서는 권위와 권력을 분리하는 것이 필요하다는 것이다. 국가 원수는 전 국민들로부터 존경받는 권위 있는 인물로서 국민통합의 상징적 위 상을 갖고 대외적으로 통일국가를 대표하며, 총리와 내각은 국민의 의사를 대표해 통치하면서 효율적 권력을 행사하도록 하자는 것이 다. 정병기는 내각제라 하더라도 총리의 역할과 권한이 함께 강화된 '총리정부제(chancellor government)'가 통일한국의 통치구조로 보다 바람직하다고 보고 있다. 총리는 직접적으로는 의회의 신임과 선출을 거치지만, 총선에서 각 정당 혹은 선거연합이 총리 후보를 내고 선거를 통해 국민들로부터 직접 선택을 받도록 한다는 것이다. 이를 통해 총리는 국민으로부터 직접 선출되는 직선의 효과와 강력한 민주적 정통성을 가지고 집행력의 토대를 튼튼히 할 수 있다. 중요한 사안에 대해서는 각료들의 의견이 분분하고 때로는 모든 각료들이 반대하더라도 자신의 주장이 옳다고 확신할 때에는 이를 강제할 수 있는 강력한 리더십을 갖춰야 한다. 이와 함께 내각과 의회는 상호 견제와 균형을 이루어야 하는데 이를 위해서는 총리에 대한 의회의 독일식 건설적 불신임제를 도입해 의회가 집행부의 안정을 해치는 일을 방지해야 하는 동시에, 총리의 의회해산권을 제한해 집행부의 지나친 의회 통제도 막아야 한다는 것이다. 내각제가 통일한국의 통치구조가 된다면 정당의 역할이 중요해진다. 통일 이후 예상되는 다양한 갈등구조로 볼 때 통일한국의 정당체제는 양당제나 양극화 혹은 원자화된 다당제가 아니라 온건 다당제가 바람직하다고 보았다.

이 책에서 두 번째로 다룬 영역은 통일 이후 채택해야 할 구체적인 각종 정치제도에 대한 것이다. 사실 오늘날 남한의 정치제도가 통일한국에 곧바로 적용될 수 있을 만큼 민주적이고 효율적이라고 보기 어렵다. 더욱이 이질적 사회의 통합에 도움을 줄 수 있을 만큼 개방적이거나 분산적이지도 않다. 앞에서 지적한 대로, 남한의 정치제도는 원래부터 통일을 전제로 한 것도 아니었다. 그런 점에서 통일한국을 위해서는 그 상황에 맞는 새로운 정치제도를 모색해야 할 필요성이 존재한다. 여기서는 통일 이후 중앙-지방 관계, 의회제도, 선거제도, 사법제도를 중심으로 살펴보았다.

이옥연은 통일한국이 중앙-지방 관계에서 현실적으로 채택할 수 있는 유형으로 연방제도를 대안으로 제시했다. 분단의 역사가 길었고 무엇보다 그 기간 동안 상호 이질적 사회·정치 제도를 유지했다는 점에서, 남한과 북한을 각각 연방 구성의 하위 단위로 설정하는 것을 부적합하며, 도 단위를 근간으로 하는 연방제도가 바람직하다고 보았다. 또한 통일한국은 초기 단계에서는 통합(integration)을 강조해 연방정부를 상위 정부로 정립한 미국과 호주의 경우보다는, 통합과 동시에 분화(devolution)가 강조되는 방식으로 연방정부를 정립한 캐나다의 경험을 따르는 것이 적절하다고 보았다. 즉 통일한국의 중심정부로서 연방정부의 우위를 수용하면서도 동시에 하위 단위의 보조성도 분명히 인정하는 전략적 동거의 형태를 취하는 것이 바람직하다는 것이다. 이와 함께 이옥연은 연방정부의 권한 비대에 대항해 지역의 이익을 옹호하기 위해서 상원의 도입과 함께 '지역협의회'와 같은 헌법 외적 기구가 상설적으로 설치되어야 한다고 주장한다. 지역협의회는 연방정부의 참여가 없어도 중앙과 지역의 문제를 모두 다룰 수 있고, 또 지역 간 갈등이 첨예한 경우 충돌 소지를 사전에 완화시켜 주는 완충 역할을 수행하도록 해야 한다는 것이다.

한편, 손병권은 통일한국의 의회제도에 대해서 논의했다. 손병권 역시 이옥연과 마찬가지로 통일한국을 연방국가로 상정하고, 이러한 연방국가의 의회제도는 양원제가 되어야 한다고 보았다. 즉 정당이 작성하는 명부에 따라서 선발되거나 혹은 지역구별로 선발되는 대표들을 통해서 유권자의 이익을 대변하는 제1원인 하원과 함께, 남한과 북한이라는 광역의 지역정부 혹은 남한과 북한의 각 도에 해당하는 지역을 대표하는 인물로 구성되는 제2원인 상원이 함께 존재하는 양원제 형태를 제시했다. 양원제가 요구되는 이유는 통일 이후 남한과 북한 지역의 인구격차로 인한 대표성의 불균형 문제를 해소하기 위해서 지역대표기구로서 상원을 두어야 한다는 것이며, 그런 점에서 지역을 대표하는 상원의 위상과 권한이 상당히 강화될 필요가 있다고 보았다. 의회 내부의 구조에 있어서도 상원의 경우 지역통합이나 지역 간 협력을 담당하는 상임위원회나 상원 내 지역 및 정당의 대표가 골고루 참여하는 형태의 지역대표협의를 위한 상임위원회를 별도로 설립할 것을 제안하고 있다. 여기서 지역과 관련된 헌정구조의 문제, 지역의 권한 및 재정과 관련된 법률을 심의하는 것이 바람직하다는 것이다. 그런데 상하원 간의 권한이 유사한 경우에는 기구 간 이견을 어떻게 조정할 것인가의 문제가 제기된다. 손병권은 양원 법안 조정위원회를 두고 여기서 양원의 소관 상임위원회의 정당별 대표가 참여해 의견을 개진하고 다수결 방식으로 법안 조정절차를 갖는 방식을 바람직한 형태로 보았다.

임성학은 통일 이후 한국의 정치제도 중 선거제도와 '선거 거버넌스(electoral governance)'에 대해 논의했다. 임성학은 선거제도 선정을 위한 포괄성, 최소한의 왜곡, 연합을 위한 유인, 개별적 책임성, 단순성 등의 다섯 가지 원칙의 적용과 북한의 상황을 고려해, 단순다수제와 비례대표제를 혼합한 형태의 선거제도를 제안하고 있다. 그러나 현재 남한의 선거제도는 낮은 비례성으로 대표성의 왜곡이 나타나고 있기 때문에, 통일 이전에 남한에서 비례대표를 늘리는 방향으로의 선거개혁이 선행되는 것이 중요하다는 점을 지적했다. 또한 임성학은 통일 이후의 선거시기에 대해서도 논의하고 있다. 민주화의 일반적 경향과 통일독일의 사례를 감안하고, 북한 지역에서 정당활동이 어느 정도 자리를 잡고 주요 후보자를 선출하고 선거운동을 하는 기간을 모두 고려해 첫 선거는 통일 이후 1년에서 1년 6개월 사이에 실시하는 것이 타당할 것으로 보았다. 임성학은 이와 함께 선거 거버넌스에 대해서도 논의하고 있다. 이는 기존의 연구에서 대체로 주목받지 못했던 부분이다. 북한에서 그동안 제대로 된 선거가 실시되지 않았기 때문에 선거제도의 마련에 못지않게, 부정선거의 방지와 예방, 투명한 개표절차, 정치방송에 대한 자유롭고 공정한 접근 허용 등의 선거 거버넌스도 관심을 가져야 한다는 것이다. 또한 북한 주민의 신뢰와 선거관리기구의 투명성을 높이기 위해 국제선거감시기구의 활동도 허용해야 한다고 보았다.

김종철은 통일한국의 사법제도에 대해서 논의했다. 김종철은 대한민국 헌법 제4조가 통일의 원칙으로 선언한 두 가지 가치, 즉 자유민주적 기본질서와 평화주의는 그 자체가 거스를 수 없는 규범적 한계를 설정하고 있으므로 통일한국을 설계하는 모든 논의의 출발점이 된다는 점을 강조했다. 그리고 통일한국 사법제도의 원칙으로 사법권의 독립, 민주적 구성과 운용, 인권 지향성, 권력통제라는 네 가지를 제시했다. 법원 조직과 관련해서는 정책 법원적 성격을 가진 최고법원으로서의 대법원을 제안하고, 이와 함께 헌법분쟁을 집중적으로 관장하는 헌법재판소를 독립적으로 유지하면서 일정한 정치 통제의 역할을 담당하는 것이 바람직하다고 보았다. 법원의 구성 및 운용과 관련해서는 특히 대법원과 헌법재판소는 최대한 사회적 다양성이 반영되는 방안이 필요하고 구체적인 선출방식으로는 가중다수제가 필요하다고 보았다. 또한 사법권의 행사에 국민 참여가 강화될 수 있도록 배심제 혹은 참심제의 도입이 필요하다는 점을 지적했다. 이와 함께 '도구적 사법행정'의 폐해를 낳은 중앙집권과 관료제적 사법행정체제를 극복하기 위해, 법원 내 판사 중심의 민주주의를 강조하는 한편, 지역적, 기능적 차원에서의 사법행정기관을 분권화를 제안했다. 김종철은 그동안 남한에서의 사법제도의 발전 과정에서 얻은 역사적 경험과의 연속성을 강조하면서도, 통일한국이 남한 사법제도의 문제점과 한계를 극복할 수 있는 계기가 될 수 있을 것으로 보고 있다.

지금까지 언급한 주제는 통일한국의 정치제도의 디자인에 대한 것이었다면, 세 번째 관점은 독일의 경험에 대한 검토다. 불가능해 보였던 독일의 통일은 한반도를 사실상의 세계에서 유일한 분단국으로 남게 했고 통일에 대한 더욱 큰 열망을 갖게 했다. 이와 함께 독일 통일의 경험은 남북한 통일에 대한 많은 시사점을 주고 있다. 독일 통일의 과정과 그 이후의 전개 과정을 보면, 적절한 정치제도의 구비가 얼마나 중요한 것인지 잘 알게 한다. 여기서는 독일의 정치제도가 독일 통일에 미친 영향에 대해 큰 틀에서 논의했으며, 이와 함께 보다 구체적으로는 독일의 지방분권이 통일에 미친 영향에 대해 살펴보았다.

　송태수는 독일 정치제도의 특성으로부터 독일 통일이 안정적으로 진행되었는지에 대해서 논의하고 있다. 송태수는 동독의 체제전환 과정에서 '원탁회의'라는 제도의 도입을 통해 안정적으로 체제전환을 이뤘다는 점에 주목하고 있다. 기존의 동독 인민의회 대신 시민사회단체와 신생 정당 대표들이 참여하는 원탁회의를 구성하고 정부와 함께 일할 수 있도록 함으로써 과도기의 혼란스러운 상황에서 대중적 정당성을 확보한 대의·집행 기구를 창출할 수 있었다는 것이다. 또한 바이마르공화국 정치체제의 영향으로, 동독에서 사회주의통일당(SED)의 권력독점 조항만을 배제하면, 정치체제의 측면에서 볼 때 동서독이 상당한 유사성을 갖고 있었다는 점을 지적하고 있다. 따라서 독일 통일 이후의 정치제도는 동독에서 대의제적 정치체제를 복원하는 데 주안점이 놓였다는 것이다. 이는 우리로서는 현실적으로 기대하기 힘든 요소라고 할 수 있다.

　한편, 통일과 관련한 서독의 정치제도의 특성은 보다 주목할 만하다. 송태수는 통일과 그 이후의 통합에 영향을 준 서독의 정치제도의 특성으로 의원내각제와 연방제, 그리고 선거제도를 지적했다.

정파성에서 벗어난 통합의 상징으로의 대통령과, '수상 민주주의'라고 부를 만한 강력한 리더십을 갖는 수상의 권한배분이 통합에 유리한 환경을 가져왔다는 것이다. 동독 출신인 안겔라 메르켈이 통일 15년 만에 수상에 오를 수 있었던 것도 이러한 권력분점 체제 때문이었다고 보았다. 또한 연방주의는 독일에서 권력의 집중을 막기 위한 중요한 분권 기제의 하나일 뿐만 아니라, 동독의 주민들에게 지역에 대한 소속감을 다시 부여함으로써 독일이라는 정치적 정체성을 유지하는 데 기여했다는 것이다. 이러한 특징은 뒤에서 논의할 윤영관의 연구에서 보다 강조되고 있다. 또한 서독의 선거제도는 비례성이 높다는 점에서 새로운 정치세력의 진출에 보다 유리한 환경을 만들어 낼 뿐만 아니라. 선거제도의 운영 또한 유연했다는 점을 강조하고 있다. 서독의 비례대표 선거제도는 의석 배분을 위한 5% 득표 조항을 두고 있었지만, 통일 후 첫 연방하원 선거에서는 동독지역에서 출발한 정당은 독일 전체 유권자가 아닌 구 동독 지역 유권자 유효투표의 5% 지지만 얻어도 의회 진출이 가능하도록 정치적인 배려를 했다는 것이다. 그런데 송태수의 글에서 가장 강조되는 부분은 독일 통일과 그 이후의 통합 과정에서 정당의 역할이다. 통일 전 동독 인민의회 선거에서 동독의 정당만 아니라 서독의 정당이 동독의 자매정당을 적극 지원해 선거를 치러내고 정당의 정치활동을 활성화함으로써, 동서독의 통일은 서독의 일방적인 강요에 의한 것이 아니라 정당정치를 통한 동독 주민의 자율적 선택과 참여에 의해서 이뤄졌다는 점을 강조하고 있다.

한편, 윤영관은 독일 통일 이후 서독의 지방분권 정치가 동독 지역의 통합 과정에서 어떤 영향을 주었는지에 대해 논의하고 있다. 동독은 공산화 이후 모든 권력이 중앙에 집중되고 중앙의 명령이 지방으로 하달되는 수직적 체제가 도입되었지만, 통일 이후 서독과 같이 다시 동독 지역에서 5개 주가 재설립되었다. 윤영관은 이와 같은 동독의 5개 주의 부활이 통합 과정에 미친 긍정적 효과에 주목한다. 동독의 5개 주가 부활된 이후 각 주의 정체성과 고유한 문화가 되살아나기 시작했을 뿐만 아니라, 서독으로부터 '수입된' 민주주의 체제를 구 동독의 각 주가 획일적이 아닌 지역적 특성을 살리는 방식으로 유연하게 운용해 나갈 수 있게 되었다는 것이다. 이와 같은 지방분권의 정치는 각 지역의 지역별 정체성을 확립하는데 기여했고, 이는 또 다시 지역 주민의 정치 참여를 증대시킴으로 전국 차원에서 추구하는 민주주의를 강화하는 효과를 가져왔다는 것이다. 다시 말해 지방과 지역 차원의 정치가 활성화되면서 새로운 정치체제 하에서 구 동독 주민들이 새로운 소속감과 정치적 효율성을 갖게 되었으며, 이러한 지역 정체성의 형성이 동독 주민들에게 공산주의 체제 이전 시대-공산주의체제 시대-새로운 민주정치 체제를 관통하게 하는 다리 역할을 해주었다는 점을 강조하고 있다. 지방분권에 기반해 새로운 정치체제로의 통합이 순조롭게 진행되면서, 통합 과정에서 구 동독 지역 전체가 하나의 정체성(identity)을 형성하며 구 서독 지역이나 통일독일의 연방정부에 대립하는 구도가 생겨날 정치적 공간을 아예 없애버리게 되었다는 것이다. 이런 논의와 함께 윤영관은 통일 이후 북한 주민의 박탈감, 소외감의 문제를 제기하며, 민주주의 체제에 대한 신뢰와 함께 적극적 참여에 대한 강한 동기를 부여해줄 통일한국의 정치적 기제로서 분권에 입각한 지방자치제도를 제안하고 있다.

V. 결론

남북한 간의 통일은 단순한 분단 상태의 해소라는 의미를 넘어서
한국 민주주의의 심화와 발전의 계기가 되어야 한다는 것이 이 책의
대전제였다. 즉 통일은 기존 정치구조의 모순과 한계를 넘어서는 한
국 민주주의의 질적 전환의 기회가 되어야 한다는 것이었다. 이런
점은 현행 남한의 정치체계가 애당초 통일까지의 과도적 상황을 전
제로 수립되었다는 사실과 관련이 있다. 남북한을 모두 포괄하는 통
일한국의 정체에 대한 고민은 깊이 있게 이뤄지지 못했다. 더욱이
분단과 그로 인한 반공주의 이념은 남한의 시민들에게 자유민주주
의적 이상을 실현하는 데 커다란 장애물이 되었다. 권위주의 통치
하에서 반공주의는 정치적 반대자를 억압하는 정치적 명분으로 악
용되었고 이념적으로 편협한 정당체계를 만들었다. 따라서 이와 같
은 뚜렷한 한계와 모순을 지니고 있는 현행 남한의 민주주의체제가
통일 이후 한국 민주주의의 토대가 될 수는 없을 것이다.

　따라서 통일 이후의 안정적 삶을 위해서는 현재의 모순과 문제
점을 넘어설 수 있는 정치제도의 수립이 필요한 것이다. 그러나 이
를 꼭 정치제도의 문제로만 보려고 할 필요는 없을 것 같다. 오히려

통일한국의 정치제도를 도입할 때 어떤 가치를 그 속에 담을 것인가 하는 점이 더욱 중요할 수 있다.

통일 이후에는 반공과 같은 소극적이고 방어적인 목표를 넘어서, 자유, 인권, 평등, 공동 번영 등과 같이 공동체 구성원 모두가 공감할 수 있는 새롭고 미래지향적 가치를 담아야 할 것이다. 즉 통일한국이라는 새로운 공동체의 정치체계를 디자인할 때 공정한 대표성, 권력 공유, 참여의 확대 등과 같은 민주주의의 '가치'가 제도 디자인 과정에 포함되어야 한다는 것이다. 특히 오랫동안 상호 단절되었고 갈등을 겪은 두 사회의 성공적 통합을 위해서는 제도통합뿐만 아니라 가치통합이 함께 이뤄져야 하는 것이다.

이런 점에서 볼 때 통일한국을 위한 정치제도의 디자인은 한반도 내에서는 두 개의 이질적 사회의 원만한 통합의 과정에 기여할 수 있어야 하는 것이며, 대외적으로는 국제사회의 보편적이고 미래지향적 가치를 담아낼 수 있어야 하는 것이다. 통일은 분단된 남북한 주민 간의 결합이라는 민족적 문제이기도 하지만, 동시에 국제사회의 평화와 자유, 인권 등에 기여하는 세계사적 사건이 되어야 하는 것이다.

참고문헌

강원택. 2006. "한국인의 국가정체성과 민족정체성: 대한민국 민족주의", 강원택 편. 『한국인의 국가 정체성과 한국 정치』, pp.15-38. 동아시아연구원.
_____. 2009. "제2공화국 내각제의 불안정에 대한 정치제도적 평가", 『정치외교사 논총』, 30:2, pp.45-70.
강원택·조홍식. 2009. 『하나의 유럽: 유럽연합의 역사와 정책』. 푸른길.
김일영. 2004. 『건국과 부국: 현대한국정치사 강의』. 생각의나무.
박정희. 2005. 『한국 국민에게 고함』. 동서문화사.
박찬표. 2010. 『한국의 48년 체제: 정치적 대안이 봉쇄된 보수적 패권 체제의 기원과 구조』. 후마니타스.
심지연. 2009. 『증보판 한국정당정치사: 위기와 통합의 정치』. 백산서당.
전재호. 2007. "세계화, 정보화 시대의 한국의 정치적 정체성 변화: 반공의식을 중심으로", 손호철·김영수·전재호 편. 『세계화, 정보화, 남북한: 남북한의 국가-시민 사회 의 정체성』, pp.243-270. 이매진,
최장집. 2002. 『민주화 이후의 민주주의』. 후마니타스.
최진욱. 1996. "통일 시대를 대비한 새로운 권력구조의 모색," 『한국정치학회보』, 29:3, pp.273-293.

Lijphart, Arend. 1984. *Democracies: Patterns of Majoritarian and Consensus Government in Twenty-One Countries.* 최명 역. 1985. 『민주국가론』. 법문사.
Lijphart, Arend. 1977. *Democracy in Plural Societies: A Comparative Exploration.* New Haven: Yale University Press.
Seidt, Hans-Ulrich. 2010. "One Germany in an undivided Europe: The Geopolitical Accomplishments of reunified Germany", 『독일 통일 20년과 한반도 통일 비전』, 3-14. 통일연구원.

제1부

————

권력구조

통일한국과 이원정부제*

—

한정훈

....

* 본 연구는 통권 제63호에 실린 "통일한국의 정부형태와 준대통령제"라는 원고의 내용을
일부 수정하여 작성한 것임을 밝힌다.

Ⅰ. 서론

본 연구는 '통일 이후' 한반도 통치에 적합한 정부 형태를 모색하고 자 한다. 특히 2차 세계대전 이후 새롭게 정부를 구성한 다수의 국 가에 의해 채택되고 있는 이원정부제(dual executive)를 하나의 대 안으로 고려하고자 한다. 이를 위해 정부 형태의 선택에 관한 일반 이론적 측면에서 이원정부제의 장단점 및 채택 현황을 살펴보고, 경 험적 측면에서 통일 이후 한국 사회의 대내적, 대외적 정치환경적 특수성을 고려한 이후 이원정부제의 적합성을 논의하고자 한다. 그 리고 중요 헌정기구에 해당하는 대통령, 내각, 의회 사이의 구체적 인 관계 정립을 통해 통일 이후 한국 사회에 적합한 유형의 이원정 부제를 구상해 보고자 한다.

한반도 통일에 관한 기존 문헌은 통일 이후 한국 사회에 대한 고민보다는 통일 과정(process)에 치중해 온 경향을 보인다. 특히 1990년대 후반 화해와 협력을 통한 단계적, 점진적 통일론이 등장하 면서 통일에 대한 논의는 어떻게 통일할 것인가에만 초점이 맞춰져 왔다(허문영·이정우, 2010). 또한, 최근 '통일 대박론'과 같이 통일로 인해 한반도가 맞이하게 될 새로운 기회와 발전의 가능성이 강조되면서 통일 과정에 대한 관심을 더욱 부추기고 있는 실정이다. 그러나 통일이 한국 사회가 국제사회에서 새롭게 도약하는 데 추동력이 될 것인지의 여부는 통일한국의 미래상에 대한 진지한 고민과 그에 따른 철저한 준비에 달려 있을 것이다. '통일 이후' 한국 사회가 직면할 다양한 과제에 관한 논의와 해소방안을 제시하지 않은 채 통일의 과정에만 집중한 청사진은 통일에 대한 막연한 기대감만 증폭시키는 문제가 있는 것으로 보인다.

본 연구는 이러한 인식을 바탕으로 '통일 이후' 한국 사회가 평화로운 민주주의를 발전시키기 위해 필요한 정부 형태를 구체적으로 논의한다. 특히 통일 직후 과도기와 그러한 과도기를 벗어난 이후 두 시점을 구분하고, 후자의 시기에 요구되는 통치구조에 초점을 맞춘다. 이러한 논의는 통일 및 그에 따른 사회적 변화와 같이 발생하지 않은 사건에 대한 가정에 기반을 두고 있다는 점에서 학문적으로 엄밀한 분석을 진행하기에는 한계가 있을 것으로 보인다. 그럼에도 불구하고 본 연구는 다음과 같은 두 가지 측면을 고려함으로써 연구의 논리적 일관성과 체계성을 확보하고자 한다.

첫째, 민주주의 발전을 위한 새로운 통치구조를 선택하는 문제는 비단 '통일 이후' 한국 사회만이 직면한 문제는 아니라는 점이다. 통치구조의 선택은 근대국가 건설 및 정치체제의 전환 국면에 처한 인류 공동의 경험일 뿐 아니라 그 과정에서 추구된 공통의 사회적 가치를 발견할 수 있는 행위라 할 수 있다. 따라서 본 연구는 이론적 불모지에서 전적으로 상상에만 의존한 논의에서 벗어나, 인류 공동의 경험으로부터 도출되는 다양한 교훈을 통일한국의 정부 형태에 대한 구상에 반영하고자 한다. 둘째, '통일 이후' 한국 사회가 직면할 다양한 특수성을 분석할 수 있는 일정한 이론적 틀을 제시함으로써 '통일 이후' 한국 사회에 대한 연구자의 협소한 가정이 지닌 문제점을 해소하고자 한다. 다시 말해 통일 이후 다양한 변화를 모두 가정할 수 없는 상황에서 정부 형태 선택을 위한 이론적 틀을 제시하고 그에 따라 본 연구에서 고려되지 않는 변화상을 일관된 논리구조 속에 수용하고자 하는 것이다.

위와 같은 인식을 바탕으로 본 연구는 통일한국의 정부 형태를 모색하기 위한 이론적 기준으로써 '효율성(efficiency)'과 '대표성(representativeness)'이라는 사회적 가치를 제시한다. 효율성과 대표성은 일반적으로 민주주의 정부를 수립하는 과정에서 고려되는 핵심적 가치라 할 수 있다. 현존하는 정부들 역시 이 두 가지 가치 가운데 어느 한쪽을 상대적으로 강조하면서 다양한 유형을 띠게 되는 것이다. 따라서 본 연구는 통일한국 사회가 이 두 가지 가치를 어떤 방식으로 추구하고자 하는지에 따라 통일한국의 정부 형태가 선택되어야 할 것으로 간주한다. 특히 통일한국의 정치환경적 특수성은 이 두 가지 가치가 동시에 고려될 필요가 있으며, 그 결과 이원정부제가 통일한국 사회에 적절한 정부 형태일 수 있음을 보이고자 한다. 또한 통일한국과 유사한 정치적 환경을 지닌 것으로 평가할 수 있는 핀란드의 이원정부제를 검토함으로써 통일한국의 이원정부제 하에서 대통령, 수상, 의회의 구체적인 역할 및 이들 사이의 관계를 구상하고자 한다.

이러한 논의를 전개하는 과정에서 본 연구는 통일 이후 정치적 환경에 관한 다음과 같은 몇 가지 기본적 가정을 따르고자 한다. 우선 통일 이후 한국 사회는 평화로운 민주주의 발전을 추구할 뿐 아니라 자본주의 시장경제 질서를 기초로 한다는 점이다. 임혁백 (1999)은 통일 이후 헌정제도를 디자인하면서 민주주의와 시장 건설의 필요성 및 과정에 대한 논의를 포함한다. 이에 비해 본 연구는 통일한국 사회는 민주주의의 발전과 시장질서를 유지할 필요가 있다는 데 동의하고 그러한 목표를 가정함으로써 통일한국의 정부 형태 선택이라는 문제에 초점을 맞추고자 한다. 또한 본 연구는 통일한국의 정치체제는 연방제적 성격을 지님과 동시에 양원제 의회로 운영되는 체제로 가정한다. 이 역시 연방제가 통일 이후 거의 유일한 정치체제로 간주되는 경향(니더하프너, 2013)이 강할 뿐 아니라 양원제는 지역적 대표성을 보장할 필요성으로 인해 거의 대부분의 통일 논의에서 지지되고 있는 기존 논의(임혁백, 1999; 박종철 외, 1994; 강원택, 2011)를 따르고 있는 편의상의 가정에 해당한다[1].

본 연구의 구성은 다음과 같다. 우선 정부 형태의 선택과 관련된 이론적 논의를 진행할 것이다. 효율성과 대표성으로 대표되는 두 가지 가치(value)에 대한 논의와 이들과 특정 정부 유형의 운영 사이의 관계를 논의한다. 다음으로 두 가지 측면에서 이원정부제가 통일한국 사회의 대안이 될 수 있음을 보이고자 한다. 하나는 통일한국이 맞이할 정치환경적 조건과 관계되며, 다른 하나는 제2차 세계대전 이후 정부 형태 선택에서 관찰되는 이원정부제의 특성과 관계된다. 이와 같은 이원정부제의 필요성에 대한 논의 이후 통일한국 사

---

[1]   연방제와 양원제 가정에 대해서는 사실 더욱 구체적인 논의가 필요할 것으로 보인다. 이와 관련하여 동유럽 국가들이 민주화 과정에서 인종적, 문화적으로 분열된 사회였음에도 불구하고 단 하나의 국가도 연방제를 채택하지 않았다는 점은 흥미롭다. 갤러거 외(2011)에 따르면, 이러한 선택은 공산주의 체제하에서 연방제의 경험은 강력한 하나의 민족이 연방에 소속된 다른 민족을 2등 시민으로 전락시키는 것이었으며, 민주화 과정에서 그러한 기억에서 벗어나고자 했기 때문에 이루어진 선택이라는 것이다. 통일한국 역시 남한과 북한의 정치적 군사적 힘의 이질성을 고려할 때 연방제의 선택이 남한의 주도와 북한의 2등 시민으로의 전락을 초래할 가능성이 높다는 점을 무시하기 힘들다. 또한, 양원제의 경우에도 일반적으로 지역대표성을 보장하기 위한 목적이 강한 제도인 반면, 양원제가 지역적 균열을 정치적 갈등 요인으로 확대재생산하는 부정적인 효과를 지니고 있음도 간과해서는 안 될 것이다. 다시 말해 통일 이후 한국 사회의 지역적 균열이 정치적 균열로 확대재생산될 것인지에 대해서는 확신하기에 이른 상황에서 양원제만이 타당성이 높은 대안일 것인지에 대해서는 더욱 구체적인 논의가 필요한 실정이다.

회의 이원정부제를 위한 구체적인 조직 및 운영방안을 제시하고자
한다. 마지막으로 본 연구를 요약하고 결론을 제시한다.

II. 정부 형태 선택과 사회적 가치

정부 구성에 관한 정치학 이론은 일반적으로 효율성과 대표성을 민주적 공동체 건설과 발전을 위해 요구되는 대표적인 가치로 간주한다[2]. 효율성(efficiency)은 유권자들이 선거를 통해 어떤 정부가 구성될 것인지를 확인할 수 있을 뿐 아니라 가능한 대안적 정부들 가운데 어느 하나를 용이하게 선택할 수 있는 정도(degree)로 정의된다(Shugart and Carey, 1992, 7). 선거를 통해 유권자들에게 제시되는 정책적 대안이 명확한 차별성을 지닌 소수의 대안으로 압축될수록, 미래 정부정책에 대해 예측가능성이 높아질수록 효율적인 정책결정이 이루어질 것이다. 민주주의 발전은 효율적인 정책결정을 통해 사회적 혼란을 방지하고, 안정적인 통치구조가 확립될 때 가능할 수 있는 것이다.

---

[2] 정부 형태의 선택과 관련하여 효율성과 대표성에 대한 자세한 논의는 슈가르트와 커레이(1992)를 참조할 것. 연구자에 따라 정책결정의 과정을 중시할 것인가, 아니면 집행의 과정을 중시하는가에 따라 효율성은 효과성(effectiveness)으로 이해되기도 한다. 예를 들어 달(2000, 125-126)은 헌정질서에 따라 정부의 효과성이 달라짐을 강조하고 있다.

대표성(representativeness)은 유권자의 다양한 의견과 선호가 선거를 통해 의회 내에 반영되는 수준으로 정의된다(Shugart and Carey 1992, 8). 공동체의 의사결정 과정에서 소외되는 집단이 빈번히 발생하고, 그러한 집단의 불만이 사회적으로 표출됨으로써 공동체 전체의 불안 요인이 되는 경우 민주적 발전을 이루기 어렵다. 사회 각 집단들이 선호를 표출할 수 있는 기회가 부여되고, 그러한 선호가 정책으로 반영될 수 있는 절차가 마련될 때 민주적 공동체의 발전이 지속될 수 있는 것이다.

그러나 위와 같이 민주적 공동체 발전을 위해 추구되는 효율성과 대표성은 두 가기 가치를 동시에 달성하는 것이 매우 어려울 뿐만 아니라 어느 하나를 희생함으로써 나머지 가치를 얻을 수 있는 상충적(trade-off)인 관계에 놓인다는 특징을 지닌다. 선거경쟁 과정에서 제시되는 정책적 대안의 수효가 적어질수록 선거결과를 통해 구성될 정부가 추진할 정책에 대한 예측은 더욱 용이해질 것이다. 그러나 제시되는 대안의 수효가 적다는 것은 사회 내 다양한 의견 가운데 상당수가 공적인 논의 과정에 등장하지 못하고 있음을 의미한다. 이와 대조적으로 정책적 다양성을 반영할 수 있는 선거경쟁과 의회의 구성을 통해 사회 내 대표성을 최적화하는 조치는 정부 정책에 대한 예측가능성을 떨어뜨리고 그 결과 효율성의 감소를 초래한다.

효율성과 대표성 사이의 위와 같은 상충적 관계를 고려할 때, 대통령제는 사회 내 다양한 의견 수렴보다는 안정적이고 예측가능한 정책집행과 같은 효율성을 우선적으로 추구하고자 할 때 선택할 가능성이 높다.[3] 강력한 권한을 지닌 대통령직을 차지하기 위한 경쟁

----

[3] 슈가트와 커레이(1992, 19)에 따르면, 대통령제는 행정부 수반인 대통령이 선거를

은 당선 가능성이 높은 소수의 대안들로 압축될 뿐 아니라 선거캠페인 과정에서 제안된 정책들을 고정된 임기 동안 안정적으로 추구될 수 있기 때문에 효율성이 높다. 또한 대통령제를 통해 강조되는 효율성은 공동체의 구성이 인종, 언어, 종교 등 사회, 문화적으로 동질적일수록, 그리고 공동체 구성원들 사이에 확고한 공동의 목표가 설정되어 있을수록 성공적으로 달성될 가능성이 높아진다. 공동의 목표를 지닌 동질적인 사회일수록 대통령에 의해 대표되는 정책적 대안에 대한 광범위한 동의가 쉽게 이루어질 수 있으며, 그 결과 공동체의 안정적인 운영이 가능하기 때문이다.

위와 같은 대통령제도 통일한국의 정부 형태에 대한 하나의 대안이 될 수 있을 것이다. 통일한국 사회는 민족적으로 동질적일 뿐 아니라 통일 이후 안정적이고 지속적인 민주주의와 경제발전의 필요성은 높은 효율성을 요구하기 때문이다. 그러나 대통령제가 지닌 몇 가지 단점은 이러한 주장의 타당성이 높지 않다는 점을 보여준다. 우선 대통령제는 대통령과 의회가 민주적 정당성(democratic legitimacy)을 두고 서로 경합함으로써 효율성의 달성보다는 오히려 사회적 갈등을 초래할 수 있다는 비판을 받는다(Linz, 1990). 대통령제에서 종종 발생하는 분점정부(divided government) 상황은 이와 같은 갈등의 직접적 요인이 되는 것으로 의회와 대통령 간의 힘겨루기가 이어질 때 의회에 의한 대통령의 탄핵 시도, 대통령에 의한 계엄령, 비상조치 선언, 혹은 군부에 의한 쿠데타 등으로 이어질 수 있다(강원택, 2006, 62). 또한 대통령제는 대통령에게 고정된 임기를 부여하기 때문에 대통령이 적절하지 못한 정책을 추진하는 경

통해 선출되고, 선출된 대통령은 헌법이 부여하는 입법권한을 지닐 뿐 아니라 정부를 구성하며, 대통령과 의회는 고정된 임기 동안 역할을 수행하기 때문에 상호 신임 여부에 따라 해임되거나 해산되지 않는 정부 형태로 정의된다.

우 이를 변경하기 힘들다는 단점을 지닌다. 정책적 경직성(rigidity)으로 일컬어지는 이와 같은 현상은 공동체가 급격히 변화하는 상황에 대해 유연하고 탄력적인 대처가 필요한 경우 그러한 요구에 충분히 부응하지 못할 가능성을 높이는 요인이 된다(Linz, 1994).

결국 효율성을 강조하는 대통령제가 통일한국 사회에 적합한 정부 형태인가의 문제는 다음과 같은 두 가지 측면에서 검토될 수 있을 것으로 보인다. 첫째, 대통령제는 통일한국의 정부 형태에 적합한 대안이 되기에는 한계가 있다는 점이다. 통일 이후 안정적이고 지속적인 민주주의와 경제발전을 위해 필요한 효율성에 대한 강조는 대통령제를 통일한국의 정부 형태의 대안으로 제시하는 논리적 근거가 된다. 그러나 대통령제는 남북한 사회의 통합과정에서 갑작스럽게 돌출되는 문제들에 대하여 유연하고 탄력적으로 대처하기 어렵다는 한계가 있다. 둘째, 통일한국의 의회가 양당이 아닌 다수의 정당으로 구성될 가능성은 대통령제의 문제점을 더욱 심화시킬 것으로 보인다. 추후 자세히 논의하겠지만 통일한국은 통일에 따라 새롭게 제기되는 사회균열적 요인 및 정책적 선호를 반영하고자 하는 정당들의 출현과 함께 다수의 정당으로 의회가 구성될 가능성이 높다. 그리고 이와 같이 다수의 정당으로 구성되는 의회는 대통령과 의회의 연합형성을 방해하기 때문에 그만큼 대통령제가 지닌 정책결정의 경직성을 강화하는 요인이 된다(Mainwaring, 1993). 최근의 연구들 역시 대통령제의 성패는 대통령이 다수의 정당으로 구성된 의회와 일정한 연합을 형성하고 통치할 수 있는가에 따라 좌우될 것이라는 점에 동의한다(Chaisty et al., 2012, 75). 따라서 만일 통일한국 의회가 다수의 정당으로 구성될 가능성이 높다면 대통령제는 효율성의 달성보다는 오히려 정책적 경직성이라는 문제를 더욱 빈번히 야기할 것으로 예상된다.

대통령제와는 대조적으로 의원내각제는 효율성보다는 대표성에 상대적으로 더 무게를 둔 정부 형태다. 슈가르트(Shugart, 2006, 348)는 의원내각제를 의회가 행정권을 담당하는 수상과 내각을 구성하고, 정부는 의회 내 다수의 불신임 투표에 의해 언제든지 해임될 수 있는 정부 형태로 정의한다. 정부의 정책결정에 대해 공동체 구성원의 다양한 선호를 반영한 의회가 책임을 진다는 점에서 효율성보다는 대표성이 강조되는 정부 형태다. 이는 의원내각제의 대표적인 사례로 일컬어지는 영국의 경험을 통해 쉽게 이해될 수 있다. 영국은 일반 대중들의 의사를 정책결정에 반영할 수 있도록 의회의 역할을 증가시킴으로써 군주에 의해 보장되던 통치의 효율성으로부터 대표성을 강화한 제도적 전환을 이룬 사례다. 의원내각제는 또한 인종, 종교, 언어적 측면에서 상이한 구성원들로 구성된 공동체가 선택하는 경향이 강하다. 현재 가장 순수한 유형의 의원내각제로 평가받는 스페인의 의원내각제 역시 지역 간 차별성을 인정하고 각 지역의 선호를 보장하기 위한 필요성을 반영하고 있다.

그러나 대표성을 강조하는 의원내각제는 제도적으로 불안정하다는 문제가 지적된다(Lijphart, 1994). 대표성을 추구하는 과정에서 수많은 정당이 난립할 수 있고 그 결과 의회 내 안정적인 다수파가 구성되기 쉽지 않을 뿐 아니라 내각은 야당이 주도하는 의회의 불신임으로 빈번히 해산되는 현상이 발생할 수 있다. 이러한 비판은 정책결정의 효율성에 대한 고려 없이 대표성만을 과도하게 강조하는 의원내각제의 문제를 제기하는 것이다. 반면, 영국과 같이 오랜 기간 의원내각제를 안정적으로 운영하고 있는 국가들의 경우 보수당과 노동당에 의해 양당제적 틀을 지니면서 어느 한쪽의 정당이 집권하더라도 집권정당을 중심으로 행정권과 입법권 사이의 긴밀한 협력을 통해 효율성을 유지해 왔다는 것을 알 수 있다.

통일한국의 권력구조에 관한 기존 문헌은 의원내각제가 지닌 위와 같은 대표성의 기능에 초점을 맞춰 의원내각제를 통일한국에 적합한 대안적 정부 형태로 제시한다(강원택, 2011). 통일한국은 남과 북으로 분단된 채 장기간 서로 다른 체제적 특성을 발전시켜 왔기 때문에 남한과 북한 주민들 각각의 정치적 선호 역시 상당한 차별성이 존재할 것을 예상해 볼 수 있다. 통일이 이와 같이 상이한 정치적 선호를 지닌 남한과 북한 주민을 통합하고, 각각의 선호를 정책결정 과정에 반영할 수 있는 정치체제를 수립하는 작업이라고 할 때, 의원내각제는 매우 그럴듯한 대안이 될 수 있는 것이다. 그러나 한 가지 주목할 점은 통일한국의 정부 형태로서 의원내각제를 주장하는 기존의 논의 역시 의원내각제의 단점으로 제기되는 불안정성을 극복하고 강한 리더십을 발휘할 수 있는 제도적 보완책이 마련된다는 조건 하에서 의원내각제를 옹호하고 있다는 점이다. 통일 이후 한국 사회에 분출될 것으로 예상되는 다양한 정책적 선호와 사회균열 요인을 통합하기 위해 의원내각제가 통일한국 정부의 대안이 될 수 있음에도 불구하고 대표성의 가치만을 강조하는 의원내각제는 통일한국 사회가 당면할 다양한 과제를 효과적으로 대처하는 데 실패할 수 있다는 점을 경계하고 있는 것이다.

이원정부제는 현대 민주주의 국가 건설 과정에서 요구되는 효율성과 대표성이라는 사회적 가치의 적절한 배합을 추구하고자 하는 정부 형태라 할 수 있다. 정치학적으로 이원정부제(dual executive system)는 대통령과 의회가 동시에 행정권한을 지니고 있는 정부 형태로 정의된다(Blondel, 1984). 이는 듀베르제(1980)가 준대통령제(semi-presidentialism)로 정의한 정부 형태의 특성 가운데 행정권한의 배분에 초점을 맞추고 있는 것이다[4]. 이원정부제의 원형이라 할 수 있는 듀베르제의 준대통령제는 대통령이 선거에 의해 선출되며, 대통령은 헌법이 보장하는 상당한 권한을 지니고, 수상과 내각은 의회 내 신임에 의존한다는 세 가지 특징을 지닌 정부형태다. 이러한 준대통령제는 대통령에게 일정한 헌법적 권한을 부여함으로써 대통령직을 매개로 정책의 예측가능성을 높일 수 있으며, 동시에 내각의 존립이 의회의 신임에 의존하게 함으로써 정책의 대표성을 높일 수 있는 장점을 지닌다.

그러나 이원정부제가 추구하는 효율성과 대표성의 적절한 균형이라는 목표는 이원정부제의 운영 과정에서 심각한 문제점들을 노출하며 현실화되지 못한 경향이 강했다. 예를 들어, 대통령에 의한 정책적 효율성과 의회에 의한 정치적 대표성 양자 모두 달성하지 못한 이원정부제의 대표적인 실패 사례로 1919년부터 1933년까지의 독일 바이마르공화국을 들 수 있다. 바이마르공화국의 이원정부제가 실패한 원인 가운데 하나는 의회가 다수의 정당에 의해 분열되었다는 점에서 찾을 수 있다. 분절화된 다수의 정당으로 구성된 의회는 대통령의 권한을 견제하는 데 필요한 응집력을 발휘하기 어려운 것이다. 또 다른 이유는 바이마르공화국 대통령과 의회, 내각의 권한이 명확히 규정되지 않았다는 점에서 찾을 수 있다. 예를 들어 대통령의 칙령은 '질서 회복'을 위해 발령하는 것이었으나, 내각 구성에 대한 반대와 경제정책 집행 등 대통령의 필요성에 따라 '질서 회복'이라는 명분을 활용했던 것이다. 이와 같이 대통령 중심의 권한에 대한 유권해석과 그에 따른 대통령에게로의 권한집중은 사회적 불만의 요인이 되었으며, 전 세계적인 경제공황이 이러한 사회적

---

[4]   이원정부제의 정의가 듀베르제의 준대통령제에 대한 규정의 일부에 초점을 맞춰 제시된 용어라는 점을 고려할 때, 이원정부제는 크게 보았을 때 준대통령제의 동일 유형이라 할 수 있다. 그러나 본 연구의 본문을 통해 준대통령제 유형를 세분화한 슈가르트와 커레이(1992)의 논의가 소개되기 때문에 용어의 혼란을 피하기 위해 본 연구에서는 이원정부제와 준대통령제를 동일한 것으로 간주하고, 혼용해 쓰기로 한다.

불만을 더욱 고조시킴으로써 바이마르공화국의 이원정부제는 실패했던 것이다.

　이원정부제는 현실적 운영 과정에서 나타났던 위와 같은 문제점에도 불구하고 효율성과 대표성의 조화를 추구할 수 있다는 점에서 여전히 선호되고 있는 정부 형태다. 특히 제2차 세계대전 이후 새롭게 정부를 구성할 필요성에 직면한 대다수 국가들이 이원정부제를 채택하고 있음은 흥미롭다. 슈가르트(2005, 344)는 동유럽 및 신생 아프리카 국가들이 이원정부제를 선택한 경우가 많다는 점을 관찰하고, 이와 같이 효율성과 대표성을 혼합한 정부 형태가 "이제야 전성기를 맞는 통치구조(a regime type whose time has come)"라고 주장한다. 또한, 더욱 최근의 연구들 역시 이원정부제가 권위주의에서 민주주의로 이행하는 국가들에게 적합한 정부 형태로 간주하는 경향이 강하다(Amorim Neto and Strøm, 2006, 623).

　결국, 현대사회의 이원정부제는 민주주의 이행이라는 공동체의 목표를 달성하기 위해 필요한 효율성뿐만 아니라 권위주의 시기 동안 소외되었던 사회 내 다양한 의견이 대표될 수 있는 기회를 동시에 보장할 수 있다는 이점을 지닌 정부 형태라 할 수 있다. 또한, 과거 실패의 경험은 이원정부제가 추구하는 목적이 운영 과정에서 좌절되지 않도록 제도적 장치들을 보완할 수 있는 바탕이 되고 있다. 그러면, 이와 같은 이원정부제가 통일한국 사회에도 적합한 정부 형태일 것인가?

Ⅲ. 통일한국 사회의 이원정부제: 필요성

여기서는 두 가지 측면에서 이원정부제가 통일한국 사회에 적절한 대안이 될 수 있음을 보이고자 한다. 첫째, 통일한국 사회의 정치환경이 효율성과 대표성이라는 사회적 가치 가운데 어느 한쪽에만 상대적 우위를 두기 힘든 구조를 지닌다는 점이다. 둘째, 경험적으로도 제2차 세계대전 이후 새로운 정부를 구성한 국가들이 지배적으로 채택한 정부 유형이 이원정부제였을 뿐만 아니라 현재까지 안정적인 운영을 보이고 있다는 점이다.

1. 통일한국의 정치적 환경

통일한국 사회는 국내정치와 국제정치 부분에서 효율성과 대표성 사이에 상이한 우선순위를 둘 필요가 있을 것으로 보인다. 우선 대내적으로 효율적인 정책결정도 무시할 수 없겠으나 대표성에 대한 요구가 더욱 강하게 표출될 것으로 보인다. 통일된 한국 사회는 장기간 분열된 민족의 사회적 통합이 최우선적으로 요구되는 사회다. 이산가족 문제는 말할 것도 없고 전쟁이라는 아픈 경험이 낳은 상호 불신을 해소할 필요가 있다. 이 과정에서 남한과 북한 주민들의 이질적이며 상이한 사회적 요구가 분출될 것으로 예상되며 이를 성공적으로 수용할 수 있을 것인가가 통일 이후 한국 사회의 지속적 발전의 성패를 좌우할 것이다.

통일한국의 국내정치에서 대표성에 대한 요구가 강할 것으로 예상되는 두 번째 이유는 통일이 남북한 각 지역 내 사회균열(social cleavage)적 요인을 완화시키기보다는 강화할 가능성이 높다는 점에서 찾아볼 수 있다. 남한 사회가 안고 있는 지역, 이념, 세대와 관련된 사회적 균열은 통일로 인해 해소되기보다는 강화될 것으로 예상될 뿐 아니라 우리에게 잘 알려지지 않았으나 북한 사회 내부의 지역적, 계층적, 세대적 갈등 역시 통일과 함께 해소되지는 않을 것으로 보이기 때문이다. 예를 들어, 지역적 균열은 통일과 함께 다차원적인 양태를 띨 것으로 보인다. 통일에 따라 전통적인 영호남 대립은 남한과 북한 지역이라는 거대지역 간 균열 내에서 하부균열 요인으로 현시화될 가능성이 높다(박종철 외, 1994). 다시 말해 통일한국 사회는 한편으로 남한과 북한 지역의 대립이라는 거대지역 간 지역균열이, 다른 한편으로 남한과 북한 내부에 기존에 존재하고 있던 하부 지역균열이 다차원적으로 전개될 가능성이 높은 것이다. 이는 장기간에 걸친 분열로 인해 남한 내부의 특정 지역과 북한 내부의 특정 지역 사이에 지역적 연대가 형성되면서 기존의 지역적 균열을 완화할 것으로 예상하기 힘들 뿐만 아니라 기존에 남북한 사회 내부에 존재하던 각각의 하부 지역균열이 남한과 북한 지역 사이의 발생하는 초지역적 지역균열로 수렴되기도 어려울 것으로 보이기 때문이다.

한국 사회 내 이념균열도 통일과 함께 완화되기보다는 다변화될 가능성이 높다. 통일은 남한 사회에는 좌파적 이념, 북한 사회에는 우파적 이념의 수용공간을 확대할 것이다. 이는 통일 이전 단계에서 남북한이 지녔던 협소한 이념적 스펙트럼이 통일과 함께 한국 사회

전체적으로 확대되는 것을 의미한다. 동유럽의 구 공산주의국가들의 민주화 과정은 이와 같은 사회 내 이념적 스펙트럼의 확대가 궁극적으로 이념적 갈등을 다변화할 것임을 보여준다. 민주화 초기 대다수의 동유럽 국가들은 일시적으로 또는 완전하게 배척되었던 공산주의 이념이 채 4~5년이 지나지 않아 다시 지지세력을 확보했을 뿐 아니라 체코공화국의 경우 의회 내 의석을 확보하는 수준에까지 이르렀다. 통일한국 역시 장기간에 걸쳐 공산주의 이념을 체득한 북한 주민들은 통일 초기 민주화 및 경제발전에 대한 강렬한 기대와 열망을 지닐 것이다. 동유럽 국가들의 경험은 이러한 기대와 열망이 통일 이후 통합과정에서 좌절되는 경우 언제든지 공산주의 이념으로 회귀할 수 있음을 의미한다. 따라서 통일과 함께 넓혀진 이념적 스펙트럼은 민주화 및 경제발전 과정과 상호적으로 작동해 통일한국 사회 내 지역적으로 다변화된 이념적 갈등 가능성을 수반할 것으로 보인다.

세대균열에 따른 사회적 갈등은 통일과 함께 적어도 단기적으로는 심화될 것으로 보인다. 통일 이전 단계인 현재 남한 사회 내에서 세대 간 통일에 대한 인식의 차이가 존재한다. 이러한 차이의 가장 근본적인 요인으로는 통일이 수반한 막대한 비용에 따른 부담에서 찾아진다(조진만·한정택, 2014). 통일한국 사회 건설이 짧지 않은 기간에 막대한 비용을 요구하는 과정이라면, 이 과정에서 적절한 투자와 일자리 창출과 같은 긍정적 효과가 크게 나타나지 않은 이상 청년 실업 등에 따른 세대갈등은 오히려 강화될 가능성이 큰 것이다.

결과적으로 통일한국은 민족적, 인종적, 언어적 동질성이 강한 사회임에도 불구하고 지역, 이념, 세대와 같은 사회갈등 요인이 다층적이고 다변적인 방식으로 국가발전 및 통일한국의 미래에 대한 선호의 이질성을 강화할 것으로 보인다. 통일로 인해 사회 내 이해관계의 이질성이 다변화되며 다층화된다는 것은 소수의 정책적 대안만으로 포용하기 힘들 뿐 아니라 정책결정 과정에서의 소외는 강도 높은 불만과 불평으로 이어질 가능성이 크다는 점을 함의한다. 따라서 대표성이 적절히 이루어지지 못할 경우 통일한국 사회는 쉽게 불안정해지고, 헌정체제에 대한 위협적인 상황이 전개될 수 있다. 결국, 통일한국의 안정적인 발전을 위해 효율적인 정책경쟁이 요구되는 경우에도 그러한 효율성은 통일한국 사회 내적갈등 요인들을 완화시킬 수 있도록 대표성을 우선적으로 확보하는 조건 하에서만 추구되어야 함을 함의한다.

대표성의 가치가 우선되는 국내정치와 달리 국제정치적 측면에서 통일한국은 더욱 복잡해진 전략적 환경에 효율적으로 대처할 필요성에 직면할 것이다. 한반도 통일에 따른 주변국들의 대한반도 전략은 통일이 어떤 방식과 과정을 통해 언제 이루어질 것인지, 또한 통일이 이루어진 당시 국제질서는 어떤 변화를 겪고 있는 것인지 등 다양한 요인에 따라 변화할 것이다. 이는 통일한국이 직면할 대외적 환경을 명확하게 규정하기는 힘들다는 것을 의미한다. 그럼에도 불구하고 통일 이후 한반도 주변 4국의 대한반도 정책에 대한 변화를 예상하는 경우 통일한국이 이에 대한 효과적인 대처를 위해서는 효율적인 정책결정이 필요함을 알 수 있다.

우선 주변 4국은 통일한국과의 관계 정립을 통해 자국의 이익을 새롭게 확보하려고 시도하거나 기존의 이익을 유지하고자 할 것이다. 구체적으로 이는 현상 유지를 통한 우호관계 지속, 또는 현상 유지 개선을 통해 우호관계를 향상하고자 하는 전략으로 표출될 것이다. 반면, 통일한국과의 관계가 자국 이익에 도움이 되지 않을 경우 급격한 대한반도 전략의 수정을 통해 대결적 관계를 형성할 가능성도 무시하기는 어렵다. 이와 관련하여 통일 이후 한반도의 국제정세에 관한 기존 문헌들 역시 한반도 통일에 따른 주변 4국은 일차적인 전략적 변화는 통일한국으로부터 기대되는 자국의 이익을 중심으로 형성될 것이라는 예측을 제공한다(김구륜 외, 2013). 이들의 논의에 따르면, 미국과 중국은 통일한국의 접경 지역에서 군사적 대치 가능성을 가장 중요한 문제로 간주한다. 또한, 한·중 관계가 새롭게 정립되면서 전통적인 한·미 우호관계가 어떻게 변화할 것인가에 대해 상호 대립적인 전략적 이해관계를 지닌다. 반면, 일본의 경우 미국과의 전통적인 동맹관계에 따라 미국의 입장을 지지하는 한편 통일한국 사회가 국수주의적, 민족주의적 성향을 강화할 가능성을 우려할 것으로 본다. 그리고 러시아는 상대적으로 정치적 이해관계보다는 경제적 이해관계에 치중할 것으로 본다. 특히 2011년 이후부터는 동북아 지역정치에 대해 더욱 적극적인 행보를 펼치고 있는 상황에서 통일한국이 시베리아 연해주 개발의 중요 파트너가 될 가능성 등을 포함한 러시아의 경제적 이익에 얼마나 도움이 될 것인지를 중요하게 간주할 것이라는 주장이 제기된다(신범식, 2013, 269; 윤영관, 2013, 492).

위와 같이 한반도의 통일은 주변 4국들에게 한국과의 관계의 재정립뿐만 아니라 그 과정에서 기존의 대립 구도 및 동북아 지역에서의 위상을 변화시키고자 하는 유인을 발생시키는 사건이라 할 수 있다. 통일한국은 이 과정에서 발생하는 주변 4국의 협조와 갈등에 대처하면서 기존 우방과의 관계를 훼손되거나, 미국과 중국 및 일본과 중국 사이의 갈등을 강화하는 것과 같은 정책적 실패 가능성을 줄이고, 화해와 협력을 유지해 나갈 수 있는 동북아 지역 및 국제적 위상을 강화할 필요가 있을 것이다. 이러한 필요성은 통일한국의 대외정책과 관련하여 두 가지 점을 요구한다. 첫째, 주변 4국의 변화하는 전략적 환경에 신속히 대처할 수 있는 제도적 기반이 마련될 필요가 있다. 둘째, 장기적인 전망을 가지고 지속성 있는 정책을 통해 주변 4국과의 관계를 정립해 나갈 필요가 있다. 다시 말해 통일한국은 대외적으로 다양한 선호를 반영할 수 있는 제도적 체계의 마련보다는 장기적인 관점에서 일관되고 지속적인 정책을 추진할 수 있는 제도적 기틀을 마련하고, 그에 따라 체계적으로 주변 4국과의 관계에 대처함으로써 관련국과 신뢰를 쌓는 것을 우선시해야 할 것이다. 통일한국의 대외정책이 지녀야 할 이와 같은 조건은 결국 통일한국의 대외정책이 대표성보다는 효율성에 더 우선적 가치를 두고 추구되어야 함을 의미한다.

결국 통일한국의 정치적 환경은 대내적 측면과 대외적 측면으로 세분했을 때 각 영역에서 상대적으로 우위를 지닌 가치가 상이함을 알 수 있다. 통일한국이 대내적으로, 그리고 대외적으로 성공적인 사회통합 및 민주주의 발전을 지속해 가기 위해서는 대표성과 효율성 가운데 어느 하나의 가치만을 강조하는 것으로는 충분하지 않다는 것이다. 이러한 인식에 따를 때 이원정부제는 통일한국의 정부 형태로써 높은 타당성을 지닌 대안으로 보인다. 만일 통일한국이 요구하는 사회적 가치의 측면에서 이원정부제가 선택가능한 정부 유형 가운데 하나라면, 과연 통일한국의 이원정부제는 바이마르공화국과는 달리 안정적으로 운영될 수 있을 것인가? 다시 말해 통일한국의 이원정부제는 성공할 수 있는 것인가? 아래에서는 이와 관련하여 제2차 세계대전 이후 새롭게 정부를 구성한 국가들의 정부 유형 선택의 사례와 대내, 대외적으로 통일한국과 유사한 정치적 환경을 공유하는 것으로 간주되는 핀란드의 이원정부제의 경험을 중심으로 이에 대해 논의하도록 하겠다.

2. 이원정부제의 현황 및 특징

이원정부제는 제2차 세계대전 이후 신생 독립국가들 및 민주화를 경험한 동유럽 구 공산국가들이 지배적으로 선택한 정부 형태라는 특징을 지닌다. 2007년을 기준으로 전 세계적 국가의 33퍼센트가 이원정부제를 선택했으며(Choudhry and Stacey, 2013) 이러한 수치는 22퍼센트 정도의 국가만이 이원정부제를 선택했던 1990년대 후반과 비교할 때 이원정부제를 채택하는 국가가 급속히 증가하는 추세를 보여준다. [표 1]은 엘지(2007)의 구분에 따라 2012년을 기준으로 4개 대륙별 이원정부제의 채택 현황을 보여준다.

[표 1] 대륙별, 시기별 이원정부제 채택 현황(2012년 기준)

아시아	서유럽	동유럽	아프리카	아메리카
스리랑카(1976) 몽골(1992) 베트남(1992) 키르키스탄(1993) 카자흐스탄(1993) 예멘(1994) 아르메니아(1995) 아제르바이잔 (1995) 타이완(1997) 동티모르(2002) 터키(2007)	핀란드(1919) 아일랜드(1937) 아이슬란드(1944) 오스트리아(1945) 프랑스(1962) 포르투갈(1976)	폴란드(1990) 루마니아(1990) 크로아티아(1991) 불가리아(1991) 마케도니아(1991) 리투아니아(1992) 슬로베니아(1992) 러시아(1993) 체코공화국(1993) 몰도바(1994) 우크라이나(1996) 벨라루스(1996) 슬로바키아(1999) 조지아(2004) 세르비아(2006) 몬테네그로(2006)	알제리(1989) 나미비아(1990) 모잠비크(1990) 카보베르데(1990) 상투메 프린시페 (1990) 부르키나파소 (1991) 카메룬(1991) 가봉(1991) 세네갈(1991) 부룬디(1992) 말리(1992) 토고(1992) 콩고공화국(1992) 차드(1996) 코모로스(2001) 르완다(2003) 중앙아프리카공 화국(2005) 콩고민주주의공 화국(2006) 이집트(2007) 모리타니아(2009) 마다가스카(2010) 니제르(2010)	아이티(1987) 페루(1993)
11개국	6개국	16개국	22개국	2개국

[표 1]은 세 가지 측면에서 흥미로운 사실을 보여준다. 첫째, 이원정부제는 미국식 대통령제의 영향이 강한 아메리카 대륙을 제외하면 전 세계적으로 채택 빈도가 높다는 점이다. 아시아에서 11개국, 유럽과 아프리카가 각각 22개국에서 이원정부제를 채택하고 있다. 둘째, 이원정부제는 시기적으로 비교적 최근에 선택되는 빈도가 높은 정부 유형이라는 점이다. 1990년대 이전 시기와 그 이후를 비교할 때 1990년대 이후 압도적으로 많은 수의 국가들이 이원정부제를 채택하고 있다. 셋째, 이원정부제는 신생 민주주의국가들에게서 지배적으로 관찰되는 정부 유형이라는 점이다. 이원정부제는 비교적 민주화가 늦게 이루어진 중유럽, 동유럽 국가들에서 지배적인 정부 형태가 되었으며(Elgie and Moestrup, 2012), 아프리카의 신생 민주주의국가의 과반수에 가까운 22개국에서 채택한 정부 형태인 것이다.

슈가르트와 커레이(1992)는 이와 같이 제2차 세계대전 이후 다수의 국가들이 이원정부제를 채택하면서 이들 국가들의 정부 유형을 세분화할 필요성에서 이원정부제를 수상 중심-대통령제(premier-presidentialism)와 대통령중심-의회제(president-parliamentarism)로 구분했다. 이러한 구분은 대통령이 내각의 구성과 관련하여 지니는 권한과 의회 및 내각의 생존(survival)에 미치는 권한을 기준으로 이루어진 것이다(Shugart and Carey, 1992; Shugart, 2005). 수상 중심-대통령제는 대통령이 대중선거를 통해 선출되며 상당한 권한을 소유하고 있는 반면, 의회의 신임에 의존하고 행정권을 담당하는 수상과 내각이 존재하는 정부형태다. 이는 듀베르제의 준대통령제에 매우 근접한 유형으로 대통령의 권한이 헌법에 의해 보장되는지의 여부에서만 차이를 지닌다. 수상 중심-대통령제는 대통령의 권한이 헌법보다 하위의 법률에 의해 규정된 것으로 입법과 관련된 제한된 권한만을 대통령에게 부여하고 있는 것이다. 반면, 대통령중심-의회제는 대중선거에 의해 선출된 대통령이 수상과 내각을 임명하고 해임할 수 있을 뿐 아니라 의회를 해산하거나 의회의 입법권한을 무력화시킬 수 있는 권한을 보유하고 있는 정부 형태다. 또한, 대통령중심-의회제에서 의회는 불신임을 통해 내각을 해산할 수 있는 권한을 지닌다. 대통령이 수상과 내각을 임명할 뿐 아니라 의회를 해산할 수 있는 권한까지를 지닌다는 점에서 듀베르제의 준대통령제보다는 대통령이 의회와 내각에 대하여 지닌 권한이 강화된 정부 형태라 할 수 있다.

위와 같이 이원정부제를 세분화한 유형을 고려할 때, 이원정부제를 채택한 국가들로부터 두 가지 특징을 발견할 수 있다. 첫째, 제2차 세계대전 이후 이원정부제를 채택한 국가들은 대통령중심-의회제보다는 수상 중심-대통령제를 채택하는 경향이 강하다는 점이다(Samuels and Shugart, 2009). 특히, 포르투갈, 우크라이나, 슬로바키아와 같이 국가들은 대통령중심-의회제 유형을 채택했다가 수상 중심-대통령제로 변경한 반면, 수상 중심-대통령제 유형을 채택했다가 대통령중심-의회제 유형으로 변경한 사례는 존재하지 않는다. 이러한 사실은 제2차 세계대전 이후 새롭게 정부를 구성한 국가들이 대통령제적 특성과 의원내각제적 특성을 조합함으로써 효율성과 대표성을 조화롭게 추구하고자 하는 경우에도 수상 중심-대통령제를 채택함으로써 대표성을 중심으로 효율성을 보완하고자 하는 경향이 강했음을 의미한다. 둘째, 1990년 이후 수상 중심-대통령제를 채택한 국가들은 현재까지 장기간 안정적으로 국가를 운영해오고 있다는 점이다. 바이마르공화국에서 관찰되었던 사회적으로 극심한 불안정은 아직까지 이들 국가에서 관찰되고 있지 않다.

제2차 세계대전 이후 이원정부제를 채택한 국가들이 보이는 이와 같은 특징은 결국 과거의 경험과 달리 최근 이원정부제의 운영은 상당히 긍정적으로 검토될 수 있음을 함의한다. 대표성과 효율성이라는 사회적 가치를 균형 있게 추구해야 할 필요성에 직면한 어떤 사회라도 이원정부제를 타당한 대안으로 검토할 가능성이 높은 것이다. 그러면, 통일한국이 이원정부제를 하나의 대안적 정부 형태로 고려하는 경우 어떠한 이원정부제를 선택해야 할 것인가? 대내적으로 대표성을 강조하는 반면, 대외적으로 효율성을 강조해야 하는 통일한국 사회의 특수성에 부합하는 이원정부제는 어떤 유형일 것인가? 현실적으로 다양한 유형의 이원정부제가 운영되고 있다는 점에서 본 연구에서는 핀란드의 경험을 하나의 사례로 활용해 이러한 질문에 답하기 위한 단초를 찾고자 한다.

3. 핀란드의 이원정부제

본 연구에서 핀란드의 이원정부제를 대표적인 사례로 선택한 이유는 핀란드의 대내적, 대외적 정치환경이 통일한국과 상당히 유사하기 때문이다. 다시 말해 통일한국과 유사한 정치적 환경을 지닌 핀란드의 사례를 통해 통일한국 사회에 이원정부제가 타당할지를 구체적으로 검토해 보고자 한다. 통일한국과 핀란드의 정치적 환경의 유사성은 두 가지 점에서 찾아볼 수 있다. 하나는 역사적으로 강대국의 지배를 경험했을 뿐 아니라 강대국과 국경을 접하고 있다는 지정학적 측면이다. 핀란드는 스웨덴과 러시아의 지배를 경험했으며 이들과 국경을 접하고 있는 것이다. 다른 하나는 사회 내적 동질성의 측면이다. 핀란드는 루터교가 지배적이며, 대다수의 국민이 핀란드어를 사용하는 단일한 핀족(Finns)으로 구성된 국가인 것이다.

1917년 독립 당시 위와 같은 핀란드의 대내적, 대외적 환경은 대표성보다는 효율성을 강조하는 이원정부제를 채택하는 유인으로 작용한 것으로 평가된다. 대내적으로 동질성이 강한 사회적 성격은 대표성에 대한 요구가 약한 반면 효율성에 대한 요구가 상대적으로 강하게 표출되는 계기가 되었으며, 대외적으로 강대국과 국경을 접하고 있기 때문에 요구되는 신속한 대외정책 결정의 필요성 역시 효율성을 강조하는 요인이 되었다고 볼 수 있다. 그러나 이와 같은 효율성에 대한 강조에도 불구하고 핀란드 사회가 대통령제보다 이원정부제를 선택하게 된 이유는 두 가지 점에서 찾아볼 수 있다. 첫째, 1917년 독립과 함께 등장한 계층적 이해관계의 갈등은 동질적인 핀란드 사회 내에서도 계층 구분에 따른 정책적 선호의 차별성을 고려할 필요성을 제기했다. 핀란드 내 계층적 이해관계의 대립은 1917년 독립 직후 내전을 초래할 정도로 강도가 높았을 뿐 아니라 1960년대 이후 합의제적 정치문화가 형성되기 이전까지 핀란드 정치를 지배했던 것이다(Nousianinen, 2001). 둘째, 핀란드 국민들은 역사적으로 자치(self-government)와 법의 지배(rule of law)를 이상으로 생각하는 노르딕 문화를 공유하고 있을 뿐 아니라 서유럽식 의회민주주의에 대한 열망을 지니고 있었던 것으로 알려졌다(Raunio, 2005). 이는 의회에 의한 다양한 정책적 선호의 대표를 사회적으로 공유된 가치로 삼고 있었음을 의미한다. 이러한 핀란드 사회의 특수성을 수용한 1919년 핀란드 헌법은 국민자치와 법의 지배의 실현이라는 역사적 정통성에 근거한 대통령에게 상당한 권한을 부여함과 동시에 의회민주주의에 기초한 국민들의 권한위임이라는 정통성에 근거한 의회가 행정권한을 분할하고 있는 이원정부제를 채택한 것이다.

2000년 헌법 개정 이후 핀란드의 이원정부제는 대통령의 권한을 축소시킨 수상 중심-대통령제를 강화한 것을 특징으로 한다. 이와 같은 변화 원인은 1994년 대통령 직선제 도입에서 찾을 수 있다 (Raunio, 2005). 1994년 직선제 이전의 대통령은 국민자치와 법의 지배를 정통성의 근거로 삼고 정파적 이해관계나 갈등으로부터 자유로운 국가원수로서의 기능을 수행할 수 있었다. 그러나 직선제의 도입과 함께 대통령과 의회가 모두 국민의 지지에 정통성의 근원을 두게 되면서 역할과 기능에 대해 경합하는 전형적인 이원적 정통성 (dual executive)의 문제를 유발했으며, 궁극적으로 대통령의 권한 축소에 따른 수상 중심-대통령제적 이원정부제로의 변화가 이루어진 것이다(Raunio, 2005).

2000년 이후 수상 중심-대통령제를 강화한 핀란드의 이원정부제는 다음과 같은 몇 가지 특징을 발견할 수 있다. 첫째, 대외적 정치환경이 안정화되면서 효율성을 우위에 두었던 대외정책 영역에서 대표성이 강화되었다. 1919년 헌법 제33조는 핀란드의 대외정책은 대통령의 권한이며 내각은 대통령을 지지해야 할 뿐 아니라 매우 중대한 경우를 제외하면 대통령의 결정에 대하여 의회의 동의가 필요하지 않다고 규정하고 있다. 반면, 2000년 헌법의 93조는 대외정책에 관해 대통령이 궁극적인 권한을 지니지만, 정부 운영에 협력적인 정책을 결정해야 한다고 규정하고 있다. 이와 같은 대외정책 영역에서의 대통령 권한의 축소는 소련의 붕괴와 같은 국제정치환경의 변화와 더불어 지정학적으로 더 이상 소련의 침략을 크게 우려해야 하는 상황에서 벗어났기 때문으로 평가된다(Raunio, 2005).

둘째, 대통령의 정부 구성에 관한 권한을 대폭 축소해 의회에 의한 정부 운영의 독립성을 강화했다. 1919년 헌법에서 대통령은 의회로부터 사전 동의를 얻지 않고 수상과 내각을 임명할 수 있었으나 2000년 개정헌법 제61조는 대통령이 의회와 교섭한 결과에 따라 수상 후보자를 지명하고 지명된 후보를 의회가 선출하도록 하고 있다.

또한, 만일 대통령에 의해 지명된 후보가 의회 내 표결 과정에서 두 차례에 걸쳐 과반수 득표에 실패한 경우 전혀 새로운 후보를 의회가 임명할 수 있도록 했다. 더구나 새롭게 구성된 정부는 업무 시작 이전에 추진할 정책을 의회에 미리 제출하고 그에 대해 신임을 얻을 경우에 한해서만 업무를 시작할 수 있는 사전승인제(vote of investiture)를 규정함으로써(제62조) 의회에 의한 정부통제를 강화하고 있다.

셋째, 대통령의 입법권한을 대폭 축소했으며, 대통령의 권한을 명확히 규정함으로써 이원적 정통성에 따른 의회와 대통령의 갈등을 미연에 방지하고 있다는 점이다. 2000년 개정헌법 제80조는 기존에 대통령이 지니고 있던 정부입법안 제출권 및 정부입법안 철회권을 정부로 이양했으며, 제77조는 유예거부권(suspensive veto)의 형식으로 행사되었던 거부권을 대통령이 행사할 경우 즉시 해당 법안을 의회에 이전해야 한다고 규정함으로써 유예거부권 행사 가능성을 차단하고 있는 것이다.

위와 같은 핀란드 이원정부제의 경험은 통일한국의 정부 형태에 대한 구상에 다음과 같은 함의를 지닐 것으로 보인다. 우선 핀란드와 통일한국 사회가 처한 지정학적 환경 및 공동체 내적 동질성이라는 유사성에도 불구하고 통일한국이 1919년 핀란드 사회의 결정을 반복할 필요성은 약하다는 점이다. 1919년 핀란드의 정부 형태는 사회적 동질성을 바탕으로 효율성을 우위에 두고 대표성을 보완하기 위한 선택이었다. 그러나 통일한국의 경우 계층적 이해관계만이 유일한 사회 내적갈등 요인이었던 핀란드 사회와는 달리 지역, 세대, 계층, 이념 등을 포함하는 다양한 유형의 사회 내적갈등 요인이 존재할 것으로 예상된다. 특히 이러한 요인들이 상호 중첩적인 관계를 맺고 있다는 점에서 심각성은 더할 것으로 보인다. 따라서 통일한국 사회는 핀란드 사회와 비교할 때 효율성을 우위에 두기 어려운 환경에 놓인다고 볼 수 있다. 둘째, 그럼에도 불구하고 핀란드의 경험은 통일한국 사회의 이원정부제에 대한 구상은 대통령과 의회가 이원적 정통성을 지니면서 표출될 수 있는 문제를 사전에 예방하는 것이 최우선 과제가 되어야 함을 시사한다. 이는 한편으로는 대통령과 의회가 지닌 정통성을 차별화할 수 있는 방안을 마련할 필요성을 제기하며, 다른 한편으로는 대통령, 정부, 의회가 지닌 권한을 명확히 규정함으로써 상호 권한해석을 두고 문제가 발생하지 않을 수 있는 기틀을 마련할 필요가 있음을 의미한다. 이러한 인식을 바탕으로 아래에서 통일한국 사회에 적합한 이원정부제의 제도적 측면을 구상해 보도록 하겠다.

Ⅳ. 통일한국의 이원정부제: 제도적 구상

1. 정부 구성의 원칙

통일한국의 이원정부제는 효율적인 대외정책의 추진과 대내정책의 대표성을 강화할 수 있는 방식으로 구성되어야 할 것이다. 또한 대외정책과 대내정책의 각 영역이 상호 견제 기능을 수행할 수 있는 제도적 장치를 마련함으로써 각 영역에서 어느 하나의 가치만이 극단적으로 강조되거나 어느 한 기구의 권한이 과도하게 확대되는 문제점을 미연에 방지해야 할 것이다.

구체적으로 이원정부제에 따른 정부 구성 과정에서 다음의 세가지 원칙을 고려할 필요가 있을 것으로 보인다. 첫째, 대외정책과 대내정책 영역이 각각 효율성과 대표성을 중심으로 운영될 수 있도록 각 정책 영역을 담당하는 대통령과 내각이 독자적인 권한을 지닐 필요가 있다. 둘째, 대외정책과 대내정책 영역 각각에서 추구되는 효율성과 대표성이 과도하게 강조됨으로써 불안정한 통일한국의 미래를 낳지 않도록 대통령과 내각의 권한이 상호 견제될 필요가 있다. 위와 같은 두 가지 기본 원칙은 대통령에 의해 수행되는 핵심적 대외정책과 내각에 의해 수행되는 전반적인 국가운영이 상호 갈등적 상황에 놓이지 않고 시너지를 발전시킬 수 있도록 하기 위해 필요한 것이라 할 수 있다. 또한 현대 민주주의 사회에서 대외정책과 대내정책이 전적으로 독립적인 영역이라고 볼 수 없다는 점을 고려할 때, 대통령이 담당하는 핵심적 대외정책 영역을 구체적이고 명시적으로 규정함으로써 권한의 침범이 발생하는 것을 미연에 방지할 필요가 있을 것이다.

마지막 세 번째 원칙은 이와 같이 대통령과 내각이 행정권한을 분할함에 따라 예상되는 행정권한의 갈등이 실질적인 사회적 갈등으로 표출되는 것을 방지하기 위한 절차적 조건에 해당한다. 다시 말해 대외정책과 대내정책 영역 각각에서의 행정권의 독립과 견제의 기능이 효과적으로 작동하기 위해서 각 영역에서 최종적인 정책결정은 대통령과 내각 각 기구의 독자적인 역할을 중시하되, 정책결정 과정에서는 상호 견제가 작동할 수 있는 기본 틀을 마련할 필요가 있을 것으로 보인다. 아래에서는 이와 같은 세 가지 원칙에 따라 통일한국의 이원정부제 하에서 대통령, 의회, 내각이 지닐 역할과 관계를 정립해 보도록 하겠다.

2. 대통령의 선출

통일한국의 이원정부제 하에서 대통령의 선출은 간선제가 더욱 타당할 것으로 보인다. 통일한국 사회가 대외적인 측면과 대내적인 측면에서 중점적으로 요구하는 사회적 가치가 상이한 상황에서 대통령 또는 의회가 대외정책과 대내정책을 동시에 담당하는 것은 두 영역 사이에 모순된 정책집행과 결과를 수반할 것이다. 따라서 대통령에게 대외정책의 권한을 부여하고, 의회가 대내정책에 집중하는 경우 이 두 기구 사이에 이원적 정통성에 따른 문제가 발생하지 않도록 주의할 필요가 있다. 대통령 간선제는 대통령의 정통성 근원을 국민의 지지에 두지 않음으로써 이러한 문제를 회피할 수 있는 방안이 될 수 있을 것이다.

통일한국 사회는 2000년 헌법 개정 이후의 핀란드 사례와 같이 대통령 직선제를 유지하면서 이원적 정통성에 따른 문제를 해결하기는 힘들 것으로 보인다. 핀란드의 경우 대통령과 의회의 관계 및 대통령과 내각의 관계에 대해 세밀하고 명시적인 규정을 통해 각 기구들이 자신의 권한을 자의적으로 해석할 가능성을 축소함으로써 이원적 정통성에 따른 문제를 사전에 차단할 수 있었다. 그러나 통일한국의 이원정부제 하에서 대통령의 권한을 명시적으로 규정하는 것 자체가 매우 어려울 것으로 보인다. 특히 한반도 통일에 따른 주변 강대국들의 대한반도 전략의 변화 가능성은 그러한 변화에 대응하는 역할을 수행해야 할 대통령의 권한을 사전에 명시적으로 규정하기 어렵게 한다. 또한 장시간에 걸쳐 이원정부제를 운영해 온 핀란드의 사례와 달리 통일한국은 이원정부제에 대한 경험이 전무하다. 따라서 통일한국 사회는 정부운영 과정에서 발생할 것으로 예상되는 대통령과 의회 및 대통령과 정부의 관계의 다양성을 포괄할 수 있는 축적된 경험이 부족한 것이다.

이와 같은 통일한국의 특수성을 고려할 때 대통령 간선제는 대외정책에 관한 대통령의 권한설정 및 의회가 관할하는 대내정책에 대한 대통령의 견제를 용이하게 하는 선출 방식일 수 있다. 우선 간선제를 통해 선출되는 대통령은 의회와는 상이한 정통성의 근원을 갖게 되며 그에 걸맞은 역할 조정이 가능하다. 예를 들어, 통일한국의 대통령은 민족 통합과 분단의 재발 방지라는 민족 공동의 목표를 달성하는 데 정통성의 근원을 둘 수 있다. 그리고 이러한 목표는 대통령이 독자적으로 관할할 수 있는 대외정책 영역을 전쟁과 조약의 체결 및 국가예산의 일정 한도 이상에 영향을 미칠 수 있는 대외경제정책 등에 제한할 수 있는 기준이 될 수 있을 것이다. 또한 간선제를 통해 의회와 상이한 정통성을 지닌 대통령은 의회의 대내정책을 견제하는 역할을 수행할 수 있다. 예를 들어 핀란드의 케코넨 (Urho Kekkonen) 대통령은 1956년부터 네 차례에 걸쳐 간선제를 통해 재임되었음에도 불구하고 국내 문제와 관련된 법안 발의 등의 형식을 통해 국내정치 영역에서 적극적으로 개입한 사례에 속한다. 이러한 대통령의 국내정치에 대한 개입이 핀란드 의회에 의해 수용될 수 있었던 이유는 핀란드 의회가 케코넨 대통령의 개입을 국민자치와 법의 지배의 실현이라는 대통령의 전통적 정통성에 근거한 국가원수의 입장을 제시한 것으로 간주했기 때문이다. 대통령과 의회가 서로 다른 수준의 정통성에 대한 기원을 지니고 있는 경우 각 기관의 역할에 관한 헌법적 규정을 해석하는 과정에서 상호 갈등의 가능성이 낮은 것이다(Nousiainen, 2001). 따라서 통일한국의 대통령 간선제는 대통령과 의회 사이의 이원적 정통성에 따른 문제를 방지할 뿐 아니라, 민족통합의 유지 및 분단 상황의 재발을 방지하기 위한 국가원수인 대통령이 대표성을 강조하는 통일한국 의회가 비효율적으로 운영되는 것을 견제할 수 있는 제도적 방안이 될 것으로 보인다.

통일한국의 대통령 간선제가 위와 같은 순기능을 발휘하기 위해서는 간선제의 시행 절차가 민족통합의 유지 및 분단 상황의 재발방지라는 대통령의 정통성 형성에 부합해야 할 것이다. 이를 위해 대통령에 대한 남북한 주민들의 선호가 균등하고 충분히 반영될 수 있는 절차가 마련되어야 한다. 예를 들어, 대통령 선거인단을 구성

제1장. 통일한국과 이원정부제   **77**

하고, 선거인단에 의해 간선제가 시행되는 경우를 가정해 보자. 이 경우 대통령 선출 과정에서 남북한 주민들의 선호가 균등히 반영되기 위해서는 대통령을 선출하는 선거인단의 구성이 인구비례가 아닌 남북한 지역에서 동등한 수로 이루어져야 할 것이다. 왜냐하면 인구비례의 선거인단 구성은 남한과 북한 지역의 인구차로 인해 북한 지역 출신 대통령의 당선은 반영구적으로 배제하는 조치에 해당하기 때문이다. 이는 대통령이 지닌 상징적 역할을 제도적으로 부인하는 이율배반적인 절차인 것이다. 다음으로 남북한 주민들의 선호가 충분히 반영되기 위해서는 대통령 선거인단의 인원수는 적어도 통일한국이 채택한 양원제 의회를 구성하는 의원들의 수 이상이 되어야 할 것이다. 한 사회의 의원들 수는 해당 사회의 대표성을 적절히 보장할 수 있는 적정 규모에 대한 고민을 통해 결정된다는 점을 고려할 때 국가원수를 선출하는 역할을 부여받는 선거인단의 규모 역시 그에 못지않게 충분한 수효로 구성될 필요가 있는 것이다.

결국 이원정부제 하에서 대통령과 의회가 이원적 정통성에 따른 갈등적 상황에 놓이지 않도록 통일한국의 대통령 선출 방식은 남북한 균등비율로 구성된 대통령 선거인단에 의한 간접선거 형식을 취하는 것이 타당할 것으로 보인다. 이는 대통령직의 정통성의 근원을 의회와 구별함으로써 대통령과 의회 사이에 견제의 기능이 원활히 작동하는 데 기여하는 제도에 해당한다. 또한 대통령에게 민족적 통합의 연속성을 보장하기 위한 정통성을 부여함으로써 대외정책 영역에서의 대통령이 수행하는 권한 역시 단순히 형식적이고 상징적인 권한을 넘어설 수 있는 기회를 부여할 것이다.

3. 대통령과 의회의 관계

통일한국 사회에서 이원정부제의 타당성은 통일이 수반하는 대내
적, 대외적 도전에 대처하기 위해 의회와 대통령이 각 영역에서 독
립적인 권한을 지닐 필요성에서 찾아볼 수 있었다. 또한 이원정부제
에 따른 행정권한의 분할이 효율성과 대표성을 추구하는 과정에서
부정적 요인이 되지 않도록 두 기구가 상호 견제할 수 있는 제도적
장치가 필요함을 지적했다.

위와 같은 원칙에 근거할 때, 통일한국의 이원정부제 하에서 대
통령과 의회 사이의 권한 배분에 관한 다음과 같은 몇 가지 제도적
규정을 생각해 볼 수 있을 것 같다. 첫째, 대통령은 대외정책 영역에
서 독립적인 권한을 행사할 수 있도록 대외정책 영역과 관련된 법률
안에 대한 거부권과 대외정책을 담당하는 고위공무원 임용권을 지
녀야 할 것이다. 거부권과 인사권은 대통령이 효율적으로 대외정책
을 결정하고, 집행하기 위한 최소한의 제도적 조건에 해당한다. 특
히 통일 이후 한국 사회가 직면하게 될 복잡한 대외관계를 고려할
때 이러한 권한이 실질적으로 행사될 수 있도록 절차를 간소화할
필요가 있을 것이다. 또한 이러한 대통령의 권한이 의회와의 갈등으
로 발전되지 않도록 대통령이 거부권을 행사할 수 있는 대외정책
관련 법률안의 범위 및 사안을 명시적으로 규정하고, 대통령이 지닌
임용권의 범위도 이러한 규정에 근거해야 할 것이다. 특히 대외정책
의 급격한 변화에 대응하기 위한 효과적인 인사권 행사를 위해서
대통령이 책임지는 대외정책 영역의 고위공무원직은 선임용 후 의
회가 후승인하는 방안을 고려해 볼 필요가 있을 것 같다. 이는 대통
령이 관할하는 대외정책 영역에서 일차적으로 정책적 일관성과 지
속성을 확보하기 위한 조치다.

둘째, 대통령은 의회 해산권을 지니되 매우 제한된 조건 하에서 해당 권한을 행사할 수 있게 하는 것이다. 사실, 이원정부제를 채택하고 있는 대부분의 국가들은 대통령의 의회 해산권을 폐지하는 경향이 강하다. 핀란드 역시 2000년 헌법 개정을 통해 대통령이 기존에 지니고 있던 의회 해산권을 폐지했다. 이러한 경향은 이원적 정통성에 따른 대통령과 의회의 정통성 경쟁이 사회적 불안 요인으로 확대되는 것을 방지하기 위한 조치다. 반면, 통일한국은 대통령의 의회 해산권이 지닌 이러한 부정적 요인보다는 통일한국의 의회가 정책적 대표성을 실현하는 과정에서 비효율적 운영이 나타날 가능성이 높다는 점을 고려할 필요가 있다. 통일한국은 남북한이 자본주의와 공산주의라는 서로 다른 체제를 장기간 운용해 온 과정에서 차별적인 정책적 선호를 발전시켜 왔을 뿐 아니라, 상하 양원제에 따른 상하 양원의 정책적 갈등의 가능성이 존재하며, 양원제의 경험이 미약한 상황에서 합의를 위한 사회적 비용이 매우 높게 형성될 가능성이 존재한다. 통일한국 사회에서 대통령의 의회 해산권은 이와 같이 의회가 효율적으로 기능하지 못하고 공전함에 따라 사회적 불안을 야기할 경우 의회를 견제할 수 있는 제도적 장치에 해당한다. 통일한국 사회에서 대통령의 의회 해산권이 지닌 이와 같은 기능에도 불구하고 대통령의 의회 해산권은 바이바르공화국의 경험을 통해 알 수 있듯이 오히려 의회 운영의 불안정성을 더욱 강화할 가능성도 배제할 수 없다. 따라서 대통령의 의회 해산권의 행사가 매우 제한적으로 신중히 이루어질 수 있도록 제도적 장치가 마련되어야 할 것이다. 예를 들어 정부의 제안에 의해서만 대통령의 의회 해산권이 고려되는 제도를 고려해 볼 수 있다. 다시 말해 내각이 대통령의 의회 해산권 행사 여부에 대해 판단하고, 내각의 판단에 기초해 대통령이 최종적으로 의회 해산 여부를 결정하는 것과 같이 단계적 과정을 거쳐 대통령의 의회 해산권이 행사되도록 하는 것이다.

셋째, 통일한국의 의회가 대통령에 대한 탄핵심판을 청구할 수 있는 권한을 지니되 일정한 조건 하에서 행사되도록 하는 것이다. 의회의 대통령 탄핵심판권은 현대 사회의 대외정책은 국내문제와 전적으로 독립적인 영역의 정책이라 할 수 없을 뿐더러 대외정책의 실패가 통일한국의 존망과 직결된다는 점에서 의의를 찾을 수 있다. 특히 통일한국 사회의 대통령 선출 과정은 남북한 주민들의 선호를 균등하게 수용하는 과정에서 북한 지역 주민의 선호를 과다대표하게 되며, 그 결과 복잡한 대외정치환경에 대처할 수 있는 충분한 자격을 지닌 대통령의 선출을 보증하지는 않는다. 따라서 만일 대통령 간선제에 따라 대외정책 영역에서 효율적인 정책을 추진하지 못한 대통령이 당선되는 경우 의회가 이를 견제할 수 있는 제도적 장치로써 탄핵심판권이 필요한 것이다. 그러나 의회에 의한 대통령의 탄핵심판 청구는 대통령과 의회의 단순한 정치적 경쟁과 같이 대통령의 직무수행 능력 및 자격과는 별개의 요인에서 기인할 가능성을 배제하기 힘들다. 따라서 대통령과 의회가 야기할 수 있는 일시적 갈등과 정쟁이 빈번한 탄핵심판으로 이어지는 것을 방지하기 위해서 의회의 탄핵심판 청구가 대통령을 선출했던 대통령 선거인단의 승인을 조건으로 이루어지도록 하는 제도적 장치를 고안할 수 있을 것 같다.

4. 대통령과 내각의 관계

통일한국의 이원정부제 하에서 대통령과 정부의 관계는 대통령이 수상과 각료의 임명에 관여할 수 있는 권한을 명확히 규정함으로써 대통령과 의회 사이에 정부운영 과정에서의 경합이 발생하지 않도록 해야 할 것이다. 특히 원칙적으로 의회가 수상과 각료를 임명하고 대통령은 이 과정에서 아무런 영향력을 지니지 않도록 해야 할 것이다. 또한 내각의 존립은 의회의 신임에 의존하도록 하고, 내각의 행정권은 내각이 제시하는 정책에 대한 의회의 승인 이후 부여될 필요가 있다. 다시 말해 대통령과 내각은 상호 독립성이 강한 관계가 설정되어야 하는 반면, 내각과 의회는 내각의 의회에 대한 의존이 강하게 정립되게 함으로써 대표성을 추구하는 의회의 정책결정이 내각에 의해 효율적으로 집행될 수 있는 제도적 조건을 마련해야 할 것이다.

대외정책 영역에서 대통령의 권한은 충분히 보장될 필요가 있다는 점은 이미 지적했다. 따라서 대외정책 영역에서의 대통령의 권한이 대내정책을 담당하는 정부, 또는 내각과 경합하지 않도록 대외정책 영역에 대한 권한사항을 가능한 한 명시적으로 규정할 필요가 있다. 또한 법적 규정에 대한 해석지침을 마련하고 혹시나 모를 법률 해석의 갈등을 대비해야 할 것이다. 이와 관련해 대통령이 임명하는 대외정책 영역의 고위공무원과 대외정책 영역을 담당하는 내각의 각료 사이의 역할 구분이 중요하다. 정부조직 구성의 원칙에 따라 대통령이 임명하는 대외정책 영역의 고위공무원은 대외정책 영역을 담당하는 각료의 명령을 받아야 할 것이다. 단, 대통령이 필요하다고 인정하는 사안에 대해 대통령이 임명하는 고위공무원은 독립적인 권한을 가질 수 있으며, 그러한 사안에 대해 대통령은 내각의 동의를 구해야 할 것이다. 이는 결국 대외정책에 관한 대통령의 권한이 전적으로 정부로부터 독립적인 것은 아니며, 대통령의 대외정책이 구체적인 실행 과정에서 정부의 동의를 구할 필요가 있음을 의미한다.

내각은 위와 같은 조건 하에서 대통령의 대외정책을 적극적으로 지원할 의무를 지니도록 해야 할 것이다. 효율성을 강조하는 대통령의 대외정책 영역에서 내각의 미진한 지원은 그 효과를 감쇄시킨다. 따라서 대통령은 정책의 실행 과정에서 내각의 반대에 부딪히지 않도록 정책결정 이전에 충분한 사전합의를 이끌어 낼 필요가 있으며, 내각은 일단 합의한 정책사안들에 대해 대통령의 독자적인 권한을 충분히 보장하는 선에서 적극적인 지원정책을 수립해야 할 것이다.

V. 결론

본 연구는 이원정부제가 '통일 이후' 한반도 통치에 적합한 정부 형태 가운데 하나의 대안임을 보이고자 했다. 이원정부제는 사실 대통령제와 의원내각제와 비교할 때 하나의 공통된 특성으로 정의될 수 있는 정부 형태라고 간주하기 힘들다. 오히려 대통령이 정부 및 의회에 대해 지닌 권한과 이들 사이의 관계에 따라 더욱 세분화된 분류가 제시될 필요가 있는 정부형태다. 이러한 이유 때문에 린쯔(1994)는 대통령과 수상 사이의 갈등이나 분산된 책임성은 의사결정 과정을 지연시키고 모순적인 정책을 낳을 것이라는 비판을 제기할 뿐 아니라, 스카치(2007, 96-97)는 대통령과 수상의 권한에 관한 헌법규정이 불명확할수록 이들 사이의 갈등은 더욱 악화될 가능성이 크다는 점을 지적하기도 한다.

이원정부제의 범주화 및 규정과 관련된 위와 같은 비판에도 불구하고 이원정부제는 1990년대 이후 채택국가가 급속히 증가하고 있는 정부 형태다. 채택국가마다 실질적인 운영의 양상은 차별적임에도 불구하고 의회를 통해 사회적 대표성을 보장하며, 대통령을 통해 정책적 효율성을 확보하고자 하는 요구를 조합하는 정부 형태라는 측면에서는 공통점을 발견할 수 있다. 특히 이원정부제는 1990년대 민주화 이행을 겪은 동유럽 국가들이 지배적으로 선택한 정부 형태라는 점을 고려할 때, 대표성과 효율성이라는 두 가지 사회적 가치의 적절한 조화가 새로운 정부 형태의 선택에서 얼마나 중요한 문제인지를 알 수 있게 한다.

본 연구는 통일한국 사회 역시 효율성과 대표성이라는 가치 가운데 어느 하나에 비중을 둘 수 없는 새로운 정치사회적 환경에 직면할 것으로 예측했다. 대내적으로 남한과 북한 사회에 존속했던 사회갈등 요인은 통일을 통해 해소되기보다는 더욱 강화될 가능성이 높으며, 대외적으로 미·중 대립구도의 전략적 완충지로서의 북한의 역할이 소멸하면서 통일한국을 중심으로 동북아 국제정치의 전략과 전술의 재정립이 이루어질 것으로 예상했다. 통일한국이 직면하게 될 이와 같은 변화는 대내적으로 다층적이고 다변적인 갈등 전개 양상을 정책결정 과정에 수용할 수 있는 대표성이 우선적으로 확보될 필요성을 제기하며, 그 가운데 대외정책을 통해 통일한국의 안정성이 위협받지 않도록 효율적인 정책을 요구하는 것이라고 주장했다.

이원정부제는 이와 같이 통일로 인해 변화한 정치사회적 환경 속에서 새롭게 민주주의 이행을 전개해야 하는 한국 사회에 적절한 정부 유형으로 제시되었다. 이를 위해 전 세계적으로 가장 오랫동안 이원정부제를 시행하고 있는 핀란드 사례에 대한 검토를 통해 통일한국의 이원정부제 구성을 위한 다음과 같은 구체적인 제도적 대안을 제안했다. 첫째, 통일한국의 이원정부제 하에서 대통령은 남북한 각 지역으로부터 동수로 구성된 충분한 인원의 선거인단에 의해 선출되는 간접선거 방식을 채택해야 할 것이다. 둘째, 내각의 구성은 전적으로 의회에게 맡기고 내각의 의회 의존성을 강화함으로써 내각과 의회의 연계성을 높여야 할 것이다. 셋째, 대외정책 영역은 대통령이, 대내정책 영역은 내각이 담당하는 방식으로 행정권을 분할하며, 일련의 제도적 장치를 통해 이러한 분할이 권한경쟁을 유발하지 않도록 보완되어야 할 것이다. 넷째, 대통령과 의회는 상호 견제기능을 수행할 수 있도록 각각 의회 해산권과 탄핵심판권을 지닐 필요가 있다. 다만 이러한 권한이 과도하게 행사되지 않도록 정부의 발의에 의한 의회 해산권 행사, 대통령 선거인단의 승인에 의한 탄핵심판권 행사와 같은 제도적 장치가 마련될 필요가 있다.

이상과 같은 이원정부제의 제안은 통일한국 사회의 대통령과 정부가 서로 상이한 정통성에 근거하여 국가발전에 기여할 수 있도록 하기 위한 것이다. 대통령을 중심으로 복잡한 대외정책환경의 변화에 효율적으로 대처할 수 있는 제도적 기반을 마련하고, 정부는 의회와의 연계를 중심으로 사회적 갈등을 해소하고 대표성을 보장함으로써 통일 이후 민족적 통합의 지속과 민주주의 발전을 꾀하고자 한 것이다. 다만 이러한 제도적 구상이 그 목표를 달성하기 위해서는 근본적으로 통일한국에 대한 남북한 주민들의 지지를 규합하고, 통일한국에 대한 남북한 주민들의 열망이 갑작스러운 실망과 좌절로 변질되지 않도록 상호 신뢰를 축적할 필요가 있다.

참고문헌

강원택. 2006. 『통치 형태의 특성과 운영의 원리: 대통령제, 내각제와 이원정부제』. 인간사랑.

_____. 2011. 『통일 이후의 한국 민주주의』. 나남.

김구륜 외. 2013. "한반도 통일의 미래와 주변 4국의 기대", 『통일비용·편익종합연구』, 2013-3. 통일연구원.

박종철·고봉준·김성진·박영준·신상진·이승주·황기식. 2012. "통일한국에 대한 국제적 우려해소와 편익: 지역 및 주변국 차원", 『통일대계연구』. 통일연구원.

박종철·김인영·김인춘·김학성·양현모·오승렬·허문영. 2004. 『통일 이후 갈등해소를 위한 국민통합 방안』. 통일연구원.

박종철. 1994. 『통일한국의 정당제도와 선거제도』. 민족통일연구원.

스테판 니더하프너·윤영관 편. 2013. "독일의 통일전략과 한국의 통일전망", 『한반도 통일』, pp.115-156. 늘품플러스.

신범식·윤영관 편. 2013. "러-북 관계와 한반도 통일", 『한반도 통일』, pp.261-300. 늘품플러스.

윤영관. 2013. "통일의 도전과 극복의 길: 철학, 전략, 제도의 관점에서", 『한반도 통일』, pp.481-512. 늘품플러스.

임혁백. 1999. "통일한국의 헌정 제도 디자인", 『아세아연구』, 101, pp.301-335.

조진만·한정택. 2014. "남북한 젊은 세대의 통일의식 비교분석: 민족적 당위와 현실적 이익을 중심으로", 『동서연구』, 26(1), pp.149-178.

통일연구원. 2013. "한반도 통일의 미래: 주변 4국의 기대와 역할", 국제세미나 자료집. 통일연구원.

허문영·이정우. 2010. 『통일한국의 정치체제』, pp.1-180. 통일연구원.

Amorim, Neto Octavio, and Strøm Kaare. 2006. "Breaking the Parliamentary Chain of Delegation: Presidents and Nonpartisan Cabinet Members in European Democracies", *British Journal of Political Science*, 36(4), pp.619-643.

Blondel, Jean. 1984. "Dual Leadership in the Contemporary World: A Step Towards Regime Stability?,", In Dennis Kavanagh and Gillian Peele (eds.) *Comparative Government and Politics: Essays in Honor of S.E. Finer*. CO: Westview Press.

Chaisty, Paul, Nic Cheeseman, and Timothy Power. 2012. "Rethinking the 'Presidentialism debate': Conceptualizaing Colaition Politics in Cross-Regional Perspective", *Democratization*, 21(1), pp.72-94.

Choudhry, Sujit, and Richard Stacey. 2013. *Semi-Presidentialism as a Form of Government: Lessons for Tunisia*, A working paper at International IDEA.

Dahl, Robert A. 2000. *On Democracy*. Yale University Press.

Duverger, Morris. 1980. "A New Political System Model: Semi-Presidential Government", *European Journal of Political Research*, 8(2), pp.165-187.

Elgie, Robert. 2007. "What is Semi-Presidentialism and Where is It Found?," In Robert Elgie (ed.) *Semi-Presidentialism Outside Europe*. Routledge:

London and New York.

Elgie, Robert, and Sophia Moestrup. 2012. *Semi-presidentialism in Central and Eastern Europe (2nd ed)*. Manchester University Press.

Gallagher, Michael, Michael Laver, and Peter Mair. 2011. *Representative Government in Modern Europe. (5th ed)*. McGraw-Hill Education.

Lijphart, Arend. 1994. "Presidentialism and Majoritarian Democracy: Theoretical Observations", In Juan J. Linz and Arturo Valenzuela (eds.) *The Failure of Presidential Democracy: Comparative Perspective,* Baltimore, pp.91-105. The Johns Hopkins University Press.

Linz, Juan J. 1990. "The Perils of Presidentialism", *Journal of Democracy*, 1(1), pp.50-69.

_____. 1994. "Presidential or Parliamentary Democracy: Does It Make a Difference," In Juan J. Linz and Arturo Valenzuela (eds.) *The Failure of Presidential Democracy: Comparative Perspective,* Baltimore, The Johns Hopkins University Press, pp.3-87.

Mainwaring, Scott. 1993. "Presidentialism, Multipartism and Democracy: The Difficult Combination", *Comparative Political Studies*, 26(2), pp.198-228.

Nousiainen, Jaakko. 2001. "From Semi-Presidentialism to Parliamentary Government: Politics and Constitutional Developments in Finland", *Scandinavian Political Studies*, 24(2), pp.95-109

Raunio, Tapio. 2005. "Finland: One Hundred Years of Quietude", In Michael Gallagher and paul Mittchell (eds.) *The Politics of Electoral System,* pp.473-489. Oxford University Press.

Riggs, Fred. 1988. "The Survival of Presidentialism in America: Para-Constitutional Practice", *International Political Science Review*, 9(4), pp.247-278.

Samuels, David J. and Matthew S. Shugart. 2009. *The 'Semi-Presidential' Model and Its Subtypes: Party Presidentialization and the Selection and De-selection of Prime Ministers*. A Working Paper presented at Congress AFSP 2009.

Shugart, Matthew Soberg, and John M. Carey. 1992. *Presidents and Assembles: Constitutional Design and Electoral Dynamics*. Cambridge University Press.

Shugart, Mattew Soberg. 2005. "Semi-Presidentialism: Dual Executive and Mixed Authority Patterns", *French Politics*, 3(3), pp.323-351.

Shugart, Matthew. 2006. "Comparative Executive-Legislative Relations", In R.A.W. Rhoes, Sarah A. Binder, and Bert A. Rockman (eds.) *The Oxford Handbook of Political Institutions*, pp.344-365. Oxford University Press.

Skach, C. 2007. "The Newest Separation of Powers: Semipresidentialism", *International Journal of Constitutional Law*, 5(1), pp.93-121.

http://constitutionaltransitions.org/wp-content/uploads/2013/06/2_Choudhry_Sta cey_Separation_of_Powers.pdf/. (검색일: 2014.03.15).

제2장

통일한국과 내각제

___

정병기

Ⅰ. 서론

두 세대가 지나도록 상호 왕래도 없이 떨어져 적대하며 살아온 두 집단이 다시 하나로 뭉칠 때 과연 동질성을 회복할 수 있을까? 그러나 한반도 남과 북의 적대감은 하나라는 인식이 있었기에 지속되어 온 것이기도 하다. 통일은 최근 '대박'과 '쪽박'으로 나뉘어 그 경제적 효과를 다투기도 하지만, 정치·문화적으로는 당위적으로 인식될 뿐 아니라 새로운 기회라는 점에 대부분 동의한다. 경제적 효과에 대해서도 준비되지 않은 급격한 통일에 대한 반론이 제기되는 정도다. 따라서 평화적이고 민주적인 준비된 통일이 한반도의 시대정신으로 부상하는 듯하다.

게다가 통일 담론은 통일의 절차와 방법에 머물지 않고 정치적 통일 이후에 대한 논의로 확산된 지 오래다. 특히 1993년과 1994년 한국정치학회에서 통일한국의 갈등구조와 권력구조를 주제로 한 학술대회를 개최한 이후 통일한국의 정치에 대한 관심이 높아졌다. 그에 따라 독일의 사례를 중심으로 타국에 대한 선례들을 연구하는 한편, 통일한국의 갈등구조를 예상하며 새로운 권력구조들을 구상해 왔다.

하지만 권력구조 논의의 촉발에도 불구하고 연방제나 양원제에 대한 연구와 달리 정부 형태에 대한 구체적 논의는 그다지 많지 않았다. 이내영(1999)과 박영호(1994)[1]가 통일한국의 혼란을 근거로 대통령제를 주장하고, 강원택(2011), 최진욱(1996)이 발전적인 정부 형태로서 내각제를 주장했으며, 임혁백(1999)이 이원정부제를 주장한 것이 전부다. 물론 그 밖에 2000년대에 와서 김도협(2005; 2010), 배찬복(2000) 등이 1990년대 남한의 내각제 도입 주장을 더 발전시켜 통일 이후 정부 형태 논의에 중요한 토대를 제공했다. 또한 이준일(2008)이 내각제에 대해 남한에서의 도입을 주장하는 가운데 통일 이후에도 적실성이 있다는 입장을 피력하고, 허문영·이정우(2010)는 여러 제도의 도입 가능성과 장단점을 분석하면서 혼합형을 암시했다. 그러나 이 두 연구들도 박영호의 연구와 마찬가지로 통일한국의 정부 형태를 주요 대상으로 하지 않았다.

이 글은 통일한국의 권력구조 중에서 정부 형태에 관해 논하며, 특히 내각제 정부 형태의 적실성을 주장하고 그 구체적 모습을 디자인한다. 이를 위해 우선 정치적 통일 이후 지속되거나 새로 등장할 갈등구조를 고찰하고 다른 대표적 정부 형태인 대통령제의 한계를 살펴본다. 그리고 그 갈등을 해소하고 민주주의를 발전시킬 적절한 정부 형태로 내각제를 제안하며, 그 바람직한 구체적 모습을 소묘하기 위해 내각 구성의 원칙과 방식, 대통령 및 의회와 내각의 관계, 정당의 역할과 정당체제를 순서대로 논할 것이다.

이 글에서 한반도 통일은 평화적이고 민주적으로 이루어진다고 가정하며, 통일의 개념은 이질적인 두 체제가 통합해 가는 과정이자

---

[1] 박영호는 남북한 동반 입후보(running mate) 정·부통령을 두는 대통령제가 더 적합하다는 주장을 했지만, 통일한국의 갈등구조에 초점을 두었고 정부 형태에 대해 상세히 논하지는 않았다.

최종적인 지점이라는 의미로 사용한다. 통일과 통합의 개념과 관련해서는 다양한 논쟁에도 불구하고 이 글에서는 엄밀한 개념적 규정 없이 상이한 두 체제의 결합이라는 동일한 의미로 사용한다.[2] 다만 정치, 경제, 사회 등 여러 측면에서 국가체제의 부분에 한정해서 사용할 때는 통합 개념을 사용한다.

....

[2] 통일과 통합의 개념에 대해서는 동일한 의미로 규정한 사전도 있으며, 사전마다 그 의미를 다소 달리 규정하기도 한다. 특히 두 개념을 구분하는 입장은 대개 통일을 '여러 요소를 서로 같거나 일치되게 맞춤'을 뜻하는 개념으로 보는 반면, 통합은 '여러 요소들이 조직되어 하나의 전체를 이룸'을 의미하는 개념으로 본다. 곧 통일은 여러 요소들이 독자성을 포기하거나 상실하고 완전한 단일화를 이루는 것이며, 통합은 여러 요소들이 독자성을 가지면서 전체를 이루는 것이다. 그러므로 통일은 일방적인 무력통일이나 흡수 통일과 같이 통합을 거치지 않을 수도 있으며, 통합도 논리적·추상적 차원에서는 그 극단을 분단과 통일로 가정할 수 있지만, 반드시 통일을 지향하는 것은 아니다. 통합이 지속적인 운동의 과정이지만 그 자체로 다양성 속에 더불어 살아가는 목표지점이 될 수도 있다는 말이다. 이러한 논의는 통일 방식이나 연방제와 양원제 도입 문제에서는 큰 적실성을 가진다. 그러나 내각제 논의는 직접적인 관련이 없다. 통합과 통일 개념의 논의에 대해서는 김학노(2011)와 한정일(1994)을 참조(김학노는 통합을 과정임과 동시에 목표라고 보는 반면, 한정일은 통합을 과정으로 보고 통일을 목표로 규정한다).

Ⅱ. 통일한국의 갈등 구조 및 민주주의와 내각제

1. 통일한국의 갈등구조

통일 이후의 갈등구조는 통일의 과정 및 방식에 따라 달리 나타나고 통일국가의 정부 형태는 이 갈등구조에 따라 다를 수 있다. 이때 통일 이후의 갈등구조는 분단시기로부터 이어받은 갈등을 당연히 포함한다.

통일 후에도 남아 있을 것으로 예상되는 남한 내부갈등으로는 지역갈등, 계층갈등, 세대갈등. 이념갈등 등이 언급된다. 그중 세대갈등은 다른 요인들과 결합되지 않을 때 심각한 정치적 분열로 이어지지 않고, 이념갈등은 계층갈등에 사회적 토대를 둔다. 이때 '남남갈등'이라고 불리는, 대북정책에 따른 입장 차이도 이념갈등에 포함된다. 하지만 이것은 체제 이데올로기와는 무관한 것으로서 통일 이후에는 변형되거나 중첩된 형태로 나타날 가능성이 크다. 따라서 통일한국으로 이어질 남한의 주요 갈등은 지역갈등과 계층갈등이라고 할 수 있다.

한편 북한은 산업화 및 개방화의 진전과 다원화가 확대되는 과정에서 지역갈등, 계층갈등, 도농갈등이 발생할 것으로 예상된다(박영호, 1994, 1117). 그중 도농갈등이 평안도나 함경도 등 지역갈등의 일부로 편입될 가능성을 고려할 필요가 있고, 개방화 속에서 통일이 진전되면서 북한체제 이념인 주체사상으로부터 이탈해 새로운 이념 진영을 구축하는 경우가 생겨날 것이다. 하지만 북한의 이념 갈등도 남한의 이념 갈등과는 내용이 사뭇 달라 북한체제의 기득권자와 비기득권자의 갈등인 관료-인민의 갈등과 연결되겠지만, 계층갈등에 사회적 토대를 둘 것이라는 점은 분명하다. 따라서 통일 이후까지 이어질 북한의 주요 갈등도 지역갈등과 계층갈등이 될 공산이 크다.

　　이와 같이 통일한국의 주요 갈등구조는 분단 상태로부터 계승했지만, 자못 상이한 내용을 가진 남북 내부갈등들이 혼합되면서 나타날 것이다. 그러나 다른 한편으로 이 갈등구조는 통일 이후 국내외 환경의 영향을 받아 새로운 갈등과 중첩될 것으로 보인다. 곧 통일 이후 국제관계에 따른 민족자주성을 둘러싼 정책갈등, 새로운 기득권 세력과 비기득권 계층의 계층갈등, 통합 문제를 둘러싼 남과 북의 지역갈등이라는 세 가지 갈등이 중심이 될 가능성이 크다(박광주, 1993 참조).

　　이러한 갈등구조는 립셋과 로칸(1967)의 모델을 적용할 때 국민혁명의 성격을 띠며, 이때 통합은 국민 형성(Nation-Building)을 수립하는 과정이다(강원택, 2011, 55-56; 박영호, 1994, 1110). 그러나 새로운 계층갈등의 등장을 고려하면, 비록 변형된 형태이기는 하지만 북한에서는 산업혁명의 성격도 함께 띤다고 할 수 있다. 적어도 북한에서는 자본주의적 계층분화가 개방화를 통해 이루어지고 이것이 통일 이후로 연결될 것이기 때문이다.

　　첫 번째 갈등인 민족자주성을 둘러싼 정책갈등은 현재 남한의

남남갈등이 북한의 체제이념과 중첩되어 통일한국에서 새로운 국제
관계와 연결되어 나타날 것이다. 물론 이 갈등은 현 국제관계가 크
게 변하지 않은 채 통일이 이루어진다는 가정에서 가능하다. 그럴
경우 유일 초강대국인 미국과 동맹을 맺으려는 입장과 새로운 국제
질서인 다자 간 협력체제 속에서 주변 강대국들을 활용하려는 입장
이 대립할 것으로 보인다.[3]

　　하지만 이러한 갈등은 현재 남한의 종북주의나 대북 포용 입장
과 북한의 반미주의가 결합하고 남한 내 반공 내지 대북 강경 입장
과 북한 내 반체제세력이 결합하는 단순 재결합으로 나타나지는 않
을 것이다. 통일 이후 생겨날 국제관이나 이념의 변화를 차치하더라
도, 남한의 정치문화에서 생성된 종북주의와 대북 포용 입장이 반드
시 북한의 기득권 체제의 이념과 동일하지 않을 뿐 아니라, 남한 내
대북 강경 입장도 북한 내 개혁세력 내지 반체제세력과 반드시 이념
을 같이 한다고 볼 수 없기 때문이다.

　　두 번째 주요 갈등인 새로운 계층갈등도 남한 내부갈등과 북한
내부갈등의 중첩을 통해 재편성될 것이다. 립셋과 로칸이 말하듯이
산업혁명의 결과로 나타난 계층갈등은 남한에서도 아직 뚜렷이 정
당체제로 형성되지는 못했다. 민주노동당의 등장 이후 정당체제에
편입하기는 했지만, 유럽 국가들처럼 주요 갈등으로 정치세력화한
것으로 보기는 어렵기 때문이다. 하지만 산업화를 거쳐 계층갈등이
남한 사회 내 주요 갈등 요인으로 성장한 것은 사실이다.

　　반면 조선시대 봉건적 정치문화에서 일제식민지를 거쳐 전체주
의 국가로 진입한 북한은 자본주의적 계층갈등이 정치적으로 성장

3　박광주(1993, 44-45)는 이를 친미론적 입장과 용미론적 입장으로 구분했다. 그러
　나 이 구분의 기준을 굳이 미국에 한정할 필요는 없다.

할 사회적 토대를 처음부터 갖추지 못했다. 국가에 의해 주도된 산업혁명[4]은 자본주의적 산업혁명과 달리 사회계층을 생산수단의 소유 여하에 따라 분화시킨 것이 아니라 국가권력의 소유 여하에 따라 분화시켰다. 다시 말해, 북한은 정치·경제·기술적 처분권 중 하나 이상을 소유하거나 적어도 참가할 권한을 가진 계층이 생산된 부에 대한 특권적 부분을 취득할 권리를 가진 사회로 형성되어 왔다는 것이며(Solga, 1996, 20 참조), 이러한 계층분화는 관료와 인민의 갈등이 곧 부의 특권에 따른 갈등으로 이어진다는 것이다. 이것은 북한의 개방이 이루어지더라도 체제 내 개방으로 전개될 때에는 적어도 일정 기간 강화 내지 지속될 것으로 보이며, 그 질적 변화는 체제 변혁이 아니라면 통일을 통해 가능할 것으로 전망된다.

역사적으로 볼 때, 인위적 개입이 중요한 역할을 하는 정치 제도와 달리 생산력과 경제적 관계는 대개 상대적으로 더 발전된 체제로 수렴된다. 그러므로 정치제도의 구상과 달리 통일한국의 생산력과 경제적 관계는 점차 남한체제로 수렴되어 갈 것이다. 이것은 북한의 계층분화가 남한의 계층분화로 수렴됨으로써 생산수단의 소유에 따른 계급적 분화로 전환되는 것을 의미한다. 그에 따라 한국의 계층 갈등은 북한의 대다수 인민이 남한의 노동자층과 함께 통일한국의 노동자 계층으로 전환하는 한편, 북한의 관료들은 남한의 자본가 계층과 함께 통일한국의 자본가 계층으로 전환해 간다. 물론 이 전환은 통일 과정에서 생겨날 특수를 누가 선점할 것인가에 따라 일정한 재편을 동반할 것이다.[5]

---

[4]   남한도 개발 독재에 의해 정부 주도의 산업화가 이루어졌지만, 이것은 의회와 시민사회 및 생활세계를 허용하면서 시장을 형성할 목적으로 이루어졌으므로 자본주의적 산업혁명에 속한다. 반면 북한의 산업화는 의회와 시민사회 및 생활세계를 국가에 복속시키고 시장을 허용하지 않는 전체주의적 혹은 파시즘적 산업화로서 남한의 산업화와는 질적으로 다르다.

통일 이후 등장할 마지막 갈등요소인 지역갈등은 한반도의 특수성을 가장 첨예하게 반영한다. 특히 이 갈등은 중층화하여 표면적으로는 지역주의를 일차적 상징구조로 하겠지만, 통일로 인한 지역별 차등화와 계층 간 차등화를 내재한다(박종철, 1995, 41). 물론 남북 간 지역갈등이 심해질수록 남한 혹은 북한의 내부갈등은 상대적으로 완화될 가능성이 크다(이내영, 1999, 77). 하지만 완화된다고 해서 그 갈등이 완전히 사라지지는 않는다는 점에서 분단 상황의 남북한 내부 지역갈등도 통일한국에서 지속적인 해결대상이 될 필요가 있다.

남북 지역 간 갈등은 분단 세월이 고희를 넘긴 지금에도 이미 충분히 심화된 듯하다. 앞으로 언제 통일이 이루어질지 확신할 수는 없으나 가능하면 이른 시기에 이루어질 수 있도록 남과 북이 노력하고 또 가능하다고 할지라도 분단생활에서 생겨나는 갈등은 더욱 깊어질 수밖에 없다. 물론 상호 교류를 통해 격차를 줄여 갈 수는 있지만, 적어도 괄목할 정도로 되돌리기는 어려울 것이다. 때문에 현재의 격차를 유지한다고 볼 때 통일 후 남북한 지역갈등은 적어도 동서독의 갈등보다 더 심각할 것이 분명하다.

이와 같이 통일한국 사회는 다양한 '분절적 균열'의 선에 의해 형성된 '다원사회'로 현상할 것으로 보인다(Lijphart, 1977; Eckstein and Harry, 1966; 임혁백, 1999, 316). 그러나 그 갈등구조는 정책

---

5 임혁백(1999, 316-317)에 따르면, 남한 자본가들이 새로운 소비시장, 노동력, 천연자원과 관광자원을 발굴해 통일의 최대 수혜자 집단이 되는 반면, 남한 노동자들은 북한 노동자들의 대량 유입으로 임금 인하 압력을 받아 조직적 힘이 약화되고, 북한 노동자들은 소비수준 향상의 기회를 갖겠지만 실업, 인플레이션, 주택난 등 새로운 문제에 직면하게 된다. 또한 그는 이러한 분화가 노동자들 내부에서도 일어날 것이라고 덧붙인다. 북한 지배집단의 전환에 대한 언급은 하지 않았지만, 통일 후 계층구조의 재편에 대해서는 잘 정리한 대목이다.

갈등과 계층갈등 및 지역갈등을 주요 축으로 하여 구성될 가능성이 크며, 그중에서도 지역갈등이 가장 첨예하게 드러나면서 다른 두 주요 갈등들이 지역갈등과 중첩될 것이다.

2. 통일한국의 민주주의 발전과 내각제 정부 형태

갈등의 해결은 갈등 당사자 중 어느 일방의 이해관계를 위해 다른 이해관계들을 무력화하는(winner-take-all) 다수결 민주주의가 아니라 소수자의 이해관계일지라도 협상과 타협을 거쳐 조정해 가는 협의 민주주의로 이루어져야 한다.[6] 이것은 민주주의가 발전한 모든 국가에 적용되는 주장이지만, 특히 갈등구조가 복합적이고 심각하게 나타날 통일한국에서 더욱 중요하다. 일견 갈등이 심각하면 국론 통일이나 정치 안정을 위해 강력한 다수결 민주주의가 필요하다는 견해가 있지만, 그것은 자칫 갈등을 더욱 심화시켜 극단적으로 몰고 갈 수 있기 때문이다. 게다가 외부의 다른 커다란 위협이 없는 상황에서 이러한 내부갈등은 분열을 다시 초래할 수도 있는 심각한 문제가 된다.

통일 이후 한국의 정치체제는 민족적 차원을 넘어 국제적 수준에서 평화와 번영에 기여할 수 있도록 인간의 보편적 가치를 구현하는 민주주의 체제여야 함은 누구나 동의하는 바다. 그러나 민주주의의 형태와 방식이 어떠해야 하는가에 대해서는 쉽게 합의가 이루어지지 않는다. 게다가 이 문제는 각 갈등구조에 따라 소속 집단의 이해관계가 걸려 있어 쉽게 양보할 수 있는 사안이 아니다. 바로 이

----

[6] 이 입장에는 통일 후 정부 형태로 내각제나 이원정부제를 주장하는 대부분의 학자들이 동의한다.

점에서 출발해 볼 필요가 있다. 민주주의 형태에 대해서조차 합의가 이루어지지 않는다고 할 때 다수결로 정한다면 처음부터 협의는 불가능할 것이다. 따라서 이후 다수결을 가정하지 않고 타협과 협상이 이루어지는 절차 자체만을 진행하는 것이 바람직하다. 그렇다면 이러한 타협과 협상을 제도화하는 방식에 가장 가까운 체제가 합의에 이를 수 있는 가장 적절한 대안이 될 가능성이 높다.

협상과 타협이 진행되는 과정에서 소수자들은 자신들의 이해관계가 반영되는 체제를 도입하는 것을 선호할 수밖에 없다. 그리고 통일한국의 복잡한 갈등구조에서 대립하는 집단들은 상대적 다수자일지라도 자신들이 반드시 승리할 것이라고 장담할 수 없을 것이며 특히 소수자일 경우는 불리할 수밖에 없음을 인지할 것이다. 이러한 상황에서 이 집단들은 자신들의 주장과 이해관계가 강압적으로 해소되기보다는 최소한 비례적으로라도 반영되기를 원할 것이다. 따라서 통일한국의 주요 행위자들은 다수결 민주주의보다는 협의 민주주의를 선호할 가능성이 높다고 할 수 있다. 또한 이것은 협의 민주주의가 소수자의 입장까지 반영함으로써 조정과 합의를 통해 통합을 이루어가는 데 더 유용한 체제라는 것을 방증하는 것이기도 하다. 임혁백(1999, 328)이 기대하는 것처럼, 협의 민주주의는 특히 "비다수결주의에 의거하여 인구수에 관계없이 북한 주민의 통일정부에의 참가를 보장함으로써 북한의 소수파 지역이 남한의 내부 식민지화되는 것을 방지할 수 있으며, 북한 주민들의 사활이 걸린 문제에 대한 비토권을 보장함으로써 북한 주민들의 통일한국 참가의 안전도를 높여줄" 수 있다.

라이파트(1977; 1984; 2012)에 따르면, 협의 민주주의는 권력공유(대연정 등), 권력분산(집행부와 입법부, 입법부와 양원 및 여러 정당 간 분산), 권력배분(비례대표), 권력위임(연방제나 지방자치),

권력견제(소수자의 거부권) 등에 의해 대표된다(강원택, 2011 참조).[7] 라이파트가 말하는 협의 민주주의는 권력구조상 대개 연방제나 그에 준할 정도의 광범위한 지방자치제와 양원제 및 비례대표제를 필요로 한다. 이러한 권력구조에 유용한 정부 형태는 대통령중심제보다는 의회중심제인 내각제다.

대통령중심제는 기본적으로 정치적 권위와 권력의 독점을 전제하므로 대통령이 행정부 수반과 국가원수를 겸하는 한편, 의회와 대통령이 모두 국민으로부터 직접 선출되는 이원적 정통성의 원칙에 따라 의회와 행정부의 엄격한 분립에 입각한다(강원택, 2006; 2011, 152-158).[8] 그러므로 정파적 특성을 벗어나기 어려운 행정부 수반의 역할이 국민통합의 상징인 국가원수의 역할과 모순을 일으키고, 대의기구인 의회를 장악한 다수당과 집행기구인 행정부를 장악한 여당이 다른 분점정부가 나타나 통치와 정책집행을 어렵게 할 수 있다. 특히 중첩된 갈등구조를 가진 통일한국에서 무엇보다 중요한 문제인 국민통합을 이룩하는 데 이 성격들은 중대한 결함으로 작용한다.

특히 남한의 현행 대통령제는 상술한 점 외에도 단순다수선거제로 인해 대통령이 과반수에 훨씬 못미치는 득표로 당선될 수 있어 통합적 권위를 갖기 어렵고, 5년 단임제여서 정부 업적에 대한 정치

---

[7] 합의 민주주의(consensus democracy)는 라이파트가 1977년 저서에서 사용한 협의주의(consociationalism) 개념을 1984년 저서에서 변경한 개념이다. 하지만 이 글에서는 협상과 타협이라는 절차와 과정을 중시하는 입장에서 협의 민주주의라는 개념을 사용한다.

[8] 부통령제를 도입해 남북 지역 출신 후보들이 각각 정·부통령으로 동반 입후보(running mate)한다고 해도 근본적으로 권력은 대통령에게 위임되고 부통령의 존재는 제한적일 뿐이다. 이것은 현재 제한적인 국무총리제와 크게 다르지 않을 것이다. 부통령제 도입 논의에 대해서는 박영호(1994), 이내영(1999), 허문영·이정우(2010), 강원택(2011) 참조.

적 심판의 기회가 없고 권력누수 현상이 너무 빨리 오는 단점이 있다(최진욱, 1996, 281-283). 또한 대통령 궐위 시 국민에 의해 선출되지 않은 국무총리가 승계하므로 민주적 정당성과 정권의 안정성 및 효율성에도 문제가 있을 뿐 아니라, 여당이 의회 다수를 차지할 때 대통령이 지나치게 막강한 권한을 가져 권력의 견제가 대단히 어렵다.

통일한국에 적절한 정부 형태가 수립되기 위한 조건은 주요 갈등들을 조정하고 특히 지역갈등을 해결할 수 있는 화합적인 권위를 갖추되 다양한 문제들을 효과적으로 해결하고 정치적 안정을 이룩할 수 있는 효율적인 권력을 발휘해야 한다는 것이다(최진욱, 1996, 285; 이내영, 1999, 86; 박종철, 2004, 141; 강원택, 2011, 149-150). 이러한 권력구조가 곧 통일국가의 전국적 지지를 받을 수 있는 정통성을 확보하고 성숙된 민주성을 반영하는 권력구조일 수 있다.

화합적 권위와 효율적 권력을 갖추기 위해서는 권위와 권력을 분리하는 것이 필요하다. 국가원수는 전 국민들로부터 존경받는 권위 있는 인물로서 국민통합의 상징적 위상을 갖고 대외적으로 통일국가를 대표하며, 행정부 수반은 국민의 의사를 대신해 직접 통치하면서 효율적 권력을 행사하는 것이다. 이것은 권력의 분산과 책임정치의 구현을 가장 큰 장점으로 하는 내각제의 핵심적 특징이다. 내각제에서는 국가원수와 행정부 수반이 분리되며, 집행기구인 행정부가 대의기구인 입법부의 위임을 받아 책임정치를 구현한다.

내각제에서는 집행부가 입법부의 의해서 구성될 뿐만 아니라 임기의 보장이 없고 항시적으로 입법부에 대해서 책임을 져야 하므로 집행부의 수장인 총리[9]가 권위주의적 행태를 보이거나 독재나 독주

---

[9] 엄격한 의미에서 총리(president of cabinet)와 수상(prime minister)은 권한의 측

를 행하기는 어렵다(이준일, 2008, 174). 실제 내각제 국가들의 관행을 보면 총리의 권한이 강력해지는 경향을 보이면서도 총리와 내각은 집단적으로 집행부의 의사를 대변하며 정당 민주주의의 발달을 토대로 정당정치의 테두리를 벗어나지 않는다. 또한 국민의 대표기관인 의회가 집행부인 내각을 언제든 불신임하여 책임을 물을 수 있다. 물론 우리나라의 경우처럼 대통령제의 경우에도 탄핵제도를 활용해 대통령을 심판하고 퇴진시킬 수 있다. 그러나 우리나라 헌법재판소의 해석에 따르면 대통령의 탄핵(파면)은 법 위반에 한정되고 그 위반의 정도도 매우 중대해야 하므로 임기 중에 대통령을 물러나게 할 가능성은 대단히 제한적이다(이준일, 2008, 175).

한편, 입법부와 행정부의 결합과 상호 의존은 내각제의 단점으로 지적되기도 한다. 잦은 내각 불신임과 의회 해산으로 국정의 안정적 운영이 어렵게 될 수 있기 때문이다. 따라서 내각제를 도입하더라도 정치·사회적 환경에 따라 이러한 효율성 결함을 해결해야한다. 특히 통일 직후 갈등이 심각할 것으로 예상되는 한반도에서 이것은 중요한 전제조건이 된다. 그렇지만 이 결함을 대통령제의 도입으로 바로 연결시키거나 내각제의 본질적 한계로 인식할 필요는 없다.

내각제의 한계에 주목하면서 대통령제를 지지하는 입장들은 대통령제가 강력한 리더십을 제공하고 정책결정 과정에서 효율성을 높이기 때문에 국가통합을 증진시킬 수 있다고 본다. 또한 남한의

면에서 다른 개념으로 사용된다. 이념형으로 구분하면, 각료들 중의 '제1인자'로서 다른 각료들의 반대에도 불구하고 자신의 의지를 관철시킬 수 있는 권한을 가진 경우 '수상'이라고 하며, 각료 회의의 의장으로서 캐스팅보트 정도의 권한을 가지고 회의를 주재하는 위상을 가진 경우 '총리'라고 부를 수 있다. 하지만 우리나라 언론들은 총리로 개념을 통일해 사용하고 있고 학계에서도 두 개념을 엄밀히 구분해서 사용하지는 않는다. 따라서 이 글에서도 총리라는 개념으로 통일해 사용한다.

경우 중앙집중적 정치 전통, 취약한 정당체제, 정당 간 타협 문화의 부재 등으로 인해 내각제가 제대로 운용될 수 없다고 주장한다(이내영, 1999, 80).

그러나 통치원리상 내각제가 본질적으로 불안정하고 비효율적인 제도라고 볼 근거는 약하다(강원택, 2011, 160-161). 기본적으로 내각제는 입법부를 장악한 정치세력이 행정부를 담당하는 제도이므로 입법부와 행정부의 융합을 핵심원리로 한다. 때문에 일정한 보완이 이루어진다면, 입법부와 행정부의 융합이 오히려 대통령제의 분점정부와 같은 파행을 방지해 더욱 안정적이고 효율적인 정책집행이 가능하다. 실제 총리의 권한 강화를 통해 영국 내각제는 총리에 의한 '선출된 독재(elective dictatorship)'라고 불리며 독일 내각제는 '총리 민주주의(Kanzlerdemokratie)'라고 불릴 정도다.

또한 미래의 상태를 염두에 둘 때 중앙집중적 정치 전통이 지속될 것으로 볼 이유는 없다. 우리나라도 이미 내각제의 경험을 가지고 있고 대통령제 하에서 수차례 내각제 도입 논의를 해왔을 뿐 아니라 최근에는 내각제 도입에 대한 찬성 여론도 높아지는 추세다(김도협, 2010, 806-810 참조). 제2공화국의 내각제는 비록 단명했지만 그 이유는 약체 정부라기보다 5·16 쿠데타에 의해 단절되었기 때문이며, 또한 그로 인해 충분히 검증될 기회가 상실되었다고 할 수 있다. 그 밖에도 1948년 제헌국회의 초안은 내각제였는데 이후 이승만의 강력한 주장에 의해 대통령제로 변경되었고, 1950년과 1952년에 내각제 개헌안이 발의되었으며, 1959년에도 자유당 지도부와 민주당 간에 내각제 개헌 논의가 전개된 바 있다. 제3공화국 이후에도 이러한 논의는 끊이지 않아 1962년 개헌, 1965년 민정당·민주당 통합전당대회, 1980년 개헌, 1987년 개헌에서 내각제 논의가 있었으며, 1990년 3당 합당과 1997년 DJP 연합도 내각제 개헌을 전제로 이루어졌다.

취약한 정당체제나 정당 간 타협 문화의 부재도 마찬가지다. 민주주의의 진전과 정당정치의 발달을 통해 정당체제도 발전할 것이며 그에 따라 타협 문화도 점차 형성될 것이다. 과거와 비교해 보더라도 과연 내각제를 도입할 당시 유럽 국가들의 정치문화가 현재 남한의 정치문화보다 정당체제나 정당 간 타협이 더 발전해 있었다고 단정할 수 없다. 그리고 내각제 도입에 적절한 정당체제나 타협 문화의 절대적 기준은 있을 수 없으며, 상대적 취약성은 다른 제도적 보완을 통해 해결할 수 있다. 게다가 현행 헌법상 이미 우리나라는 내각제적 요소를 일정하게 가미하고 있으며, 김대중정권 당시 총리의 권한 확대를 통해 그 요소를 실현하려는 시도도 있었다.[10] 이것은 온건 다당제에 기초한 정당체제의 발전과 정당 간 타협의 정치가 있었다는 방증이기도 하다.

---

[10] 현행 대통령제의 의원내각제적 요소는 대통령, 국무총리, 국무위원으로 구성되는 국무회의를 두어 최고 국정심의기관으로 하고 있고, 국회의 동의를 얻어 대통령이 임명하는 국무총리가 대통령을 보좌하며 대통령의 명을 받아 행정 각부를 총괄한다는 점, 그리고 대통령의 국법상 행위에는 국무총리와 관계 국무위원의 부서가 있어야 하며, 국무위원은 국회의원직을 겸직할 수 있다는 점 등이다(최진욱, 1996, 281; 정만희, 2009).

III. 내각의 구성과 권력구조

1. 내각 구성의 원칙과 방식

내각제의 원칙은 첫째, 권력 융합의 원리 및 의회중심주의에 입각하여 정부가 조직되고, 둘째, 의회에서 선출되고 의회에 대해 정치적 책임을 지는 내각 중심으로 국정이 운영되며, 셋째, 정부 불신임권과 의회 해산권에 의해 입법부와 행정부 간에 권력 균형이 유지된다는 것이다(허문영·이정우, 2010, 128). 그리고 이 기본적인 원칙 외에 네 번째로 덧붙일 필요가 있는 것으로, 통치권한의 위임이 정치인 1인이 아니라 집단으로서의 정당에 주어진다는 점이 있다(강원택, 2011, 158). 이 원칙들 중 대통령 및 의회에 대한 내각의 관계와 내각제 하 정당정치에 대해서는 이어지는 절들에서 서술하기로 하고 여기서는 두 번째 원칙인 내각 중심의 정치와 관련되는 내용을 다루면서 통일한국에 적절한 내각의 구조를 기술한다.

　'의원내각제'를 의미하는 내각제는 '내각책임제'라는 용어와 함께 '의회중심제(parliamentarism)'를 지칭하는 용어로 이해된다. 곧,

'대통령중심제(presidentialism)'에 대응하는 개념으로 의회중심제를 규정하고 그 구체적 현상 형태로 의원내각제 혹은 내각책임제라는 용어를 사용한다는 것이다. 이때 의원내각제와 내각책임제는 의회중심제와 동일한 의미를 갖는 별칭으로 인식된다. 반면, 이 세 개념을 내각제의 역사적 변천에 적용해 그 세부 성격을 달리하는 개념으로 보는 입장도 있다(배찬복, 2000, 15-16 참조).

역사적 변천에 따른 구분을 적용하면, 영국 내각제에서 기원한 의회중심제는 19세기 웨스트민스터(Westminster) 모델이라는 의원내각제(parliamentary government)로 처음 성립되어 20세기 들어 내각책임제(cabinet government)로 바뀌었다가 다시금 정부의 적극적 역할 요구에 따라 총리정부제(chancellor government)로 변했다고 한다(Crossman, 1972 참조). 의원내각제를 승계한 내각책임제는 내각이 의회에 대한 강력한 통제력을 통해 우월성을 지닌다는 점에서 의원내각제와 다르며, 총리정부제는 의회 기능이 더 약화되고 정당과 행정부의 권한이 강화되는 환경에서 당수가 총리로 취임해 더욱 막강한 권한을 행사한다는 점에서 내각책임제와 다르다.

총리정부제는 현대 정치의 복잡화와 전문화로 인해 행정부의 역할과 권한이 강화되는 추세에 따라 그 정점에 있는 총리의 역할과 권한이 함께 강화된 결과다. 그러나 이 추세가 비록 세계적인 경향이라 할지라도 나라의 사정에 따라 달리 나타나는 것도 사실이다. 총리와 수상의 개념을 구분하는 것처럼(각주 9 참조), 영국과 독일에서 총리가 점차 권한이 강화되어 각료 중의 제1인자로서 막강한 권한을 갖는 '수상'이 되어간 것과 달리, 이탈리아에서처럼 총리는 여전히 내각회의를 주재하는 의장 역할에 머무는 경우도 있다.

통일한국에서는 지역갈등을 중심으로 여러 갈등들이 첨예하게 전개된다고 볼 때, 내각책임제보다는 총리정부제에 가까운 형태를 도입하는 것이 적절하다. 우선 총리는 직접적으로는 의회의 신임과 선출을 거치지만 총선에서 각 정당 혹은 선거연합이 총리 후보를 내고 국민들로부터 직접 선택을 받을 필요가 있다. 이를 통해 총리는 국민으로부터 직접 선출되는 직선의 효과와 강력한 민주적 정통성을 가지고 집행력의 토대를 튼튼히 할 수 있기 때문이다.

총리는 내각을 구성하는 조각권을 갖는 것이 기본 원칙이다. 그러나 다당제 국가에서 절대다수 의석을 차지한 정당이나 선거연합이 없을 경우 내각 구성은 그리 간단하지 않다. 물론 타협과 협상의 전통이 자리 잡은 협의 민주주의 국가에서 통치연합의 구성은 비일비재하지만, 그와 같은 경험이 부재한 우리나라의 경우에는 제도적 보완이 필요하다. 그리스에서처럼 제1당 대표에게 조각권을 부여하고 실패할 경우 점차 제2당과 제3당 대표에게 승계하는 방법도 가능하며 이탈리아처럼 비상시 대통령의 중재권을 유연하게 활용하는 방안도 가능하다. 그러나 의석수에 따라 우선적으로 조각권을 부여하는 방법은 제2당 이하 정당들의 통치연합 구성을 일정하게 차단하므로 오히려 내각 출범을 더 늦출 수 있는 위험이 있고, 대통령의 중재권을 강화하는 것은 권위와 권력의 분리라는 취지에 어긋난다. 그보다는 독일처럼 모든 연합의 가능성을 열어두고 새 내각이 구성될 때까지 기존 내각과 총리가 유임되는 것이 정치적 안정을 확보하는 더 유용한 방법이다.

또한 의회의 지나친 행정부 견제를 방지하기 위해 총리는 각료의 임명에 대한 권한을 소유하고 각료들 중의 제1인자로서 기능할 수 있어야 한다. 기본적으로 내각은 총리를 중심으로 집단적 집행력을 발휘하지만, 정책집행의 효율성을 확보하기 위해서는 내각의 합의가 이루어지기 어려울 경우 총리가 강력한 리더십을 발휘할 수 있는 제도적 보장이 필요하다. 적어도 매우 중차대한 사안에 대해서는 각료들의 의견이 분분하고 때로는 모든 각료가 반대하더라도 자신의 주장이 옳다고 확신할 때에는 이를 강제할 수 있어야 한다.

하지만 지나친 권한은 대통령제에서와 같은 독주가 생겨날 우려가 있으므로 총리의 이와 같이 강력한 권한은 어디까지나 정책의 총체적 가이드라인을 결정하는 데에 한정해야 한다. 독일 국가기본법 제65조가 총리의 이러한 권한을 명시적으로 규정하고 있어 총리민주주의로 불리는 총리정부제의 중요한 근거로 거론된다. 그러나 지버러(2006, 65)에 따르면, 이 규정은 내각 의사결정 과정을 정확하게 묘사하기보다 동경을 의미하는 것에 가까운 것으로 간주되기도 한다. 곧 총리의 강력한 권한이 제도적으로 보장되고 실질적으로 강화되고 있음에도 불구하고 기본적으로 권위와 권력의 분리 및 의회와 행정부의 권력 분산에 입각하고 있는 내각제에서 정책 가이드라인 결정권이 대통령제에서와 같이 총리의 독주로 이어질 가능성은 거의 없다고 할 수 있다.

총리의 정책 가이드라인 결정권은 각 부처 장관들의 부처 관할 원칙(Ressortprinzip)과 조화를 이루어야 한다. 곧 각 부처 장관들은 총리의 정책 노선과 내각의 결정 안에서 자유재량으로 부처를 관할한다는 것이다(Alter, 2002, 300). 총리가 비록 막강한 권한을 가지고 내각을 주도하지만, 전문적 역량이 필요하고 독자적인 관할 영역과 의사결정이 필요한 부처의 업무는 총리의 간섭 없이 그 책임자인 장관이 재량껏 관할할 수 있어야 정책의 일관성과 효율성이 보장될 수 있기 때문이다.

마지막으로 각료의 의원 겸직과 관련해 각료는 총리에 의해 임면될 뿐 반드시 의원이어야 할 필요는 없다. 특히 통일 이후 해결해야 할 다양한 문제들은 전문성을 요하는 사안일 경우가 많을 것이다. 각종 경제적 사안이나 사회통합 문제들 및 군사 안보나 교육, 치안 등의 여러 문제들은 영역별 전문성뿐 아니라 지역적 특수성에 따른 지역적 전문성을 요구하는 사안들일 가능성이 크다. 따라서 긴요하면서도 전문적인 사안들에 대해서는 전문적 능력을 갖춘 인물을 영입해 비정파적 해결을 도모할 수 있어야 한다.

2. 내각과 대통령 및 의회의 관계

상술한 것처럼 권위와 권력의 분리 및 입법부와 집행부의 상호 결합 및 견제가 내각제의 주요 원칙이다. 특히 통일한국에서 심각하게 드러날 것으로 예상되는 갈등들을 해결하고 국민통합을 이룩하기 위해 상징적 권위의 존재가 중요한 만큼, 정책집행을 위해 효율적인 권력의 존재가 필요하다. 이것은 통합적이고 화합적인 리더십과 효과적이고 효율적인 리더십을 동시에 갖추는 정부 형태를 의미한다.

우선 국가원수인 대통령은 상징적 권위를 대표하는 존재로서 실제 통치하지 않는다. 물론 정부의 주요 결정과 활동은 국가원수인 대통령의 명의로 이루어지지만, 실제 집행에는 관여하지 않아야 한다. 지역갈등과 계층갈등 및 정책갈등이 중첩되어 심각하게 전개되고 정치적 통일 이후 국민통합의 과제를 무리 없이 이루어 나가기 위해서는, 국가원수가 갈등구조의 어느 한 축을 대변하는 인물이 되어서는 안 되기 때문이다. 행정부 수반과 국가원수가 일치하는 대통령중심제에서 대통령은 특정 정파의 대표가 선출되는 것이 대부분인 반면, 내각제에서는 국가원수가 행정부 수반과 분리되어 실질적인 권력을 보유하지 않기 때문에 정파적 다툼으로부터 벗어날 수 있다.

또한 통일 이후에는 분단 상황에서보다 상징적 권위를 가진 국가원수의 역할이 더욱 방대해질 것으로 예상된다. 현행 남한 대통령제에서도 대통령은 지나치게 빈번한 의전으로 실무에 차질이 생긴다는 얘기가 종종 나온다. 하물며 통일한국에서는 국민통합을 위해 각종 행사 참여 등 국내적으로 더욱 많은 의전이 요구될 뿐 아니라 국제적으로도 통일한국을 대표해 국제적 위상을 제고해야 할 일이 많아질 것이다. 마찬가지로 국내외적으로 실질적인 권력 행사를 담당하는 내각의 역할도 방대해질 것이고 그에 따라 총리의 과제도 많아질 것이다. 그러므로 권위와 권력이 분리되는 내각제 정부는 권위의 표출과 권력의 행사에서 모두 효율성을 기할 수 있어 정부의 효율적인 리더십을 보장할 수 있다.

대통령은 정파적 다툼에서 벗어나 있어야 하기 때문에 국민들로부터 직접 선출되는 것은 바람직하지 않다. 직선은 다양한 이해관계 집단들의 각축과 경쟁이 허용되고 실제 정파적 경쟁의 결과로 귀결되기 때문이다. 물론 이것은 민주선거의 원칙을 거스르는 것이 아니며 다원적 민주주의의 주요 덕목이기도 하다. 하지만 통합적 권위의 상징인 대통령의 선출에 정파적 경쟁이 작용하는 것은 그 상징성을 훼손시키며 선출 이후 지속적인 정쟁의 주체나 대상이 될 수 있다. 따라서 대통령은 간선제를 통해 선출하는 것이 필요하다.

마찬가지 이유로 대통령 선출기관은 단원제 의회에 한정해서는 안 된다. 단원제 의회는 직선인 총선의 결과로 구성되어 정당 간 경쟁이 항상적으로 일어나는 공간이기 때문이다. 국민의 대의기구라는 점에서 의회가 국가원수 선출에 참여하는 것은 당선하지만, 그 정쟁의 개입을 줄이기 위해 새로운 선출기구의 구성이 필요하다. 양원제일 경우 하원 단독으로 대통령을 선출하지 않아야 한다는 것도 동일한 맥락이다.

사실 내각제에 더 적합한 의회제도는 단원제보다는 양원제다.

갈등구조가 복합적이고 다양한 갈등 중에서도 지역갈등이 특히 심각할 때 상원이 지역 이해관계를 대변할 수 있기 때문이다. 현재 남한에서처럼 기정사실로 존재하는 지역갈등을 지역이기주의로 규탄하거나 망국병으로 개탄할 것이 아니라, 지역 이해관계 대변을 정치적으로 정당화해 다원주의적인 정치적 조정의 대상으로 볼 필요가 있다. 따라서 양원제를 도입할 경우, 대통령은 상하 양원이 공동으로 선출해 정파적 편향이나 지역적 편향을 상쇄하는 효과를 거둘 수 있다. 단원제를 유지할 경우에는 지방자치단체장 등 지방자치단체 대표자들로 구성되는 지자체평의회를 구성하고 이를 통해 지역 이해관계와 관련되는 사안에 대한 의사결정에 지역정부가 참여할 기회를 주면서 대통령 선출에도 중요한 비중으로 참여할 수 있는 권한을 부여하면 될 것이다.

의회와 내각의 관계도 의회제도가 양원제인가 단원제인가에 따라 다르다. 상하원의 권한이 대등한 균형 양원제를 채택하고 있는 이탈리아에서는 양원에서 모두 절대다수를 차지해야 내각 수립이 가능하다. 물론 각외 연합 등으로 소수파 정부가 성립되기도 하지만, 이것은 예외적인 경우에 속한다. 이와 같은 균형 양원제에서 분점의회가 형성되면 정부 수립을 위해 연합이 강제될 수밖에 없기 때문이다. 반면, 영국과 독일 등 불균형 양원제 국가에서는 내각의 수립과 정치적 책임은 하원에만 의존한다.

통일한국에서 상원이나 지자체평의회의 도입은 지역 이해관계의 대변과 그 갈등의 조정을 위한 것이므로 균형 양원제로까지 이어질 필요는 없다. 이러한 경우는 하원의 정파적 충돌과 상원 혹은 지자체평의회의 지역적 충돌이 서로 부정적으로 작용해 두 폐해를 더 악화시킬 수도 있기 때문이다. 특히 양원제의 경우에는 상하 양원의 다수당이 다른 분점의회 현상이 드물지 않게 나타나 정부 수립뿐만 아니라 정책집행의 어려움을 야기하기도 한다. 물론 내각 구성이 상하 양원의 다수 확보를 요건으로 하는 이탈리아에서 분점의회는 연합을 강제함으로써 단기간에 해소되는 것과 달리, 독일에서는 분점의회가 장기간 지속되어 양원의 대립이 심화되기도 한다. 그러나 독일의 분점의회가 실제 입법활동을 저해한다는 것에는 뚜렷한 증거나 합의된 의견이 존재하지 않는다.[11]

　내각제에서 총리와 내각은 의회에 대해 정치적 책임을 지며, 의회의 신임에 의존한다. 그러나 정당 간 경쟁과 정파적 이해가 항상 각축하는 의회로부터 일정하게 분립해 독자적 정책집행력을 갖추는 것도 필요하다. 대부분의 내각제 국가들은 장관의 임면에 의회의 동의를 필요로 하지 않으며, 내각의 정치적 책임은 내각 전체에게 지운다. 하지만 총리의 의회 해산권과 의회의 내각 불신임권이 맞물리면서 상호 견제를 목표로 한 이 장치가 때로 정치를 파국으로 몰고 가기도 한다.

　이를 극복하기 위해 내각제 국가들은 건설적 불신임이나 불신임 금지 혹은 유예기간을 두어 보완하고 있다(강원택, 2011, 162-163). 독일에서 채택한 건설적 불신임제는 새 총리(내각)를(을) 선출하기 전에는 현 총리(내각)를(을) 불신임할 수 없도록 규정한 것이며, 불신임 금지기간제는 새 내각 구성 후 일정 기간 불신임 투표를 금지하거나 불신임 동의안 발의 후 일정 기간 이후 표결하도록 규정하는 것을 말한다. 불신임 금지 혹은 유예 기간제는 정치적 타협의 시간을 부여함으로써 정국 안정에 기여할 수 있지만, 근본적인 해결책은 되지 못한다. 반면 건설적 불신임제는 현 내각의 불신임이 새 내각

<hr />

[11] 다른슈타트(2007), 샤르프(1988), 렘부르흐(1998)는 독일 양원의 교착 상태를 효율성 결함(Effektivitätslücke)이라고 보는 반면, 슈튀베(2004), 로타(2003), 쾨니히와 브로이닝어(2005)는 분점의회가 오히려 법안 통과 기회를 증가시킨다고 주장한다.

구성을 전제하기 때문에 정부의 공백을 발생시키지 않는다. 이것은 총선 직후 연합협상이 실패해 새 정부가 구성되지 못할 때는 기존 정부가 유임되는 원리와 동일하다.

총리의 의회 해산권의 남용을 막는 장치도 필요하다. 포괄적인 입법권과 내각 구성 및 견제권을 가진 하원에 대한 해산은 총리의 권한이지만, 양원제의 경우에는 상원의 동의를 요건으로 규정하는 것도 한 방법이다. 또한 불신임 제도처럼 일정한 금지기간이나 유예 기간을 둘 수도 있다. 하지만 금지기간이나 유예기간은 의회 다수당을 장악한 총리에게 사실상 큰 제약으로 작동하지 않을 가능성이 크다. 따라서 단원제 의회일 경우에는 총리의 신임투표 요구권과 연계해 신임투표에 실패할 경우에만 의회 해산권을 부여하는 요건상 제약을 둘 수 있다. 역시 독일에서 채택한 이 제도는 건설적 불신임제와도 연결되어 의회가 차기 총리를 선출했을 때는 의회를 해산할 수 없도록 되어 있다는 점을 참조할 필요가 있다.

의회 선출을 위한 선거제도도 내각제 정부 형태를 뒷받침하는 중요한 기제다. 내각제는 다양하고 심각한 갈등을 민주적이고 평화적으로 해결하기 위해 적절한 정부 형태로 인식된다. 따라서 다양한 이해관계 집단들이 자신들의 비중에 맞게 대변될 수 있는 제도적 장치가 존재해야 한다. 따라서 득표율과 의석수의 불일치를 방지하고 표의 등가성을 보장해 사표를 방지할 수 있는 비례대표제가 전면 도입되거나 적어도 큰 폭으로 확대될 필요가 있다. 실제 내각제를 채택한 나라들은 영국을 제외하면 대부분 비례대표제를 근간으로 하고 있으며,[12] 영국에서도 득표율과 의석수의 왜곡 효과를 시정하

<hr />

[12] 단순다수제와 비례대표제를 혼합한 듯이 보이는 독일의 선거제도도 지역구 직접 출마는 인물 투표를 가미한 것에 불과한 것으로서 정당명부 투표인 제2기표를 기준으로 하므로 혼합제도가 아니라 비례대표제의 하나로서 "인물화된 비례대표제(personalisierte

기 위해 비례대표제 도입이 주장되고 있다. 무엇보다 비례대표제를 통해 사표가 방지되고 소수자의 대변 기회가 높아진다면, 특정 집단들의 소외감이나 상대적 박탈감을 해소하는 데 일정하게 기여함으로써 국민통합 효과를 기대할 수 있을 것이다.

3. 내각제와 정당정치

대의 민주주의에서 정당은 핵심 정치 행위자다. 대의 민주주의 중에서도 의회중심 정치가 이루어지는 내각제 질서에서 정당정치는 더욱 중요하다. 의회 다수 의석을 장악한 정당이나 정당연합이 내각을 구성하므로 내각제는 개인이 아니라 정당이라는 집단의 지배이기 때문이다. 다시 말해, 내각제에서 권력은 총리 1인에게 위임된 것이 아니라 당 소속 의원과 당 간부 등 당내 구성원의 합의에 기반한다 (강원택, 2011, 161). 따라서 내각제에서 정당과 정당체제가 어떻게 형성되어야 할 것인가는 특히 중요한 문제가 된다.

정당체제의 형성은 그 사회의 정치균열구조를 반영하면서 선거제도나 정당법 등 여러 제도적 환경으로부터 영향을 받는다. 갈등구조가 다양할 때 이 갈등을 협의 민주주의적으로 해결하고 통합해 나가기 위해서는 비례대표제가 필요하고, 비례대표제가 근간을 이루며 다차원적 갈등구조를 가진 국가에서는 다당제가 형성되는 것이 대부분이다. 그리고 통합적 협의 민주주의가 제대로 작동하기 위한 다당제로는 온건 다당제가 적절하다. 양극화된 다당제는 통합보다 양극적 분열을 초래하기 쉬우며, 원자화된 다당제는 정치적 공동

Verhältniswahl, personalized proportional representation)"로 간주된다(Loewenberg, 1961, 88; Andersen and Woyke, 2003, 693-698 참조).

제2장. 통일한국과 내각제   **115**

화(空洞化)를 야기할 가능성이 큰 반면, 온건 다당제는 두세 개의 주요 정당들을 통해 정치적 안정을 기하는 가운데 군소정당들이 연합 상대로 기능함으로써 소수자 대변도 가능하기 때문이다.

다양하고 중첩적인 갈등구조가 형성될 통일한국의 내각제에서도 정당의 의미는 매우 중요하며 바람직한 정당체제는 온건 다당제라고 할 수 있다. 하지만 분단 상태의 북한은 일당제를 취하고 있어 통일 이후 북한 지역에서 정당과 정당체제는 이른바 시초 축적(alignment)과 정초(foundation)를 거쳐야 한다. 동독의 경우는 비록 짧은 기간이었지만 통일 이전에 정치적 자유가 쟁취되어 기존 위성정당들과 신생 사회단체들이 민주정당으로 전환하고 서독 정당들과 연계해 통일 직전 선거에 주도적으로 참여했으며 이후 통일을 추동해 나갔다(정병기, 2003; 송태수, 2006 참조). 게다가 이 위성정당들도 독자적인 정치활동을 수행하지 못하고 동독 공산당(SED, 사회주의통일당)의 명령을 받아 대중을 동원하는 역할을 수행했지만, 이를 위한 전국적인 조직 체계를 갖추고 있었다.[13] 이와 달리 북한의 경우는 조선노동당 외에 조직화된 정당이 존재하지 않고 동독과 같은 해빙기가 도래할 가능성이 적기 때문에 통일한국에서 처음으로 민주정당들을 조직해 나가야 하는 어려움이 있다. 통일 이전에 북한의 민주화가 진행되지 않는다면, 정당의 시초 축적과 정당체제의 정초도 통일 이후의 과제가 될 수밖에 없다는 것이다.

그 시초 축적과 정초는 최초의 자유선거가 정초 선거로 치러지면서 이루어지겠지만, 구체적인 모습은 통일 직후의 갈등구조와 남

---

[13] 독일은 분단 이전에 이미 다양하고 오랜 역사를 가진 이념정당들을 가지고 있었으며 동독의 위성정당들도 이 이념정당들의 구성을 따라 조직되었다는 점도 중요하다. 곧 이 위성정당들은 서독의 유사정당들과 자매결연을 맺을 수 있는 역사적 근거를 갖고 있었던 셈이다.

한 정당들로부터 직접적인 영향을 받을 수밖에 없다. 따라서 남한의 갈등구조에 기반한 정당체제가 통일 이후 북한 지역에 이식될 가능성이 농후하다. 통일한국의 갈등구조가 분단 상태의 구조를 반영해 정책갈등과 계층갈등 및 지역갈등으로 현상한다고 볼 때, 북한 지역의 정당체제는 이 갈등구조를 동원하는 남한 정당과 정당체제로부터 결정적 영향을 받을 것이기 때문이다.

남한의 현 정당체제가 지속된다고 볼 때, 남한의 지역주의적 보수주의 정당체제가 통일 후에도 일정한 변형을 거쳐 유지된다고 할 수 있다. 기본적으로 통일 직후 남북한의 이질성으로 인해 북한 지역의 독자적 이해 대변 욕구가 강하게 나타나는 상황에서 남한 내 지역주의 정당체제로는 북한 지역의 독자적 이해관계를 더욱 공고화시킬 가능성이 크다(강원택, 2011, 62-63 참조). 또한 통합진보당의 분열 이후 남한에서 계급계층 균열이 정당 균열로 성장할 기회가 크게 위축되었다. 때문에 통일한국에서 나타날 정책·이념 균열은 계급계층에 기반한 것이 아니라 민족주의 노선을 따라 형성될 공산이 크다. 게다가 남북 간 지역갈등을 주요 균열로 해 다른 균열들이 중첩될 경우, 지배적 남한 보수정당들과 소외된 북한 진보정당이라는 대립구도가 형성될 수 있다. 이때 통일한국의 '진보'는 북한 주민을 대변하는 것을 핵심으로 하며 변형된 주체사상에 입각한 민족주의 노선을 의미하는 왜곡된 모습으로 현상하게 된다. 그것은 국수적 민족주의와 지역주의적 사회주의가 결합한 배타적 민족사회주의 정당의 한 유형이라고 할 수 있다.[14]

이렇게 될 경우, 정당의 시초 축적 과정에서 조선노동당의 전망

---

[14] 임혁백은 국수적 민족주의와 사회주의가 결합한 민족주의적 사회주의라고 규정한다(임혁백, 1999, 317 참조). 하지만 그 사회주의는 북한 주민의 이해관계 대변에 한정되므로 '지역주의적'이라는 수식이 필요하다.

은 예외적이며 특히 주목해야 할 부분이 된다. 통일독일에서 동독의 사회주의통일당이 민주사회당(PDS)으로 계승되어 동독 주민들을 대변했듯이 통일한국에서 조선노동당의 계승정당이 북한 주민들을 대변할 수 있기 때문이다. 특히 통일 과정이나 통일 이후 질서에서 승리자로 전환해 간 북한 지배세력은 남한 보수정당들을 지지하게 되겠지만, 통일한국에서도 사회적 열패자로 전락하는 북한 인민들은 자신들의 사회계층적 이해관계를 대변할 정당을 찾을 수 없어 조선노동당의 계승정당을 선택할 수밖에 없게 된다는 것이다.

이때 통일한국의 다당제는 비록 온건 다당제라 할지라도 다양한 갈등구조를 올바로 반영하는 형태가 아니라 남북 지역 균열이 다른 균열들을 잠식함으로써 왜곡된 형태를 띠게 된다. 그러므로 협의 민주주의가 올바로 작동하는 내각제에 필요한 온건 다당제를 형성하려면 일정한 제도적 장치들이 필요하다. 예를 들어, 조선노동당에 대한 재산 조사 및 환수를 통한 약화와 극좌 및 극우 정당의 해산 등 적극적인 개입정책 등이 가능하다(박종철, 1995, 43-47 참조). 그러나 이러한 정책들은 자칫 북한 지역에 대한 정치적 차별 논란을 일으키고 실질적 통합을 저해하는 역효과를 발생시킬 수 있다. 따라서 정당 설립 요건과 의회 진입 기준 등 합리적 장치들을 예측가능하게 제도화시켜야 할 것이다. 그러나 기본적으로 정당체제는 사회 갈등구조에 기반하므로 무엇보다 중요한 것은 갈등의 해결과 통합을 통해 양극화나 원자화 혹은 왜곡된 다당제의 근원을 없애는 일이다.

IV. 결론

현대의 대의 민주주의 역사가 발전시켜 온 대표적인 정부 형태는 대통령중심제와 의회중심제다. 하지만 이원정부제를 비롯해 그 변형들은 매우 많다. 그중 절대적인 기준에서 가장 바람직한 형태는 있을 수 없으며, 각 나라의 사정에 따라 다양한 사회적 토대와 해결해야 할 갈등구조에 기반해 적절한 형태가 모색될 뿐이다. 통일한국의 정부 형태도 통일 후의 사회적 토대와 갈등구조에 입각해 구상해야 하는 것은 물론이다.

통일이 평화적이고 민주적으로 이루어진다고 가정할 때, 통일한국의 초기 갈등구조는 분단 상태의 갈등들을 이어가면서 새로 생겨나는 갈등들로 중첩될 것이다. 따라서 그 갈등구조는 통일 이후 국제관계에 따른 민족자주성을 둘러싼 정책갈등, 새로운 기득권 세력과 비기득권 계층의 계층갈등, 통합 문제를 둘러싼 남과 북의 지역갈등이라는 세 가지 갈등으로 구성될 것으로 보인다. 그리고 지역차별의 해소 정도에 따라 다르겠지만, 적어도 초기에는 남북 지역갈등이 가장 중요한 축을 이루며 다른 갈등들이 중첩될 가능성이 크다.

따라서 통일한국의 정부 형태는 협의 민주주의에 기반해 이러한 갈등을 조정하고 특히 지역갈등을 해결할 수 있는 화합적인 권위를 갖추되 다양한 문제들을 효과적으로 해결하고 정치적 안정을 이룩할 수 있는 효율적인 권력을 필요로 한다. 따라서 국가원수는 전 국민들로부터 존경받는 권위 있는 인물로서 통합의 상징적 위상을 가지면서 대내적으로는 국민통합을 일구어 내고 대외적으로는 통일국가를 대표하며, 행정부 수반은 국민의 의사를 대신해 직접 통치하면서 효율적 권력을 행사하는 내각제가 바람직하다.

더 나아가 이 내각제는 의회중심제의 원형보다는 총리의 권력을 강화해 정국 안정을 꾀할 수 있는 총리정부제에 가까운 형태일 필요가 있다. 그에 따라 대통령은 의회를 포함한 별도의 선출회의를 통한 간선으로 선출하며, 총리는 다수당이나 다수연합 대표로서 의회에서 간선으로 선출하지만, 총선에서 후보를 공개해 직선에 버금가는 정통성을 갖추어야 한다. 총리가 가이드라인 설정권을 갖고 장관들이 부처를 책임지는 부처 관할 원칙을 따르되, 총리는 각료 중의 제1인자로서 강력한 리더십을 보유해야 한다. 내각 구성과 관련해서는 모든 통치연합의 가능성을 열어두고 새 내각이 구성될 때까지 기존 내각과 총리가 유임되어 정부 공백을 방지하고, 각료들의 의원 겸직을 개방해 전문적 역량을 활용할 수 있어야 한다.

내각과 의회는 상호 견제와 균형을 이루어야 한다. 총리에 대한 의회의 독일식 건설적 불신임제를 도입해 의회가 집행부의 안정을 해치는 일을 방지하며, 총리의 의회 해산권을 제한해 집행부의 지나친 의회 통제도 방지한다. 내각제를 받쳐줄 국가구조와 의회 형태로는 이질적인 남북의 통합이라는 점뿐 아니라 광역 지역별로 다양한 차이들도 인식할 수 있는 연방제와 양원제를 심각하게 고려해 볼 필요가 있다. 이때 연방제는 남북 두 구성국 연방 혹은 다수 광역 지역 연방이 가능하며, 양원제는 상원이나 지자체평의회를 두는 방안을 구상할 수 있다.

내각제적 대의 민주주의를 취할 때는 정당의 역할이 더욱 중요하다. 통일 과정에서 수행해야 할 정당의 역할도 중요하지만, 통일한국에서 통일 후 통합을 추동하는 주요 정치 행위자로서 수행하는 역할도 그에 못지않게 중요하다. 중첩된 다양한 갈등구조로 볼 때, 통일한국의 정당체제는 양당제나 양극화 혹은 원자화된 다당제가 아니라 온건 다당제가 바람직하다. 심각한 사회갈등들을 조정하고 통합하는 과제가 가장 중요하기 때문이다. 다만 더욱 주의를 기울여야 할 것은 계급·계층에 기반한 이념정당이 존재하지 않는 상황에서 남북갈등이 주요 균열이 되고 다른 갈등들이 하부 균열로 중첩될 때, 조선노동당의 계승정당이 진보를 대표하는 왜곡된 체제가 형성되는 것이다. 극좌와 극우 정당의 난립을 방지할 뿐 아니라 왜곡된 보수-진보 구도를 방지하기 위한 제도적 장치를 마련하고 남북 지역 통합의 지나친 결함이라는 사회적 근원을 해소하기 위해 노력할 것이 요구된다.

통일은 갑자기 올 것이라고 한다. 그러나 그것은 준비되지 않았을 때를 경고하는 말이다. 준비되지 않은 자에게는 아무리 이른 예고라도 늦은 것이 되고 예고된 일일지라도 급작스러운 일로 닥친다. 통일은 갑자기 오는 것이 아니라 이미 우리 곁에 와 있다. 우리가 그에 대한 인식을 부정했거나 구체적 준비를 게을리했을 뿐이다. 통일한국의 갈등구조가 분단 상태의 갈등을 이어받고 그 해소 방식역시 현재의 문제를 해결하는 것과 연결될 것이다. 그러므로 현재남한의 민주주의를 더욱 발전시키고 남과 북의 긴장을 완화해 차이를 줄여가는 노력이 통일한국의 도래를 앞당길 뿐 아니라 통일 후통합을 이룩하는 과정에 들어서는 첫걸음이다.

참고문헌

강원택. 2006. 『대통령제, 내각제와 이원정부제 통치형태의 특성과 운영의 원리』. 인간
　　사랑.
　　　　. 2011. 『통일 이후의 한국 민주주의』. 나남.
김도협. 2010. "의원내각제의 수용 필요성과 조건에 관한 고찰", 『세계헌법연구』, 16권
　　3호, pp.803-832. 국제헌법학회·한국학회.
　　　　. 2010. 『독일 한국 의원내각제론』. 진원사.
김동성. 1994. "통일한국의 체제 및 이념모형과 국민정치의식 정향", 『한국과 국제정치』,
　　10권 1호, pp.65-96. 경남대학교 극동문제연구소.
김학노. 2011. "'서로주체적 통합'의 개념", 『한국과 국제정치』, 27권, pp.29-61. 경남
　　대학교 극동문제연구소.
박광주. 1993. "통일한국의 정치적 갈등구조", 『통일한국의 새로운 이념과 질서의 모색』,
　　학술대회 발표자료집, 3권, pp.35-51. 한국정치학회.
박영호. 1994. "통일한국의 정치사회적 갈등양태와 해소방안: 신정치문화의 구축을
　　위하여", 『세계질서의 변화와 한반도 통일』, 학술대회 발표자료집, 4권,
　　pp.1107-1129. 한국정치학회.
박종철. 1995. "통일한국의 정치적 갈등구조와 온건다당제", 『한국과 국제정치』, 11권
　　2호, pp.35-60. 경남대학교 극동문제연구소.
박종철·김인영·김인춘·김학성·양현모·오승렬·허문영. 2004. 『통일 이후 갈등 해소를
　　위한 국민통합 방안』. 통일연구원.
배찬복. 2000. "한국정치에 있어서의 의원내각제도입에 관한 적실성 연구", 『한국북방
　　학회논집』, 6권, p.9-33. 한국북방학회.
송태수. 2006. "독일 통일에서 정당의 역할", 『사회과학연구』, 14권 1호, pp.246-284.
　　서강대학교 사회과학연구소.
이내영. 1999. "통일한국의 정치통합과 정치제도", 『아태연구』, 6권 2호, pp.73-89.
　　경희대학교 국제지역연구원.
이준일. 2008. "한국에서 의원내각제: 도입의 필요성과 전제조건 및 실현가능성을 중심
　　으로", 『고려법학』, 51권, pp.171-193. 고려대학교 법학연구원.
임혁백. 1999. "통일한국의 헌정제도 디자인", 『아세아연구』, 101호, pp.301-335. 고려
　　대학교 아세아문제연구소.
정만희. 2009. "현행 헌법상 정부형태의 의원내각제적 요소에 대한 검토", 『동아법학』,
　　44호, pp.37-78. 동아대학교 법학연구소.
정병기. 2003. "독일 통일 과정에서 나타난 정치·사회단체들의 대응: 개혁과 통일의
　　갈등", 『통일정책연구』, 12권 2호, pp.301-334. 통일연구원.
최진욱. 1996. "통일 시대를 대비한 새로운 권력구조의 모색", 『한국정치학회보』, 29집
　　3호, pp.273-293. 한국정치학회.
한정일. 1994. "통일국가의 정치체제: 통일한국의 새로운 이념과 체제를 중심으로",
　　『세계질서의 변화와 한반도 통일』, 학술대회 발표자료집, 4권, pp.1067-1183.
　　한국정치학회.
허문영·이정우. 2010. 『통일한국의 정치체제』. 통일연구원.

Alter, Alison B. 2002. "Minimizing the Risks of Delegation: Multiple Referral in
　　the German Bundesrat", *American Journal of Political Science*, 46, No.2,

pp.299-315.

Andersen, Uwe, and Wichard Woyke. (Hg.) 2003. *Handwörterbuch des politischen Systems der Bundesrepublik Deutschland.* Opladen: Leske + Budrich.

Crossman, Richard, and Howard Stafford. 1972. *Three Lectures on Prime Ministerial Government.* London: Jonathan Cape.

Darnstädt, Thomas. 2004. *Die Konsensfalle: Wie das Grundgesetz Reformen blockiert.* München: Deutsche Verlags-Anstalt.

Eckstein, Harry. 1966. *Division and Cohesion in Democracy.* Princeton: Princeton University Press.

König, Thomas, and Thoams Bräuninger. 2005. *Gesetzgebung im Föderalismus.* Speyer: Speyerer Forschungsberichte.

Lehmbruch, Gerhard. 1998. *Parteienwettbewerb im Bundesstaat: Regelsysteme und Spannungslagen im Institutionengefuge der Bundesrepublik Deutschland.* Wiesbaden: Westdeutscher Verlag.

Lhotta, Roland. 2003. "Zwischen Kontrolle und Mitregierung: Der Bundesrat als Oppositionskammer?", *Aus Politik und Zeitgeschichte*, B43, pp.16-22.

Lijphart, Arend. 1977. *Democracy in Plural Societies.* New Haven: Yale University Press.

_____. 1984. *Democracies: Patterns of Majoritarian and Consensus Government in Twenty-one Countries.* New Haven: Yale University Press.

_____. 2012. *Patterns of Democracy: Government Forms and Performance in Thirty-six Countries (2nd ed).* New Haven and London: Yale University Press.

Lipset, Seymour M., and Stein Rokkan. 1967. "Cleavage Structures, Party Systems and Voter Alignments: An Introduction", Seymour M. Lipset and Stein Rokkan (eds.). *Party Systems and Voter Alignments*, pp.1-64. New York: The Free Press.

Loewenberg, Gerhard. 1961. "Parliamentarism in Western Germany: The Functioning of the Bundestag", *The American Political Science Review*, 55 No.1, pp.87-102.

Scharpf, Fritz W. 1988. "The Joint Decision Trap: Lessons from German Federalism and European Integration", *Public Administration*, 66 No.3, pp.239-78.

Sieberer, Ulrich. 2006. "Agenda Setting in the German Bundestag: A Weak Government in a Consensus Democracy", *German Politics*, 15 No.1, pp.49-72.

Solga, Heike. 1996. "Klassenlagen und soziale Ungleichheit in der DDR", *Aus Politik und Zeitgeschichte*, B46, pp.18-27.

Stüwe, Klaus. 2004. "Konflikt und Konsens im Bundesrat: Eine Bilanz (1949-2004)", *Aus Politik und Zeitgeschichte*, B50/51, pp.25-32.

제2부

—

정치제도

제3장

통일한국의 중앙·지방 관계*

이옥연

* 본 장은 "연방제도 다양성과 통일한국 연방제의 함의," 『한국정치연구』(2015)를 편저의
구성에 맞춰 전체적으로 재편성했다.

본 장은 복수의 정부단계 간 중앙집중화와 탈중앙화의 압력을 자신에게 유리한 균형점으로 이끌어 내려는 끊임없는 탐색전의 결과물인 연방제도의 다양성에 관한 일고로부터 통일한국 중앙·지방 관계의 함의를 도출하고자 한다. 정부조직 형태로서 연방제도는 대내외적으로 위기에 대처할 수 있는 강력한 중앙정부와 국민에게 근접한 거주지에서 작동하는 기능적 지역-지방정부의 장점을 극대화하는 것을 목표로 한다. 이는 중앙과 비중앙을 국가라는 단일한 인위적 정치공동체로 통합하면서도 비중앙의 독자성을 존중하는 통치 거버넌스를 요구한다. 따라서 연방주의가 중앙과 비중앙 간 공치(共治)와 자치(自治)를 균형 있게 조합하는 경우, 연방제도는 '공유연방주권(shared federative sovereignty)'을 구현할 수 있다. 그렇다면 통치원칙으로서 연방주의가 구현된 연방제도에 보편적으로 성립되는 공치(共治)와 자치(自治) 간 균형점은 어떠한 형태로 나타나는가? 또한 헌법상 연방주의를 통치원칙으로 정립한 연방국가는 수직적 권한분산 및 재정분산을 어떠한 방식으로 구현하는가? 더불어 헌법 외 자문기구는 어떠한 역할을 수행할 수 있는가? 본 장에서는 이에 순차적으로 답함으로써 연방주의 원칙과 연방제도의 다양성에 관한 일고를 통해 얻을 수 있는 통일한국의 중앙·지방 관계에 대한 함의를 도출하고자 한다.

Ⅰ. 서론

통일한국의 중앙·지방 관계는 우선 평화적 통일을 전제로 하는 경우, 중앙의 단일한 주권을 강조하는 절대국가주권(absolute state sovereignty)은 분단 후 반세기를 넘어 상이한 정체(政體)를 채택해 유지한 남북한에게 설득력을 지니기 어렵다. 오히려 개인 또는 집합체 간 협력을 통해 심지어 무력 충돌 및 전쟁을 회피할 수 있기 때문에 서로 이득을 얻을 수 있다는 복합적 공유연방주권이 호소력을 지닌다. 그럼에도 불구하고 공유연방주권을 근간으로 통일한국의 중앙·지방 관계를 설계하는 경우에도 권력이 자칫 지나치게 중앙으로 쏠리거나 아니면 역으로 권력이 극심하게 중앙으로부터 이탈할 위험성은 여전히 존재한다. 따라서 복수의 정부 간 관계를 규정하고 각 정부단계에게 독자적 권한과 임무를 부여하는 주권분립(division of powers)도 중요하지만, 복수의 정부 간 권한과 임무에 관한 명확한 규정이란 시대적 수요에 따라 변천하는 것이 상례라는 점을 인식할 필요가 있다. 결국 통일한국의 중앙·지방 관계는 복수의 정부 간 중앙집중화와 탈중앙화의 압력을 자신에게 유리하도록 균형점을 끌어내려는 끊임없는 탐색전의 양상으로 드러나게 될 것이다. 즉 일찍이 일레이저가 역설했듯이 연방주의란 정부조직 운영 문제의 실질적 내용뿐 아니라 정부조직 운영에 대한 관점을 부여하므로 연방주의를 구현하는 단계에서 국가 간, 집권 행정부 간, 또는 시대 간 차이가 나타나기 마련이다(Elazar, 1987, 38).

그렇다면 통일한국의 중앙·지방 관계 내용을 설정하는 정부조직 형태로서 연방주의는 대내외적으로 위기에 대처할 수 있는 강력한 중앙정부와 국민이 필요로 하는 곳에서 작동하는 기능적인 지역－지방정부의 장점을 모두 취할 수 있어야 한다. 아울러 통일한국의 중앙·지방 관계 시각을 관장하는 통치 거버넌스로서 연방주의는 중앙과 지역－지방 간 공치(共治)와 자치(自治)를 균형 있게 조합할 수 있어야 한다. 나아가 연방주의는 사회적 갈등해소의 창구, 소수 계층의 보호막, 지역적 이익을 대변하는 포럼, 또는 정책 전환의 실험대를 제공하는 등 다양한 기능성을 충족시켜야 한다. 유의할 점은 연방주의란 중앙과 비중앙 간 구심력과 원심력이 팽팽하게 맞서며 작용하여 끊임없이 평형점을 찾아내는 과정이기 때문에 그 결과물인 통일한국의 연방제는 계속해서 변화할 것이라는 사실을 항상 기억해야 한다는 데 있다. 무엇보다 통일한국의 중앙·지방 관계를 규정하는 연방주의는 궁극적으로 정체(政體) 간 통합뿐 아니라 각 정체(政體)를 구성하는 국민을 통합하는 연합체를 제시해야 한다. 따라서 통일한국의 중앙정부는 장기적으로 '구성단위'인 지역－지방 정부와 '국민'이라는 두 종류의 구성원을 동시에 대변해야 한다.

이론적으로 보면, 국방－안보 측면, 혹은 경제－통상 측면에서 강력한 중앙정부를 구심점으로 통치가 이루어지는 단일국가보다 복수의 정부가 치밀하게 얽혀 공치를 가능케 하는 연방국가가 우수하다는 논리에서 연방주의의 우위성이 출발했다. 물론 역사적 사례를 보면, 스위스(1291~1798, 1815~1848), 네덜란드(1579~1795), 독일

(1815~1866) 등 근대 연합(confederation)에서는 경제 및 통상 이윤 극대화보다 군사적 목적을 위한 국방연합의 성격이 강했다. 특히 냉전시대로 인해 피상적으로는 정치-군사적 논리가 지배했지만, 이면에는 경제-재정적 논리가 뒷받침해서 유럽연합과 같은 현대 연합(confederation)이 유지되었다. 그렇다면 통일한국의 중앙·지방 관계를 규정하는 연방주의가 구현된 연방제도는 어떠한 조건을 충족해야 성립되고 헌법상 어떤 내용을 담아야 하며 궁극적으로 어떤 형태의 조정기구를 채택해야 하는가? 이어지는 소절은 연방제도를 공치와 자치 간 균형, 수직적 권력분산 및 재정분산, 그리고 지역의회로 세분해 논한 후 통일한국의 중앙·지방 관계에 대한 제안을 정리하고자 한다.

II. 연방주의 원칙: 공치(共治)와 자치(自治) 간 균형

일레이저는 정치체제의 기원을 정복(conquest), 유기적 발전(organic development), 그리고 맹약(covenant)의 세 가지 유형으로 분류한다(Elazar, 1987, 2-4). 그리고 이 기원의 유형에 따라 정치체제의 생명력이 결정된다고 주장한다. 정복은 폭력에 의존해 타국의 영토와 거주민을 강압적으로 영입하는 침공뿐 아니라 자국 내 봉기나 쿠데타를 통한 체제 전복도 포함한다. 아울러 시장 독점 등 궁극적으로 체제 내 위계질서에 기반을 두는 상하구조를 창출하는 경로를 정복이라 일컫는다. 이에 반해 유기적 발전은 축적된 전례와 환경 변화가 상호 작용하는 과정에 헌법에 명시하지 않더라도 단일한 중앙을 구심점으로 비중앙이 자연스럽게 연계되는 정치체제를 창출한다. 따라서 상하 위계질서에 근거한 정치체제에서는 상부를 점유하려는 권력투쟁이 전개되는 반면, 중앙·비중앙 질서에 근거한 정치체제에서는 중앙을 장악하려는 권력투쟁이 전개된다. 그러나 인위적으로 평등한 관계를 전제한 맹약에 의해 탄생한 정치체제에서는 구성원 간 기본 권한을 보장하는 헌법이 성공적 체제 성립과 유지에 있어 핵심이다.

통일한국이 평화적으로 탄생한다고 상정하면, 통일한국의 정치체제는 정복이 아니라 유기적 발전, 또는 맹약에 의거할 가능성이 크다. 그러나 유기적 발전은 이질성을 해소하지 않은 상태에서 자칫 중앙을 장악하려는 권력투쟁으로 점철될 수 있다. 따라서 통일한국은 인위적으로 상하 위계질서뿐 아니라 중앙·비중앙 질서를 배제하는 평등 관계를 헌법, 또는 그에 준하는 명시적 구속력을 지닌 헌정주의에 근거한 맹약을 기반으로 두어야 한다. 이는 필연적으로 연방주의를 통치 질서의 근본 원칙으로 설정하는 절차의 필요성을 요구한다. 그렇다면 연방주의를 제도화한 역사적 사례에서 발견되는 공통 요소는 무엇일까. 버제스는 우선 연방제도를 헌정주의에 입각해 헌법에 통치질서를 명기한 자발적 연합으로 정의한 후, 연방제도의 기원과 형성과정이 차별되며 연방제도 출발점에 따라 연방제도의 목표도 달라지기 때문에 역사적 경로 의존성에 지배받는다고 주장한다(Burgess, 2006, 80).[1] 이런 맥락에서 1995년 연방제로 전환한 벨기에나 1998년 이후 통일독일이 경험한 연방제도 정립 과정의 난관은 인위적 정치체제인 유럽연합이 출범하기 이전에 겪은 문제점과 질적으로 다르다고 할 수 있다. 마찬가지로 통일한국이 겪을 난관도 궁극적으로 벨기에나 통일독일의 경험과 차별될 것이다.

그러나 이러한 상황적 특수성에도 불구하고, 또는 바로 상황적 특수성 때문에 연방제도의 기원과 형성 과정에서 공통된 요소를 규명하는 작업이 필요하다. 왜냐하면 연방제도 창설은 정치적 결합에 대한 야망이 조성되는 단계와 이를 연방주의에 근거해 결합하려는 의지가 형성되는 두 단계로 이뤄진다는 점에 유의해야 하기 때문이

---

[1] 심지어 2차 세계대전 이전에 정립된 선진 연방제와 서독(1949년) 간 비교도 역사적 맥락에 유의해야 한다고 역설한다.

다(Burgess, 2006, 98). 아울러 연방제도의 정립 과정이 순탄한지 여부는 대체적으로 사회적 기반의 복합성에 달려 있다(Filipov et al., 2004, 259). 사회적 기반의 복합성은 곧 정치적 지지 기반의 복합성으로 이어지고, 이는 엘리트가 중앙과 비중앙 간 복잡하게 중첩된 구조적 특징과 밀접하게 연관된다. 이러한 복합성은 결과적으로 예컨대 중앙과 비중앙 간 조세 징수와 군대 징집에 관한 협상 내용을 명문화한 헌법이 중앙과 비중앙 간, 혹은 비중앙 구성단위체 간 어떠한 갈등요소를 내포하고, 또 헌법에 명시된 수직적 권한분산은 이러한 갈등요소를 어떻게 해소할 수 있는지 분석하는 데 단서를 제공한다.[2] 그런 이유로 [표 1]에서 버제스가 1789년부터 역사적으로 존재한 연방제도 사례를 총괄해 공통 이해관계와 내외 위협으로 분류해 정리한 연방제도의 기원과 형성 과정 요인 중 특히 공통 이익에 초점을 맞춰 이념, 제도, 이해관계로 세분해 정리한다.

[표 1] 연방주의 원칙의 전제조건

	이념	제도	이해관계
공통	- 정치 가치관 공유 - 정치적 독립 갈망 - 공통 문화/사상적 배경 (예: 민족주의, 국가 정체성, 종교 등 문화유산) - 정치연대 경험	- 사회·정치 제도의 유사성 - 연방제 장점에 대한 매력 - 정치 지도층 확대와 정치 리더십 - 다양한 의사소통 및 교류 채널 - 정치적 헌신을 경험한 역사 진행이 최고조에 달한 경우	- 전략적/영토적 중요성 - 지정학적 근접성 - 심화된 경제연대/수혜에 대한 기대
위협	군사, 경제, 문화, 정치질서에 대한 실제, 또는 가상 위협 의식		

출처: 이옥연(2008, p.25)의 [표 1]을 재정리함.

---

[2]　예컨대 라이커는 영토 확장과 군사적 조건이 현존하는 연방제 18개와 사라진 연방제 9개에 공통적으로 적용되는 필요조건이라고 규정한다. 이에 대해 버제스는 역사적 경험이나 상황적 제약 등을 전혀 고려하지 않고 단지 안보 위협이 존재한다는 이유로 정치-군사적 통합이 자동적으로 성립된다는 단선적 추론에 지나지 않는다고 반박한다. 나아가 군사-외교적 위협이 실재해도 모든 정치체제가 연방주의를 지향하며 통합하지 않는다.

[표 1]에서 주목할 점은 나열한 요인이 모든 연방제에 일률적으로 적용되는 전제조건이 아니라는 사실이다. 실제로 연방제도의 형성 과정에서 각 요인이 서로 다른 비중을 지니며 작동하기 때문에 최종 산물인 연방제도는 제각기 독특한 형태로 나타난다. 이는 궁극적으로 연방주의를 통한 통치목표가 달라질 수 있다는 가능성을 의미한다. 따라서 연방주의에 근거해 정치적 결합을 성취하려는 당사자 간 상호 차이점을 명확히 파악하고 상호 타협이 선행되지 않으면, 연방제도 형성 과정에서 구성단위체의 상위 정부에 준하는 새로운 중앙을 국민을 대표하는 정부로 세우기 어렵다. 이는 캐나다, 스위스, 벨기에 등 복합국가 사례에서 확인할 수 있다. 즉 이러한 복합국가의 국가정체성은 문화적 정체성에 근거하기보다 인위적으로 형성된 정치적 정체성에 기인한다. 그 결과 '민족국가(nation)'란 개념에 기원을 두고 정치체제가 유기적으로 발전한다는 정당화는 자연스러운 경우보다 부자연스러운 경우가 많다. 오히려 연방주의가 민족국가주의(nationalism)로, 연방체(federation)가 민족국가로 반드시 등치하지 않는 가능성을 어느 정도 인정해야 진정한 통치질서로서 연방주의 원칙이 수용될 수 있다(이옥연, 2008, 24-25).

그렇다면 통일한국에서는 어떠한 조합의 전제조건이 충족되는 연방제도가 성립될까. 우선 통일 이전 남한과 북한이 공통으로 충족하는 조건이 그다지 많지 않다는 사실부터 짚고 넘어가야 한다. 이념 측면에서 공유된 정치 가치관도 전무하며 정치연대를 경험한 적도 없다. 다만 강력한 민족주의를 내세운 문화적 유산에 대한 애착을 공유한다. 더불어 비록 분단 상황에서도 강대국 간 국제관계에 휩쓸리지 않을 정도의 정치적 독립을 갈망한 공통점을 지닌다. 따라서 비록 사회·정치 제도의 유사성이 희박하고 공식적으로는 대화 단절과 심지어 지엽적 차원에서 무력행사와 그로 인한 위기감 고조를 겪었지만, 비공식적으로라도 다양한 의사소통과 교류 채널을 유지했다. 그 결과 제도 측면에서는 통일한국에서 연방제도가 채택되는 경우 장점이 많다는 매력을 일정 부분 공유한다고 볼 수 있다. 그리고 개성공단 등 지엽적 실험으로서 심화된 경제연대를 통해 기대할 수 있는 수혜에 대한 이해관계의 공감대도 공유한다. 그렇다면 통일한국의 공치를 수립할 수 있는 전제조건이 충분하게 충족되는가. 이는 달리 말해 국내외 위협 요인으로 공유하는 군사, 경제, 문화, 또는 정치적 불안요소가 있다고 인지하는지에 따라 결정된다고 볼 수 있다. 무엇보다 이러한 국내외 위협 요인으로 인한 폐해를 줄이거나 아예 그러한 위협 요인을 제거할 수 있는 권한을 국민의 대표 정부인 중앙에 부여하는 데 합의가 가능한지 여부에 달려 있다.

더불어 연방제도의 기원을 가능케 한 요인이 있더라도 동일한 요인이 형성 과정에도 작동하지 않을 수 있다. 특히 일방적으로 관계를 해지할 수 있는 가능성이 존재한다면, 연방주의 원칙에 입각해 정치적 결합 이후라도 일부 조건에 대한 불만이 불거지는 경우 탈퇴할 수 있는 경로가 열려 있다(Forsyth, 1981, 160).[3] 이에 따라 연방제도는 다양한 형태로 구현될 수 있다.

[표 2]는 연방제를 지향하는 정치적 결합이더라도 헌법상 명기된 국가구조와 자치권의 허용 정도 범위가 넓다는 점을 역사적 사례 및 현존하는 연방국가 사례를 통해 보여준다. 이는 연방제의 기원

---

[3] 안보 위협과 복지 위협은 상호 의존적이며, 나아가 복지 위협이 심화되면 그 자체가 안보 위협으로 비화될 소지도 크다. 이런 의미에서 북부가 노예제 존폐를 거론하자 이를 남부에 대한 복지 위협으로 받아들이는 데 그치지 않고 남부의 자치권을 거부하는 안보 위협이라고 판단했기 때문에 남부가 미합중국으로부터 탈퇴를 선언한 결과 남북전쟁이 발발했다고 볼 수 있다.

을 정치-군사적 선택으로 한정하는 라이커나 이에 더해 내적 치안 목적으로 국한하는 버치의 주장을 반박한다고 볼 수 있다(Riker, 1964, 20, 25; Birch, 1966).[4] 예컨대 라이커는 국내외 안보 위협을 해소하는 목적으로 중앙과 비중앙 간 연방주의 원칙에 합의함으로써 상호 이득을 확보할 수 있다고 주장하나, 헌법상 단일국가를 표명하면서도 기능적 자치를 보장하는 분권 연합(decentralized union)의 이탈리아나 네덜란드의 기원 및 형성 과정을 설명하지 못한다. 무엇보다 편협하게 헌법상 연방국가에 제한되는 경우, 공치와 자치를 다양한 방식으로 구현할 수 있는 연방주의 원칙 자체를 무시하는 오류를 범할 수 있다. 따라서 무력 통일이 아닌 평화적 통일에 의해 통일한국이 성립된다면, 통일한국이 처한 상황에 따라 단계별로 다른 형태로 구현될 수 있는 가능성마저 존재한다.

---

[4] 라이커의 논리를 반박하는 대표적 학자로 데이비스(Davis, 1978, 126)와 킹(King, 1982, 32)을 들 수 있다.

[표 2] 연방제도의 다양성

	분권 연합 (decentralized union)	연방 (federation)	연합 (confederation)	비대칭 연방 (federacy)	종속 영토 (associated state)
정의	기능에 충실해 수직적 권한분산을 보장한 단일국가 정부제도	통치 영역을 총괄하는 수직적 권한분산을 명기한 연방국가 정부제도	특정 통치 영역에 한해 수직적 권한분산을 표명한 연방국가 정부제도	비중앙의 등가성이 부재하나 쌍방 간 합의에 제한된 관계 해지가 가능한 연방국가 정부제도	비중앙의 등가성이 부재하고 일방적 관계 해지도 가능한 연방국가 정부제도
특징	• 헌법상 단일 국가 • 기능적 자치 보장	• 헌법상 연방 국가 (예와: 남아공, 스페인) • 공치와 자치 명시 • 입법-행정-재정권 수직적 분산	• 헌법조약 존치 • 제한된 범위 내 조건부 공치 명시 • 간접적 선거 지지와 재정 기반	• 국가와 소규모 정치체 간 상호협정에 의한 관계 성립 • 상호협정으로 관계해지가능 • 제한된 자치 보유	• 국가와 소규모 정치체 간 상호협정에 의한 관계 성립 • 일방적 관계 해지 가능 • 제한된 자치 보유
사례	• 카메룬 • 탄자니아 • 중국 • 일본 • 콜롬비아 • 이탈리아 • 네덜란드 • 영국 • 앤티가 바부다 • 파푸아뉴기니 • 솔로몬제도 • 바누아투	• 보스니아 헤르체고비나 • 브라질 • 아르헨티나 • 멕시코 • 베네수엘라 • 캐나다 • 호주 • 에티오피아 • 남아공 • 인도 • 말레이시아 • 나이지리아 • 파키스탄 • 러시아 • 미국 • 스페인 • 스위스 • 벨기에 • 독일 • 오스트리아	• 베네룩스 • CARICOM • CIS • European Union • UAE • 스위스 (1291~1798 & 1815~1847) • 미국 (1781~1789)	• 덴마크-파로 • 핀란드 -올란드 • 그린란드 -덴마크 • 인도 -캐시미르 • 포르투갈 -아조레스 • 포르투갈 -마데이라 제도 • 영국-건지 • 영국-저지 • 영국-맨 섬 • 미국 -북 마리아나 제도 • 미국 -푸에르토리코	• 프랑스-모나코 • 인도-부탄 • 이탈리아 -산마리노 • 네덜란드 -네덜란드령 앤틸리스 • 뉴질랜드 -쿡제도 • 뉴질랜드 -니우에 • 스위스 -리히텐슈타인

출처: Watts(2008, pp.10-11, p.17)에 근거해 특징과 사례를 필자가 표로 재정리하고, 연방제도 분류에서 대조된 각 유형은 필자가 정의를 추가함.

[표 2]는 특이하게 흔히 국제기구의 유형으로 분류하는 연맹 (league)을 포함한다. 이는 연방주의 원칙을 채택한 정치적 결합 중 가장 느슨한 형태로서 대체로 단일 의제를 극대화하기 위해 특정 기능에 초점을 맞춰 공동 사무국을 통해 운용하는 사례다. 통일한국 이 이러한 국제기구에 준하는 정치적 결합을 할 가능성은 지극히 낮지만, 합의점을 도출하지 못하는 또는 지엽적 분야의 합의점 도출 의 실패로 근본적으로 정치적 결합에 차질이 빚어지는 경우 해당 분야에서는 단기적으로 고려해 볼 수 있다. 예컨대 상비군 최고통수 권을 새로운 국민 대표정부인 중앙정부의 수장에게 부여하는 경우, 그간 국지적으로 발발한 무력충돌에 대한 책임을 일괄적으로 면책 할지 여부가 논란이 될 수 있기 때문에 국제기구 사무국에 준하는 기구를 한정적으로 활용해 볼 수 있다. 비교적 분명한 예측은 [표 2]에 제시된 다양한 형태 중에서 통일한국에게 적용하기 어려운 경 우가 비대칭 연방(federacy)이나 종속 영토(associated state)라고 할 수 있다. 왜냐하면 비대칭 연방과 종속 영토는 제한된 범위 내 자치를 보유할 수 있게 하는 데 그치며 무엇보다 대외적으로 국가를 대표하는 유일한 정부와 그보다 열등한 지위를 지닌 소규모 정치체 제 간 협정을 체결해 형성된 관계에 기인하기 때문이다. 다만 비대 칭 연방은 상호 협정에 근거한 경우에 한해 관계 해지가 가능하나 종속 영토는 일방적으로 관계를 해지할 수 있다는 차이점이 있다.

그렇다면 통일한국의 연방제도로 어떤 형태가 적합할까. 앞서 비대칭 연방과 종속 영토가 적합하지 않다면, 헌법상 단일국가를 명 시하지만 기능적으로 자치를 보장하는 분권 연합, 헌법조약에 근거 해 구성원 간 제한된 범위 내에서 조건부 공치를 명시하고 분권 연 합에는 결여된 공치를 지원하는 재정 기반도 간접적으로나마 구축 한 연합(confederation), 그리고 헌법상 연방국가를 명시해 공치와 자치를 규정하고 행정뿐 아니라 입법 및 재정권의 수직적 분산을 제정한 연방(federation)이 가능하다. 이 중 분권 연합 사례를 검토해 보면, 역사적으로 지역할거주의가 강한 경로 의존성을 관찰할 수 있다. 이는 통일한국이 중장기적으로 통합국가를 건설하는 데 장애가 될 개연성을 지닌다. 무엇보다 헌법상 명시하지 않는 대가로 기능적 자치를 보장받았기 때문에 중앙의 의지에 따라 기능적 자치 보장의 변동 폭이 결정되는 치명적 취약점을 지닌다. 반면 연합을 택할 경우, 상당히 긴 분단 기간에 상이한 사회·정치 제도를 운영한 남북한에게 자치의 범위를 상대적으로 넓게 허용하는 대신 공치는 제한적 분야에 국한해 설정할 수 있다. 그러나 연합을 근간으로 하는 연방주의 원칙이라도 선거를 통해 통치위임을 부여받아야 조세 권한의 정당성이 구축된다. 따라서 통일한국이 연합으로 연방제를 구현한다면, 자유민주주의 헌정국가 개념에 토대를 두는 합의가 최소한 이뤄져야 한다.

그렇다면 연합이든 연방이든 중앙과 비중앙은 어떻게 구성되어야 하는가. 또한 중앙과 비중앙 간 명확한 역할 분담이 가능할까. 만약 가능하다면 어떻게 역할 분담에 대한 합의를 이룰 수 있을까. 더욱이 중앙과 비중앙 간 역할 분담에 관한 이견이 발생할 경우 어떻게 이를 조정하는 게 좋을까. 이러한 질문에 답하기 위해 다음 소절에서는 수직적 권한분산을 논하려 한다. 이에 앞서 주목해야 할 점은 반드시 협상을 제시하는 측이 중앙이고 이를 수용해야 하는 측이 비중앙이라는 전제를 버려야 한다는 사실이다. 왜냐하면 자치와 공치를 어떤 방식으로든 명시하는 경우, 협상을 제시하는 측과 그 협상을 수용하는 측을 명확하게 구별해내는 일 자체가 용이하지 않기 때문이다. 특히 선거를 통해 통치위임을 부여하는 자유민주주의체제에서 역할 분담은 선거 결과에 따라 한시적으로 결정될 가능성이 크다. 따라서 역할 분담 자체도 자치와 공치 간 경계를 설정하는 정책결정 과정에서 발생하는 산물이라고 볼 수 있다. 결국 시간이 경과하면 중앙 엘리트와 비중앙 엘리트 간 중첩되는 결과로 이어져 자치와 공치의 평형점을 찾는 작업도 정치이념과 연계될 것이다.

Ⅲ. 연방제도: 수직적 권한분산 및 재정분산

우선 통일한국의 중앙·지방 관계를 구성하는 단위는 어떻게 설정할 수 있는가. 우선 남한과 북한을 두 개의 지역으로 설정하는 가장 간단한 방식이 가능하다. 그러나 내전을 경험한 두 지역 간 분단의 역사가 길었고 무엇보다 그 기간에 상호 이질적 사회·정치제도를 유지한 점을 고려하면, 이러한 지역 양분은 오히려 통일한국의 통합을 저해할 가능성이 크다. 따라서 남한과 북한 자체보다 남한 및 북한을 구성한 도 단위를 연방제의 비중앙을 구성하는 집합체 단위로 활용하는 편이 좋다. 그렇다면 중앙과 비중앙 간 수직적 권한분산을 어떻게 정할 수 있을까. 대체로 연방주의 원칙에 입각해 설립한 수직적 권한분산은 권력이 지나치게 중앙에 집중되거나 아니면 반대로 권력이 지나치게 탈중앙화되어 분산되는 경향을 지닌다. 특히 이렇듯 상반된 형태로 연방주의가 제도화되는 이유는 연방제의 형성 과정이 집합(aggregation)을 주축으로 하는지 아니면 분화(devolution)를 주축으로 하는지에 따라 달라지기 때문이다. 만약 연방주의 원칙을 제도화하려는 구성단위체가 통합 시점보다 독립주권체로서 선행했다면, 새로운 상위 권위체인 중앙에게 권한 일부를 양도하고 결집하는 중앙집중화에 대한 이념적 정당화를 요구한다. 또한 집합에 의한 연방제 형성 과정은 상위 정부의 권한을 명기해 권한 남용과 오용을 방지하고 명기되지 않은 잔여권한은 하위 정부에게 유보해 자치를 최대로 보장함으로써 '제3의 상위 정부=국민국가'를 건설하는 데 장애물을 줄이려 한다. 반면 중앙의 권한 일부를 비중앙에게 양도해 그 독자적 영역을 법제도적으로 존중한다는 서약을 토대로 연방주의를 표명하는 정치체제로 전환하는 경우, 탈중앙화에 대한 이념적 정당화를 수반한다. 또한 앞서 통합을 주축으로 하는 경우와 반대로 비중앙의 권한을 명기해 그 독자영역의 영구적 존속을 보장하는 동시에 명기되지 않은 잔여권한을 중앙에게 유보해 탈중앙화의 안정성을 공고하게 다지려 한다.

와츠는 수직적 권한분산을 명기한 연방헌법(또는 기본법)을 연방국가 간 기본 틀, 대외정책 및 구체적 국내정책 분야로 조세, 사법, 사회정책으로 항목을 분류해 비교한다(Watts, 2008, 193-198). [표 3]은 우선 사회동질성 측면에서 동질성이 강한 오스트리아, 독일, 호주와 복합국가인 미국, 스위스, 벨기에, 캐나다를 대비한다. 이어 권력구조 측면에서 이원적 정통성을 내포한 대통령제를 채택한 미국과 입법부로부터 행정부가 창출되는 권력융합이 근간이 되는 나머지 연방국가를 대조한다. 그리고 헌법상 연방국가를 명시한 연방 간 수직적 권한분산을 비교한다. 우선 기본 틀에서 보면 공통적으로 잔여권한(residual power)의 소재지와 열거권한(enumerated power) 간 대체로 반비례관계가 성립한다.[5] 만약 캐

---

[5] 열거권한은 헌법에 명시한 권한을 가리킨 반면 잔여권한은 헌법에서 명시되지 않은 권한 전반을 가리킨다. 따라서 헌법이 침묵하는 권한이 잔여권한에 속하는지 아니면 연방과 주정부 간 공유권한인지 대해서는 대체로 사법심사를 통해 유권해석이 가능하다.

나다나 벨기에처럼 연방정부에게 잔여권한을 부여하면, 주정부의 권한을 열거한다. 반대로 미국, 호주, 독일처럼 주정부에게 잔여권한을 부여한 경우에는 연방정부 권한을 열거한다. 오스트리아는 예외적으로 주정부의 권한을 열거한 동시에 잔여권한도 주정부에게 부여한다. 더불어 복합사회인 벨기에의 경우 주정부의 권한을 열거한 경우 주 간 비대칭을 내재해 집합단위 상 소수의 권한을 보호하는 장치를 헌법에 명기한다. 스위스는 미국에 준하나 연방정부와 주정부 권한 일부를 동시에 열거하고 이에 더해 주정부에게 잔여권한도 부여한다.

[표 3] 연방국가 간 권한과 기능 분포

		미국	스위스	벨기에	캐나다	오스트리아	독일	호주
사회동질성		아니요	아니요	아니요	아니요	예	예	예
권력구조		권한분산	권한 융합	권한 융합	권한 융합	권한 융합	권한 융합	권한 융합
헌법	명시권한	연방의회	연방정부 일부 주정부 일부	주정부 (비대칭)	주정부 (일부 비대칭)	주정부	연방정부	연방정부
헌법	잔여권한	주정부	주정부	연방정부	연방정부	연방정부	주정부	주정부
헌법	입법	권한위임 부재	권한위임	권한위임	권한위임	권한위임 부재	권한위임	권한위임
대외	국방	연방+주정부	연방정부	연방정부	연방정부	연방정부	연방정부	연방+주정부
대외	조약이행	연방정부	연방+주정부	주정부+언어 & 지역공동체 +연방정부	연방정부 (주정부 동의, 또는 입법 필수)	연방정부 (주정부 동의, 또는 입법 필수)	연방+주정부	연방정부
조세	관세	공동 (연방 우위)	연방정부	연방정부	연방정부	연방정부	연방정부	연방정부
조세	법인	공동	연방+주정부	공동	연방+주정부	연방정부	공동	공동
조세	소득	공동	연방+주정부	공동	연방+주정부	연방정부	공동	공동
조세	판매	공동	연방정부	공동	연방+주정부	연방정부	공동	공동
조세	재정조정	헌법상 부재	연방정부	연방정부	연방정부	헌법상 부재	연방+주정부	헌법상 부재
사법	민법	주정부	연방정부	연방정부	주정부	연방+주정부 (비대칭)	공동 (주 집행)	연방+주정부
사법	형법	주정부	연방정부	연방정부	연방정부	연방+주정부 (비대칭)	공동 (연방 우위)	주정부
사법	경찰	연방+주정부	공동	연방정부	공동	연방+주정부	공동 (주 집행)	주+연방정부
사회정책	실업보험	연방+주정부	공동 (연방 입법-주 집행)	연방정부	연방정부	연방정부	공동	공동
사회정책	급여보장	헌법상 부재	공동 (연방 우위)	연방정부	연방+주정부	연방정부	공동	공동
사회정책	복지사업	주정부 (실제 연방정부)	공동 (연방 입법-주 집행)	주정부 (언어 공동체)	주정부 (실제 연방정부)	주정부	공동 (연방 입법-주 집행)	공동
사회정책	연금	공동	공동 (연방 입법-주 집행)	헌법상 부재	공동 (비대칭)	연방정부	공동 (연방 입법-주 집행)	공동

출처: 이옥연(2014, p.114)과 Watts(2008, pp.194-198)를 재정리함.

특히 [표 3]에서 입법권한을 비교해 보면, 미국, 캐나다, 오스트리아는 주정부에 대한 권한 위임이 부재하고 연방정부와 주정부가 공동으로 입법권한을 행사한다. 이와 대조적으로 스위스, 벨기에, 독일, 호주는 연방과 주 정부 간 입법권한 위임을 명시한다. 이는 곧 연방제도의 형성 과정과 직결되어 전자는 연방과 주 정부 간 입법책임의 소재지가 분명하게 분리되지 않은 소위 '얼룩무늬 치즈케이크(marble cheesecake)'로 구현된다. 반면 후자는 연방과 주 정부 간 입법 책임의 소재지 및 업무분장도 명확하게 분리된 소위 '복층 치즈케이크(layered cheesecake)'로 나타난다. 대체로 어느 정부 단계에 잔여권한이 주어지거나, 또는 특정 정부 단계의 권한을 열거하는 배경에는 연방제 정립 역사가 작용한다. 따라서 헌법이 한 정부 단계의 권한을 열거해 그 해당 권한의 소재지를 명확하게 하는 반면에, 헌법이 명기하지 않은 잔여권한을 다른 정부 단계에게 유보해 주권분립의 우선순위를 정하는 규칙이 정해진다. 예컨대 오스트리아의 경우 군주제 폐지 이후 분화(devolution)를 통해 연방제를 정립한 역사적 경로에 의존한다. 그 결과 탈중앙화에 대한 정당화의 일환으로 주정부의 권한을 열거하나, 연방주의 자체보다 유기적 결합을 강조하는 조합주의(corporatism) 전통을 우선시해 수직적 정파경쟁을 지양하기 위한 조치로 잔여권한도 주정부에게 부여해 탈정치화를 추구했다.[6]

더불어 [표 3]의 수직적 권한분산 형태를 항목별로 대조해 보면, 공통적으로 국가 간 관계를 정책으로 구상하고 집행하는 대외정책 분야의 책임을 대체로 연방정부에게 위임하거나 아니면 우위를 부

---

[6] 그런데 아이러니는 실질적 결정권이 연방정부에 집중되는 결과를 초래해 준연방국가, 또는 상징적 연방국가라는 평가를 받는다는 점이다.

여한다. 다만 국방과 달리 조약 이행은 국제관계 분야이면서도 실행에서 국내정책에 밀접한 영향력을 끼치는 성격(intermestic)이 강하다. 따라서 벨기에와 같은 복합사회에서는 그 특수성을 감안한 책임 소재지의 분화를 헌법에 명기한다. 또한 캐나다나 오스트리아처럼 연방에 권한을 부여하면서도 주정부의 동의를 전제로 하는 형태나 독일처럼 연방과 주 간 주권분립을 명기하지만 실질적으로 협의를 통해 분담을 결정하는 형태로 구현된다.[7] 전반적으로 수직적 권한분산이 명확한 대외정책과 대조적으로 국내정책 분야에서는 헌법상 책임 소재지를 둘러싼 정치쟁점화 소지가 크다. 왜냐하면 연방주의를 기반으로 통치체제를 구축하는 경우 두 가지의 상반된 힘이 작동하기 때문이다. 즉 중앙을 중심으로 결집하려는 구심력과 중앙으로부터 나오는 끌어당기는 힘을 견제하며 중앙과 일정 간격을 유지하려는 원심력이 서로 반대 방향으로 작동한다.

결국 구심력의 강화, 즉 중앙집중화는 곧 원심력의 약화, 즉 탈중앙화의 침체를 가져오는 영합적(zero-sum) 특성을 지닌다. 그런데 탈중앙화의 감소가 비중앙의 자율성 상실로 직결된다고 그 반대로 중앙집중화가 반드시 중앙의 통치력 증대를 가져오지는 않는다. 왜냐하면 정책결정권이 중앙에 집중될수록 효율적 통치 거버넌스를 저해하는 잠재적 문제점은 줄어들 수 있으나 동시에 정책이 급변할 수 있는 잠재력도 커지기 때문에 정책의 일관성은 오히려 감소할

---

[7] 예컨대 시민권에 관한 한 공통적으로 연방정부에 책임 소재지를 명기한다. 반면 공식적으로 이민 국가를 표명한 미국, 캐나다, 호주의 경우 이민을 연방정부의 우위를 전제한 연방과 주정부의 공동 권한으로 명기한다. 이와 대조적으로 독일, 오스트리아, 그리고 심지어 복합사회인 벨기에의 경우 이민에 관한 정책 방향을 설정하는 책임을 전적으로 연방정부에 부여한다. 특히 오스트리아의 경우 입법과 집행을 수직적으로 분화해 일반 지침을 법률로 제정하는 업무와 이를 구체적으로 실행하는 업무로 정부단계 간 분장한다.

수 있기 때문이다. 그렇다면 구심력 증가로 인한 응집성과 원심력 증가로 인한 자율성을 완전한 상호 반비례 관계로 규정하기 힘들다. 따라서 과연 중앙집중화로 인해 중앙의 통치력이 실제로 나아졌는지에 대한 최종 판결은 경우에 따라 달라질 수 있다. 그렇다면 통일한국의 수직적 권한분산은 어느 수준에서 역할분장을 해야 효율적일까. 만약의 통일한국의 통치레짐이 결단을 중시한다면, 극대화된 권력분산은 곧 정책결정권의 분산을 의미하므로 통치마비가 증가할 위험을 우려해 회피하려 할 것이다. 반면 통일한국의 통치레짐이 정치적 헌신을 중시한다면, 극도의 권력 집중은 곧 정책결정권의 집중을 의미하므로 일방적 행위가 증가할 위험을 우려해 회피할 것이다 (McIntyre, 2003, 17-36).

통일한국은 초기단계에서는 집합에 주로 의존해 연방정부를 상위 정부로 정립한 미국과 호주보다 집합과 더불어 분화가 혼재하며 정치적 상위 정부로서 연방정부를 정립한 캐나다의 경로를 채택하는 편이 좋다. 이 경우 연방정부보다 먼저 존립한 주정부로부터 연방정부에게 주권을 이양하는 수순에 준해 남북한에 해당하는 각 광역단위 비중앙으로부터 중앙에게 주권을 이양하는 절차를 구축해야 한다. 무엇보다 국가의 대표정부로서 중앙의 우위를 수용하는 동시에 비중앙의 보조성도 명확하게 인정하는 전략적 동거의 형태를 취하는 편이 좋다. 사실 미국조차도 연방헌법체제로 전환한 직후, 건국시조이자 연방주의자인 토마스 제퍼슨마저 '항구적 연방'을 거부하는 연맹헌법을 고수하자는 반연방주의자들의 반론에 부분적으로 동조하며 국가의 권한 자체보다 주의 권한을 우선시했고 그 전통은 집합에 주로 의존하는 전통과 간헐적으로 충돌을 일으킨다.[8] 그럼에

---

[8]　민중봉기 주창자에게 총기 소지는 자연권에 해당했기 때문에, 제퍼슨은 미국 민주

도 불구하고 미국은 대체로 집합으로 점철된 연방제 정립 과정에 치우치므로, 집합과 분화가 복합적으로 작동한 캐나다나 스위스, 독일 모델을 변형해 적용하는 편이 좋다.[9] 다시 말하자면, 절충 또는 복합을 통한 연방제를 구축해 합의가 용이한 영역에서는 상위 정부와 하위 정부의 권한을 명기하는 대신 충돌의 소지가 의심되는 영역에 대해서는 명기하지 않는다. 그리고 잔여권한을 상위 정부와 하위 정부에게 동시에 위임한다.

이러한 절충 또는 복합형 연방제는 결과적으로 상위 정부-중앙과 하위 정부-비중앙 간, 그리고 하위 정부-비중앙 간 지속적 협정을 통해 통치기제에 대한 합의를 도출할 것을 요구한다. 주목할 점은 이렇게 연방주의가 정립되는 과정에서 집합과 분화가 복합적으로 작동한 경우 만약 사회적 기반이 복합적 계층화에 의해 분화되어 있다면, 정부 간 관계를 운영하는 데 수직적 균형점뿐 아니라 수평적 균형점을 정립하는 과정에서 일률적 적용을 기피하려 한다. 캐나다와 스위스가 이에 해당하는 사례다. 복합사회에 기반을 둔 캐나다와 스위스는 공통적으로 비중앙 간 개별적 성향이 강해 비중앙에 대한 중앙의 획일적 균등화 노력이 종종 수포로 돌아간다. 예

주의의의 목표인 자유 극대화 보장을 제도화함과 동시에 민주주의의 근간을 흔들어 놓을 수 있는 길도 합법적으로 열어 놓았다.

[9] 캐나다는 1840년 연합법(Act of Union)에 의해 단일국가(Province of Canada)로 출발했으나 1867년 대영 북아메리카법(British North American Act)에 의해 연방국가(British North American Federation)로 전환했다. 스위스는 1215년에 합스부르그 왕가의 위협으로부터 벗어나기 위해 최초로 연맹을 구성한 이후 1815년에서야 현재의 복합구성체로 결합된 연맹을 형성했다. 이후 1847년 Sonderbund 내전을 겪은 후 비로소 다양성을 보존하는 취지에 응한 결과 언어, 종교, 지역 및 경제적 다양성을 최대로 반영하기 위해 분화하는 연방제가 정착되었다. 독일은 오스트리아와 마찬가지로 신성로마제국으로부터 연방제의 기원을 찾으며 게르만연방(1815~1866), 프러시아제국(1871~1918), 그리고 바이마르공화국(1919~1933)을 거쳐 서독(1949~1998)과 통일독일(1999~현재)로 연방주의의 명맥이 이어진다. 유일한 예외는 제3공화국 나치통치 시절로 강력한 중앙집권국가가 자리 잡았다.

컨대 1970년대 이후부터 연방 주도로 육아정책을 추진하려다가 실패한 캐나다 사례나 1996년 캔톤 간 재정원의 균등화(La Nouvelle Péréquation Financiére)가 불발로 그친 스위스의 사례가 대표적이다. 통일한국도 캐나다나 스위스에 준해 중앙·지방 관계를 설정하는 데 중앙이 일괄적으로 획일적 준거를 적용하기보다 다소 지체되더라도 지속적 협정을 통해 통합기제에 대한 합의를 이끌어 내도록 해야 한다.

그렇다면 캐나다와 스위스 중 어느 유형에 근접하는 연방제 형성 과정을 준용할까. 캐나다는 미국과 마찬가지로 이중분리구조, 즉 중앙과 비중앙이 행정뿐 아니라 입법권을 공유하는 권력분산구조를 가진다. 실제로 행정적 집행 기능이 중앙보다 비중앙에게 치우쳐 분배되어 있으나 원론적으로 중앙과 비중앙 모두 입법권을 공유한다. 그런데 바로 이 이중주권은 주권 간 격돌로 치달을 위험을 내포한다.10 이와 대조적으로 스위스는 독일과 마찬가지로 상호의존구조, 즉 일반적 정책 틀 편성과 구체적인 정책집행 기능이 중앙과 비중앙에 업무 분장되어 있는 권력분산구조를 가진다. 따라서 주권 간 격돌로 치닫는 가능성은 희박하나, 국민투표나 국민발의 등 직접민주주의 절차가 구축되어 추가로 입법주권을 전 국민에게 부여하기 때문에 중앙의 활동 영역이 상당히 위축되어 있다.11 통일한국에서 만

10 예컨대 퀘벡주는 캐나다를 국민국가로 등치하는 국가정체성을 수용하는 데 극렬하게 반발한다. 이는 국가성이 영어를 구사하는 주류에 의해 강요된 다수의 횡포라는 불신감에 기인하며, 이러한 불신감을 종식하지 못하는 역사적 맥락과 밀접하게 연관되어 있기 때문이다.

11 예컨대 1848년 연방헌법을 공포할 당시와 비교해 캔톤의 권한은 더 이상 주권국가에 미치지 못하는 수준이다. 그럼에도 스위스 헌법 3조는 캔톤의 권한도 명시해 세금 징수뿐 아니라 치안, 교육, 종교, 복지 등 영역에서 '열거된 권한'을 행사할 수 있게 한다. 또한 개헌은 물론이고 연방법령이나 국제조약 등에 관해서도 국민투표나 국민발의를 채택해 체제 변화 및 주요 정책결정에 위정자와 일반 시민의 참여를 독려한다. 게다가 다른 연방국가와 대조적으로 스위스 국민에게 '자발적 복합정체성(complex

약 캐나다와 마찬가지로 중앙의 획일적 균등화 노력이 특정 집단의 주도 하에 이루어졌다고 인식하는 경우, 이는 중앙이 국가 전체의 '공익'을 추구하기보다 국가성이라는 명분 뒤에 숨어 다수를 내세운 특정 집단의 이해관계를 도모한다는 피해의식만 키우는 폐단을 초래할 수 있다. 그렇다고 통일한국이 스위스와 마찬가지로 중앙과 비중앙 간 명확한 업무분장을 추진하는 경우, 스위스보다 대규모인 정치 과정이 지나치게 복잡해질 수 있다.

국민의 안녕을 추구하는 공치에 대한 공감대가 형성되어야 자치를 통해 정치적 자유가 극대화될 수 있으며, 이러한 자치에 대한 신뢰가 쌓여야 공치를 통해 국민국가로서의 역량도 최대한 발휘될 수 있다는 순환적 관계에 주목해야 한다. 그러한 연장선에서 조세 분야에서 관세는 중앙에게 부여하고, 법인세나 소득세는 중앙과 비중앙 간 공동으로 징수하되 비율에 대한 협정을 도출하며 특히 경제적 발전 수준의 격차가 심한 남북한 간 재정조정권을 중앙에게 위임해 실질적 권한 행사를 도모하는 편이 좋다. 사법 분야에서 경찰 업무는 중앙과 비중앙이 공동으로 운영하되 업무분장 자체보다 단계별 조율기구를 상설하는 방안을 보완해야 한다. 민법과 형법 분야에서 주정부에게 우위를 부여하는 미국은 예외적이라 할 수 있다. 호주를 제외하고 대체로 형법에 관한 한 중앙에게 우위를 부여하는 반면, 민법에 관한 한 벨기에나 스위스처럼 중앙에 우위를 부여한 경우도 있고 미국과 마찬가지로 캐나다는 주정부에게 우위를 부여하고 나머지는 공동 권한으로 설정한다. 다음으로 사회정책에서 재분배와 밀접한 정책, 예컨대 실업보험의 경우 대체로 중앙이 우위거나 최소

---

self-identification)'을 허용해 각 시민이 국가, 캔톤, 코뮌의 세 단계에 소속되어 있음을 명시한다.

한 공동으로 운영한다. 미국을 제외하고 급여 보장도 역시 재분배와 밀접하게 연관되기 때문에 대체로 중앙 우위 또는 공동 운영으로 나타난다. 또한 연금의 경우 미국을 포함해 대체로 중앙 우위 또는 공동 권한이다. 통일한국은 이 다양한 수직적 권한분산의 행렬을 지엽적으로 실험해 볼 수도 있다. 오히려 다양한 실험을 거치는 과정에 중앙과 비중앙 간, 또는 비중앙 구성원 간 조율이 필요한 경우 어떤 조정기제가 적합할지에 대한 구체적 논의가 필요하다.

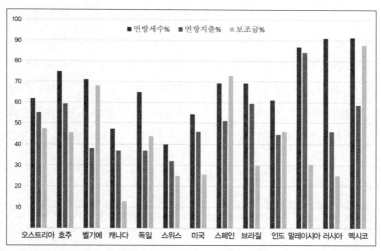

[그림 1] 전체 정부 세수(또는 세출) 대비 연방정부 세수(또는 세출) 백분율과 주정부 세수 대비 정부 간 이전 백분율

출처: Watts(2008, Table 9~11, pp.102-103, p.105)에서 발췌해 그림으로 정리함.

이러한 연방제도 다양성은 [그림 1]에서 볼 수 있듯이, 헌법규정이 재정적 중앙집중화 수준을 미리 예단해주지 않는다는 사실로 나타난다.[12] 앞서 [표 3] 중 조세 분야에서 발견되는 공통점과 경제적 편차를 조정하는 재정권을 중앙에게 위임하는 재정분산에 관해 간략하게 논했다. 즉 재정분산이란 재정 권한의 수직적 권한분산을 가

리키며, 구체적으로 상위 단계와 하위 단계 간 예산과 같은 주요사
항에 관한 재정적 의사결정 책임을 분산시킨다는 의미다(이옥연,
2008, 192). 특히 선거공약으로 내세운 정책을 집행하기 위해서 선
출직으로 구성된 비중앙은 자체적으로 세원을 확보하고 지출하는
재정적 재량권을 소지할 필요가 있다.[13] 더불어 중앙이 통상적으로
지출한 액수에서 남는 잔여 수입을 비중앙에게 양도해 '수직적 재정
불균형'뿐만 아니라 '수평적 재정 불균형'도 조정할 수 있다. 그러나
만약 비중앙이 중앙 교부금에 지나치게 의존하게 되면, 재정 의사결
정 시 정부단계 간 균형이 와해된다. 더욱이 이러한 의존이 심화되
면 중앙·비중앙 관계에서 재정적 책임의 분산도 약화된다.

그런데 단일국가인 스페인이 연방국가인 벨기에보다 재정적으
로 더 분산되어 있다는 것은 아이러니다.[14] 이는 재정분산의 적정
균형점을 찾는 일이 재정연방주의의 성패를 결정하는 관건이 된다
는 점에서 연방국가의 숙명이다. 이러한 맥락에서 주정부는 독자적

---

[12] 전체 정부 세수(또는 지출) 대비 연방정부 세수(또는 지출) 백분율과 주정부 세수
대비 연방보조금 백분율을 2000년부터 2004년까지 평균치로 보여준다. 유의할 점은
연방정부 세수는 정부 간 보조금을 합한 총액을 가리키는 반면, 연방정부 지출은 정부
간 보조금을 제한 총액을 가리킨다는 사실이다. 이는 세금을 징수하는 권한 소재지가
실질적으로 연방정부 단계에 폭넓게 설정되어 있기 때문에 세수에서는 정부 간 보조금
을 포함하나 지출에서는 정부 간 보조금을 제한다.

[13] 오츠는 연방제도가 극단적으로 중앙집중화된 정부와 무정부 상태 직전의 극단적
으로 탈중앙화된 정부 간 타협의 산물이며, 연방제도에서 중앙정부와 비중앙정부은 각
자 관할권 안에 있는 공적 서비스에 대한 정책을 결정한 결과 모든 기능을 수행하는
대신 정부단계에 따라 가장 잘할 수 있는 기능을 수행하기 때문에 가장 바람직하다고
주장한다. 예컨대 연방제도에서 중앙은 경제를 안정시키고, 소득을 형평성 있게 분배
하며, 순수 또는 거의 순수한(nearly pure) 공공재를 공급하는 반면, 비중앙은 수요경
합성(congestion)에 따른 위치적 특성(a location)을 가진 공공재, 즉 수요경합적 공공
재만 공급해 주는 기능을 수행한다(Oates, 1991, 27-29).

[14] 2006년 OECD 자료에 의하면 벨기에는 전체 정부 세수 대비 연방정부 세수 백분
율이 55.9%인 반면 스페인은 37.7%로 현저하게 낮다. 더불어 2009년 OECD 자료에
의하면 벨기에는 전체 정부 지출 대비 연방정부 지출 백분율이 23.8%이고 스페인은
이보다 조금 낮은 20.8%이다.

세원을 확보할 필요가 있다. 물론 주정부에게 독자적 재정권한을 부여한다면 이는 궁극적으로 주의 부채상환 책임이 연방정부에게 전가될 뿐만 아니라 부채부담률이 상이한 주정부 간 분쟁으로 이어져 재정주권 간 충돌이 야기될 수 있다는 우려도 있다. 그럼에도 불구하고 주정부는 재정분산을 통해 연방정부보다 더 정확한 정보를 주민으로부터 보다 효율적으로 취득할 수 있다. 또한 독자적 주 선거를 통해 지역 주민이 직접 지역정부의 업무 수행능력을 평가할 수 있기 때문에 지역 주민의 선호도에 맞는 지역 공공재를 개별맞춤으로 제공할 수 있다는 장점도 지닌다.

Ⅳ. 헌법 외 기구: 지역협의회

오랜 기간 분단체제로 이질성에 길들여진 남북한이 평화적 방법으로 통일된다 하더라도 이는 물리적 결합에 그칠 뿐 궁극적으로 문화적, 또는 정체성의 결합을 요구한다(정병기 외, 2013, 86). 결국 통일한국의 연방제는 정치체제 유지 자체보다 보다 근본적으로 사회통합이 가능한, 또는 심화되는 기제를 필요로 한다. 중앙과 비중앙, 그리고 비중앙 간 관계 설정은 비단 헌법에 명시된, 또는 암시된 권한에 국한되지 않는다. 특히 상원이 지역단계 이익 대변기관으로 효율적 역할을 수행하려면, 즉 통일한국의 상원이 분단체제의 남북한에 준하거나, 또는 도 단위로 구성된 지역 대표성을 실현하려면, 다음 세 가지 조건을 충족해야 한다.

첫째, 상원의원의 선출 방식이 지역 주민의 선호도를 직접적이든 간접적이든 실질적으로 반영해야 한다. 둘째, 상원의원은 지역 이권에 관련된 재정법안에 관한 거부권이나 수정을 요구하거나 최소한 의결을 지연시킬 수 있는 권한을 소지해야 한다. 셋째, 만약 상원이 위의 두 조건을 충족시키지 못하는 경우 헌법 외 기구를 상설해 운영하면 최소한의 지역 간 유대관계를 형성할 수 있으며 중앙을 상대로 타협을 이끌어 낼 수 있다(이옥연, 2008, 60).

단지 연방제와 양원제를 운영한다고 해서 지역 대표성이 자동적으로 증진된다고 단정하는 것은 오산이다.[15] 공식적으로 입법권한을 수직적으로 분산시키는 연방 상원에 더해 비공식이라도 헌법 외 기구를 상설해서, 이질적 체제 간 일방적 흡수로 인한 우려와 문제점을 해소할 수 있는 절차를 보완할 필요가 있다. 나아가 일방적 경시나 일방적 재편을 회피할 수 있는 제도적 안전장치를 정치 제도의 바로 바깥쪽에 설치하면, 체제 간 물리적 결합에 머물지 않고 체제 구성원을 포괄하는 사회통합을 이룰 수 있다. 만약 국가성을 앞세운 중앙의 주장이 수적 다수의 횡포라고 인식되면, 이는 다수의 정체성을 국가라는 허울 아래 소수에게 독자적 정체성을 포기하라고 강요하는 셈이다. 공식적으로는 헌법기구인 상원이 이러한 우려를 불식할 수 있는 절차를 제공할 수 있다.

특히 상원은 선거에 의해 하원의 정당 구성이 급격하게 변하는 경우, 의사결정 과정의 변동 폭을 줄여 입법 다수의 횡포를 차단함으로써 입법 과정을 안정시킬 수 있다(Tsebelis and Money, 1997, 7; Bednar, 2009, 102).[16] 다만 상원 구성원의 선출 방식이나 상원의 실질적 권한에서 공치와 자치를 명확히 명시하는 연방(federation) 간 변이가 클 뿐 아니라 지역대표성의 실질적 역량에도 차이가 크다. 따라서 헌법 외 기구는 상원과 더불어 중앙의 권한 비대에 대항해 지역의 이익을 옹호할 수 있는 제도적 헌법장치(safeguard)를 제공하는 보완적 역할을 수행할 수 있다. 이에 더해 헌법 외 기구인 '지역협의회'가 상설되면, 중앙 참여나 독려가 없어도 중앙이나 지역

---

[15] 상세한 논의는 5장 "통일한국의 의회제도"를 참조하기 바란다.
[16] 베드나는 "연방주의 논고" 39번을 논하며 연방헌법의 강점이 중앙정부단계에서도 지역대표성을 의결 과정에 반영하는 연방 상원에 있다고 주장한 매디슨을 인용한다.

문제를 모두 의제로 상정할 수 있다는 이점을 지닌다.

물론 의결은 상원이나 지역의회의 승인을 확보하도록 제한해야 겠지만, 지역 간 갈등이 첨예한 경우 헌법 외 기구는 일종의 충돌 소지를 사전에 완화시켜 주는 완충 역할을 수행할 수 있다. 이러한 완충 역할은 특히 지역대표성 증진과 관련되는 사안에 있어서 헌법 외 기구의 자문을 반드시 거치도록 규정하면 더욱 효과를 배가할 수 있다. 헌법 외 자문기구를 통일한국에서 지역협의회의 부속기구 로 활용하는 경우, 이질성이 강한 남북한 간 갈등이 표면화되는 것 을 단일국가로 억누르지 않더라도 정치제도와 정치 과정 속에서 폭 발적으로 분출되지 않으면서도 대변될 가능성이 크다. 무엇보다 지 나치게 정책결정권이 분산되는 폐단을 줄이면서도 동시에 소수를 강압적으로 구속하지 않는 이점을 지닌다. 특히 통일한국에서 헌법 외 기구인 지역협의회에 대한 자문을 의무화하는 경우, 연방제로부 터 탈퇴하려는 유혹보다 수지타산이 맞는 유인을 비중앙에게 제공 하고 동시에 중앙이 일방적으로 주도하는 획일적 정책 구상이나 집 행을 어렵게 만들 수 있다.

예컨대 유럽경제사회위원회(EESC)는 자문기구로서 유럽연합 회원국 내 시민사회단체에게 정치적 표현을 독려해 유럽연합의 민 주적 정당성 및 효율성을 증대시킨다고 평할 수 있다. 구체적으로 유럽경제사회위원회는 유럽에 보편적으로 반영되는 이익에 대한 총 의를 모아 유럽연합의 주요 의결기관인 유럽의회, 이사회, 집행위원 회를 보조해 유럽 차원의 정책 구상 및 입법에 조력한다. 또한 의견 표출의 장을 제공하고 정보를 수집하는 등 시민사회와 대화를 통해 대중의 참여를 독려한다. 그 결과 지역통합의 가치를 유럽 내외로 전파하고 유럽 공동체 구성원에게 그 혜택에 대해 홍보하고 지지를 이끌어 낸다. 즉 유럽경제사회위원회는 유럽 시민의 정치경제적 이해관계에 관한 의견을 수렴하고 정책 대안을 제공해 지역공동체의 외연적 확대와 내면적 심화에 기여한다고 볼 수 있다.

통일한국에서 만약 다수가 문화·사회·경제·정치 전반에 걸쳐 주류로서 지배할 뿐 아니라 수적 다수를 형성하는 경우 국가성을 내세운다면, 다수의 단합(unity) 요구에 소수는 그에 대한 저항이 국가에 대한 반역으로 잘못 인식될까 두려워 반발조차 꺼려할 수 있다. 또는 정반대로 복수의 소수 집단 간 우열을 가리기 힘들고 상호 간섭을 최대한 배제하는 공존을 선호하는 경향이 강하다면, 비중앙 구성단위 간 협약을 통해 중앙이 이러한 비중앙 구성단위 간 최소공배수에 그치는 역할만 수행하도록 제도를 정비할 수 있다. 전자의 경우 지역협의회는 소수에게 극단적 독립주의 대신 언로를 제공해 다수가 경청하는 장을 제공하는 대안을 제시한다. 후자의 경우 자문을 의무화함으로써 국가성과 자율성 간 균형이 깨져 파국으로 치달을지 모르는 불안을 종식하고 비중앙 구성단위 간 수평적 관계의 대칭성을 어느 정도 회복할 수 있다. 연방주의 원칙에 입각해 수직적 권한분산을 헌법에 명시한 모든 정치체제에서는 수직적 관계뿐 아니라 수평적 관계가 원활하게 유지되어야 공치와 자치의 균형점을 비로소 발견할 수 있다. 연방주의는 정부단계를 중앙과 비중앙으로 나누어 각기 일정한 주권을 부여한다. 만약 비중앙 간 공조가 제대로 이루어지지 않으면, 중앙과 비중앙 간 협의대상이 되는 정책을 구상하거나 심지어 이미 합의가 이뤄진 사항조차 효율적으로 집행하기 힘들어진다. 그런 맥락에서 헌법 외 기구로서 지역협의회는 이 수평적 관계의 정상화에 필요하다.

권력행위자를 분산시키면, 그에 대한 책임 소재지를 다원화한다. 즉 연방주의 원칙은 권력을 복수의 정부단계 간 분산시키는 데 그치지 않고 권력분산을 통해 주권 공유를 실현하는 통치를 목표를 설정한다(Hueglin and Fenna, 2006, 53). 만약 중앙의 주장이 다수의 주장을 국가성으로 포장하거나, 또는 그렇다고 인식된다면 소수는 이를 국가라는 허울 아래 다수의 정체성을 소수에게 강요해 소수의 독자적인 정체성을 포기하게 만드는 강압으로 간주할 수 있다. 이 경우 중앙과 비중앙 간 수직적 관계뿐 아니라 비중앙 구성단위체들 간 수평적 관계의 대칭성 여부에 따라, 한편으로 통치의 마비를 초래할 수 있으나 다른 한편으로 자칫 모양뿐인 통치를 야기할 소지를 지닌다. 비록 지대한 정치적 대가를 요구하는 헌법적 명시를 회피하더라도, 성공적인 체제 전환, 또는 개혁에 필요한 지표를 제시하고 나아가 전환, 또는 개혁 과정에서 파생하는 정치경제 및 사회적 비용을 최소로 줄일 수 있는 갈등해소법을 갈망하는 국가에게 연방제도는 실질적으로 권력 집중으로 인한 폐해를 줄이는 다양한 대안을 제시한다. 더불어 연방주의 원칙에서 요구되는 전제조건은 모든 연방제에 일률적으로 적용되지 않을 뿐더러 연방주의가 실질적으로 정립되는 과정에서 각 요소는 각기 다른 영향력을 발휘한다. 이때 연방주의 원칙을 지향하는 당사자 간 이러한 상호 차이점을 명확하게 인지한 이후 타협하지 않으면 연방주의를 정립하는 과정에서 중앙을 구성단위의 상위 정부라기보다 거추장스러운 정부로 각인시켜, 결과적으로 국민을 대표하는 정부로 정당화하지 못하는 실책을 범할 위험성이 크다.

평화적 통일을 전제한 통일한국은 오랜 분단 역사를 경험한 탓에 단일한 중앙의 중요성을 강조하는 절대 국가주권보다 복합적으로 연계된 공유연방주권에 끌릴 것이다. 그러나 공유연방주권이 구현되는 범위 또한 권력의 과도한 중앙집중부터 권력의 극심한 탈중앙까지 폭이 넓다. 더욱이 공유연방주권이 구현되는 경우 시대적 수요에 따라 복수의 정부단계 간 권한과 업무를 분장하는 규정도 변한다. 그 결과 통일한국의 연방제도는 하나의 통일된 형태로 구현되기보다 필요에 따라 자신에게 유리한 방향으로 중앙 집중을 가져오는 구심력과 탈중앙을 추동하는 원심력 간 균형점을 설정하는 연속선에서 드러난다. 그리고 최종 결과물은 한편으로 대내외적으로 위기로 대처할 수 있는 강력한 활기를 제공하고 다른 한편으로 국민의 요구를 경청하고 충족시킬 수 있는 섬세한 기능성을 두루 갖춰야한다. 즉 국민으로부터 일정한 거리를 유지하면서도 국민이 다가갈수 있는 접근성을 제공하는 중층 거버넌스를 제공해야 한다. 특히 통일한국의 중앙·지방 관계에서 기반을 제공하는 연방제도는 궁극적으로 이질적 정치체제 간 물리적 결합에서 시작해 궁극적으로 각 정치체제의 구성원 간 문화적, 또는 정체성 결합으로 심화되어야한다.

특히 중앙-비중앙 관계는 중앙과 비중앙 간 수직적 관계와 비중앙 구성단위 간 수평적 관계로 나눌 수 있다. 일반적으로 연방주의 원칙을 근간으로 조직된 정치체제는 규모, 자원 및 성분이 서로 다른 구성단위를 결합해 정치적 공동체로 운용하는 공치와 동시에 각 구성단위의 본성도 어느 정도 유지하는 자치 간 균형을 요구한다. 즉 연방주의는 공치와 자치를 아우르는 통치체제를 상정하므로 우선 중앙과 비중앙 간 수직적 관계는 끊임없이 적절한 균형점을 모색하는 과정에서 형성된다(Burgess, 2006, 107).[17] 통일한국의 연방제도는 장기간 분단 체제를 겪으며 이질성이 심화된 구성단위로 편성된다. 따라서 중앙과의 수직적 관계에 앞서 비중앙 구성단위 간 상호 신뢰와 우호에 대한 협약을 준수하려는 의지가 선행되어야 한

---

[17] 따라서 버제스는 "연방체제는 지속적으로 당혹스럽게 만드는(perennially frustrating) 정치체"라고 평한다.

다. 만약 비중앙 구성단위 간 일탈이 지속되면, 이는 연쇄작용으로 중앙과 비중앙 간 수직적 권한분산이 영구하게 존속할지 나아가 중앙이 비중앙 구성단위와 관계에서 형평성을 유지할지에 대한 의구심으로 비화될 소지를 지닌다. 만약 중앙이 모든 비중앙 구성단위를 대표하는 진정한 국가 대변인이 아니라 특정 비중앙 구성단위의 앞잡이라는 의혹을 받게 되면, 중앙과 비중앙 간 합의는 나머지 비중앙 구성단위에게 특정 비중앙 구성단위체에 의해 조작된 강압으로 인식되어 중앙을 중심으로 결집할 정당성을 부인하게 된다.

이런 점에서 헌법 외 기구는 헌법기구인 상원을 보조해 연방제도를 통한 민주주의 거버넌스를 구현할 수 있는 효율적이면서도 민주적 기제라고 할 수 있다. 특히 헌법 외 기구는 중앙의 권한 비대에 대항해 지역의 이익을 옹호할 수 있는 제도적 헌법장치를 제공할 수 있다. 따라서 헌법 외 기구인 '지역협의회'가 상설되면, 중앙 참여가 없어도 중앙이나 지역 문제를 모두 의제로 상정할 수 있다. 이런 맥락에서 공식적 중앙·지방 관계 조정기구인 상원과 더불어 비공식적, 또는 실질적 중앙·지방 관계 자문기구로서 헌법 외 기구인 지역협의회가 필요하다고 판단한다.

V. 결론

이 장에서는 통일한국의 중앙·지방 관계로 어떤 형태가 가능할지 예단하기 위해 역사적 사례에서 발견되는 연방주의 원칙과 연방제 도를 빌어 통일한국에 충족되는 조건의 조합을 시도했다. 또한 연방 제도의 기원을 마련한 전제조건이라도 형성 과정에 반드시 작동하 지 않을 수 있다는 점을 강조했다. 나아가 통일한국이 취할 수 있는 연방제도의 폭이 광범위하다는 사실을 역설했다. 그럼에도 통일한 국이 현실적으로 채택할 수 있는 유형으로 분권 연합, 연합, 또는 연방의 장단점을 대조했다. 그리고 분단체제의 경험에 비춰 남북한 을 비중앙 단위로 설정하는 것은 부적합하며, 대신 남한이나 북한을 구성하는 도 단위를 근간으로 중앙·지방 관계를 조직하는 편이 좋 다고 평했다. 더불어 연방제도의 형성 과정에서 중앙과 비중앙 간 관계 설정이 집합 또는 분화를 주축으로 하느냐에 따라 상반된 연방 제도가 탄생한다는 점을 강조했다. 이어 헌법상 수직적 권한분산을 유형별로 분류해 주요 특성을 비교했다. 결국 통일한국이 제고하려 는 통치의 목표에 따라 수직적 권력분산 수준을 결정하며, 그러한 맥락에서 통일한국의 초기단계에서는 캐나다 경로가 적합하다고 제언했다.

특히 비중앙 구성단위에서 제정된 법률 간 극심한 편차가 존재한다면, 중앙이 비중앙 구성단위 간 관계를 조정한다는 명분으로 중앙의 규제 권한을 확대할 수 있는 합법적 근거를 제공할 수 있다. 이는 궁극적으로 연방주의가 표명하는 수직적 권한분산을 침해할 수 있으므로 비중앙 구성단위 간 협약은 연방제 유지를 위해 필수적이다. 그런데 만약 비중앙의 구성단위가 각기 중앙의 주요 측면을 그대로 본 딴 축소판 투영(miniature reflection)이라면, 별도의 이익 대변이나 보호장치를 필요로 하지 않는다. 그러나 동시에 이 경우 근본적으로 동일한 중앙과 비중앙 간 수직적 권한분산도 불필요하다. 반대로 중앙과 비중앙 간 완벽하게 판이하다면, 각 구성단위는 개별적으로 중앙과 차별되는 제도적 보호장치를 필요로 한다. 그러나 이 경우 중앙을 중심으로 비중앙 구성단위를 결집하는 자체가 불가능할 수 있다. 결국 정상적 운용을 위해 중앙의 강압적 획일화라는 극약처방이 유일한 해결책이라는 아이러니를 낳을 수도 있다.

만약 국가성이 자율성에 상치한다고 간주하게 되면, 이 비중앙 구성단위는 다른 중앙 구성단위와 비교해 중앙과의 특수한 관계를 지닌다는 점을 부각시켜 자율성의 방어막을 제도화하려 시도할 것이다. 이러한 시도는 다른 구성단위에게 안위 위협을 가중시켜 결과적으로 연방주의 원칙을 기반으로 한 통치가 정치체제의 불안정을 초래할 수 있기도 하다(Rodden, 2006, 250-251).[18] 이러한 불안정을 제거할 수 있는 방법으로 정치 과정을 통해 협상하는 사실상 절

---

[18] 이러한 위험은 재정주권 분립이 가능한 경우에 특히 심각하지만, 국가에 따라 다양한 형태로 나타난다. 예컨대 호주나 독일에서는 비중앙의 조세 징수 자율권이 감소한 반면 스위스나 미국에서는 여전히 건재하며 캐나다는 등락을 거듭하다가 2차 대전 이후에 복구되었다.

차와 이를 법에 호소하거나 그 판결에 대한 유권해석에 의존하는 법률상 절차가 있다. 사실상 절차의 비교사례로서 유럽경제사회위원회를 앞서 간략하게 소개했다. 이에 더해 연방제도의 안정을 좌우하는 요건으로 연방주의의 제도화와 밀접하게 연관되어 있는 사법부의 역할이 필요하다. 주지하듯 연방제도에서는 중앙·비중앙 간, 혹은 비중앙 간 법적 분쟁이 발생하면 헌법에 명시된 연방주의의 원칙에 대해 유권해석을 내릴 수 있는 권위체의 사법 관할권에 관한 합의를 필요로 한다.[19] 또한 이러한 합의를 토대로 통치기제와 통치에 대한 사법심사권의 근거가 마련되어야 한다. 특히 제도적으로 분리되어 있으면서 권력을 공유하는(separated institutions sharing power) 정부체계를 헌법에 명기할 뿐 아니라 그러한 헌법 명기에 대한 최고 사법부의 사법심사권이 정치적 설득력과 법적 구속력을 동시에 지녀야 연방주의가 추구하는 수직적 권한분산이 실질적으로 구현될 수 있다.

마지막으로 연방주의를 실현하는 과정에서 적절한 책임 소재지 분산에 대한 최고 사법부의 판단 자체가 시대적으로 변한다. 그렇기 때문에 최고 사법부의 중재 역할은 연방주의가 성공적으로 유지되는 비결을 얻을 수 있는 열쇠다. 결론적으로 연방주의에 대한 최종 유권해석을 내려주는 최고 사법부의 판결은 중앙과 비중앙 간 수직적 권한분산에 관해 가장 결정적으로 영향력을 발휘해 수직적 균형점을 설정한다. 최고 사법부의 판결은 수평적 균형점 설정에도 깊숙이 간여하고 궁극적으로 공공정책의 향방 설정에도 지대한 파급효과를 불러일으킨다. 그러나 앞서 정치적 절차와 사법적 절차 간 명확한 경계선이 존재하지 않거나, 그에 대한 판단이 시대적 요구에

---

[19] 이는 동시에 연방주의의 제도화 과정 일환으로서 사법체계의 정비도 수반한다.

따라 변하기 때문에, 수직적 권한분산을 둘러싼 분쟁 해결을 위한 절차상 정립에 못지않게 정치적 관행을 수용하는 정치문화가 중요하다. 사법부의 역할에 관한 논의는 7장에서 상세하게 다루므로 본 장에서는 여기서 마치고자 한다.[20]

---

[20] 상세한 논의는 7장 "통일한국의 사법제도"를 참조하기 바란다.

참고문헌

이옥연. 2008. 『통합과 분권의 연방주의 거버넌스』. 오름.

이옥연. 2014. 『만화경 속 미국 민주주의』. 오름.

정병기·이옥연·김종법. 2013. "사회통합과 의회정치: 독일 통일 과정을 중심으로", 『한국 의회발전연구회 보고서』. 한국의회발전연구회.

Bednar, Jenna. 2009. *The Robust Federation: Principles of Design*. New York: Cambridge University Press.

Birch, Alex. 1966. "Approaches to the Study of Federalism", *Political Studies*, 14(1), pp.15-33.

Burgess, Michael. 2006. *Comparative Federalism: Theory and Practice*. London: Routledge.

Davis, S. Rufus. 1978. *The Federal Principle: A Journey through Time in Quest of a Meaning*. London: University of California Press.

Elazar, Daniel. 1987. *Exploring Federalism*. Tuscaloosa: University of Alabama Press.

Filipov, Mikhail, Peter Ordeshook, and Olga Shvetsova. 2004. *Designing Federalism: A Theory of Self-Sustainable Federal Institutions*. New York: Cambridge University Press.

Forsyth, Michael. 1981. *Unions of States: The Theory and Practice of Confederation*. Leicester: Leicester University Press.

Hueglin, Thomas, and Alan Fenna. 2006. *Comparative Federalism: A Systematic Inquiry*. Toronto: Broadview Press.

King, Preston. 1982. *Federalism and Federation*. London: Croom Helm.

McIntyre, Andrew. 2003. *The Power of Institutions: Political Architecture and Governance*. Ithaca: Cornell University Press.

Oates, Wallace. 1991. *Studies in Fiscal Federalism*. Aldershot: E. Elgar.

Riker, William. 1964. *Federalism: Origin, Operation, Significance*. Boston: Little, Brown & Company.

Rodden, Jonathan. 2006. *Hamilton's Paradox: The Promise and Peril of Fiscal Federalism*. New York: Cambridge University Press.

Tsebelis, George, and Jeannette Money. 1997. *Bicameralism*. New York: Cambridge University Press.

Watts, Ronald. 2008. *Comparing Federal Systems (3rd ed)*. Montreal: McGill-Queen's University Press.

http://www.oecd.org/gov/43926778.pdf/. (검색일: 2015.01.05).

http://www.oecd.org/gov/47887615.pdf/. (검색일: 2015.01.05).

제4장

통일한국의 의회제도

—

손병권

Ⅰ. 서론

1. 통일한국 의회제도의 구상을 위한 전제조건

이 글은 비록 미래의 일이라고는 하지만 언제 현실로 갑자기 다가올지 알 수 없는 통일을 염두에 두고 통일한국의 다양한 정치제도를 구상하면서, 이 가운데 통일한국의 의회제도에 대해서 논의해 보고자 한다. 실제로 구체적인 현실로 나타나지 않는 통일한국의 상황을 염두에 두고 의회제도를 구상하는 일은 생각만큼 쉽지 않은 작업이다. 이는 통일의 방식이 어떠한 형태일지 현재로서는 예상할 수 없고, 또한 통일 이후의 상황이 매우 유동적일 것으로 전망되기 때문만은 아니다. 이러한 통일 방식의 불확실성과 통일 과정의 유동성이 통제된다고 가정하더라도, 통일한국의 의회제도 구상은 통일 이후의 헌정구조를 포함한 정치제도 전반의 다양한 모습을 고려하지 않고서는 그 논의 자체가 쉽지 않을 것이기 때문이다. 따라서 이 글은 권력구조를 포함한 통일한국의 다양한 정치제도에 대해서 일정 수준 그 방향성에 대한 전제조건을 제시한 후에 논의를 시작하는 것이 바람직하다고 보고, 이러한 전제조건에 대한 소개로부터 글을 시작하고자 한다.

통일한국의 의회제도에 영향을 미치는 중요한 요소는 통일한국의 권력구조, 선거제도 및 정당체계, 그리고 지역 간 관계의 조정에 관한 제도 등일 것으로 보인다. 이러한 다양한 요소가 모두 상호 정합성을 지니고 구상되고 실현될 것인지, 그리고 이러한 요소들이 모두 동일한 정도로 통일한국의 의회제도의 형성과 운영에 영향력을 미칠지는 쉽게 예측할 수는 없다. 권력구조를 포함한 다양한 정치제도가 상호 조응하면서 의회제도에 일정한 정도 동일한 방향성을 부여하리라고 예상하는 것은 아마도 지나친 낙관론일 것이다. 그러나 통일한국의 과제가 반세기 이상 이질적으로 발전해 남북한 사회의 차이를 인정함과 동시에 통일 이후 더욱 다양해질 다양한 이익의 수렴을 통해 합의를 도출하고, 이러한 합의를 근거로 통합적이고 안정적인 국가운영을 위한 정책을 만들어 내는 것이라고 한다면, 이러한 방향성에 근거해서 다양한 정치제도 대강의 방향을 가늠해 볼 수 있다. 그리고 이렇게 대강 가늠해 본 정치제도의 방향성에 준해서 의회제도도 구상되어야 할 것으로 보인다. 요컨대 통일한국의 의회제도는 그 자체로서 독립변수라기보다는 권력구조, 선거제도 및 정당체계, 그리고 지역 간 관계에 관한 제도의 종속변수적인 성격이 크다고 할 수 있다.

통일한국의 국가적 과제는 위에서 제시된 대로 다양한 이익의 수렴과 동시에 사회적 통합이며, 따라서 이러한 과제를 실현하기 위한 다양한 이익 수용 및 합의의 수렴 메커니즘이 정치제도의 구상에 반영되어야 한다고 할 경우, 이를 위한 권력구조에 조응하는 선거제도 및 정당체계, 그리고 분권화를 인정하는 지역 간 관계에 관한 제도의 대체적인 방향을 논의해 볼 수 있을 것이다. 우선 권력구조는 권력의 집중보다는 권력의 분권을 도모하며 다양한 사회적 이익이 수렴될 수 있는 형태로 만들어져야 한다. 따라서 권력의 독점과 승자독식으로 귀결되는 정부 형태는 바람직하지 않다. 선거제도 역시 사회의 다양한 이익, 정치적 정향, 지역의 특징과 정서 등이 고르게 정치 과정에 투입되는 방식으로 구상되어 협의제적인 정치 과정이 의회 내에서 정착되는 데 기여해야 한다. 이와 아울러 사회적 소수 세력에 대해서도 최소한의 대표성을 보장할 수 있는 통로 역시 제공되어야 한다. 한편 이와 같이 구상되는 선거제도는 결국 이익대표의 비례성이 높은 선거제도가 될 것이며, 그 결과 불비례적 혜택을 보는 양대 정당, 혹은 소수의 거대정당이 일정 기간 집권하는 방식보다는, 서너 개 이상의 정당이 경합하면서 공조하고 타협을 실현해 내는 정당체계가 귀결되어야 한다. 마지막으로 통일한국은 분단을 경험한 통일 전 한국의 지역 간 이익을 조정하고 지역 간 관계의 협력적 측면을 제고하기 위해서 단순히 선거구별 유권자의 이익뿐만 아니라 각 지역의 이익을 대표하는 제도도 확보해야 한다.

전체적으로 정리하자면 이 글에서 논의되는 통일한국의 의회제도는 권력구조의 측면에서 권력집중형 대통령제보다는 이원정부제나 의회제, 선거제도의 측면에서 단순다수제보다는 비례대표제 혹은 이 양자를 혼합한 형태, 그 결과 나타날 정당체계의 관점에서는 양당체계보다는 온건 다당체계, 그리고 지역대표성을 보장하는 제도의 마련 등을 그 지향점으로 해야 한다. 이러한 여러 가지 정치제도의 전제조건이 이 글에서 논의하는 통일한국의 의회제도의 비전과 지향점의 주요한 조건이 될 것이다.[1]

----

[1] 이미 본문에서 지적한 바와 같이 통일한국의 의회제도는 통일한국의 권력구조를 포함한 다양한 정치제도의 종속변수적인 성격이 짙다. 통일한국의 의회제도에 국한된 이 글의 주제로 인해서 자세히 논의될 수 없는 다양한 정치제도는 권력구조(Shugart

2. 연방국가로서의 통일한국

한국의 통일 과정이 무력에 의한 통일로 진행되어 어느 일방이 다른 일방을 강제로 병합하는 상황이 펼쳐지지 않을 것이라고 가정하는 경우, 가장 현실적인 통일방안은 연방제 국가로의 통일이 될 것이다.[2] 즉 하나의 중앙정부인 연방정부를 구성하되 남한과 북한이 각각 광역의 지역정부를 구성하거나, 혹은 현재 남북한의 도 단위에 필적하는 지역정부가 따로 존재해 독자적인 권한을 유지하는 방식의 통일이 가장 유력하리라고 판단된다. 다만 통일된 연방국가를 구성하는 남한과 북한의 통합 정도에 따라서 강력한 중앙정부를 두는 통합형 연방국가가 존재할 수도 있는 반면에, 이보다는 약한 형태의 중앙정부가 존재하면서 지역정부를 구성하는 방식도 있다. 후자의 경우라면 연방제도 내의 각 지역정부가 전자의 경우보다 더 강한 권한을 갖는 분권형 연방국가로 귀결될 것이다.[3]

　　무력에 의한 통일이 아니라 평화적인 방식에 의해서 통일이 진행된다고 할 경우, 현실적으로 가능한 연방국가의 형태가 현실적으로는 다소 약한 형태의 분권형 연방국가가 될 것이라고 추정해 볼 수 있다. 즉 하나의 중앙정부를 둔 연방국가를 수립하되 연방정부의

----

and Carey, 1992), 선거제도(Taarepera and Shugart, 1989), 정당제도(Ware, 1996) 등을 참조하기 바란다.

[2]　통일한국의 국가 형태가 단방국가가 아닌 연방국가의 형태를 지닐 것이라는 점에 대해서는 대체로 학자 간의 이견이 거의 없다(최진욱, 1996; 임혁백, 1999; 강원택, 2011).

[3]　이와 같이 하나의 중앙정부를 두는 연방국가(federal state)와는 달리 국가연합(confederate state)의 형태도 생각해 볼 수 있으나, 국가연합의 경우는 사실상 통일국가라고 보기가 어려운 측면이 있으며 두 개의 국가가 연합의회를 두는 방식을 채택하는 느슨한 형태의 협력체를 형성하는 것에 불과하다고 하겠다. 비록 연합의회 형식으로 공동정부를 수립한다고 해도, 이는 명목상의 정부로서 실질적인 권한을 보유하지 못한다고 볼 수 있다. 따라서 국가연합 형식의 통일한국은 사실상 남한과 북한이 각각 독립된 정부를 지니면서 연합의회 등의 협력체를 통해서 양대 독립국가 간 의견을 조정하는 수준의 정부를 구성하는 것이 될 것이므로 이 글의 논의에서 제외하기로 한다.

구성정부인 지역정부의 상대적 자율성이 확보되는 방식의 다소 약한 연방정부 형태로 통일한국이 출발할 수밖에 없을 것이라는 주장이 제기될 수 있다. 그 이유는 몇 가지로 요약될 수 있을 것으로 보이는데, 첫째, 남한과 북한은 전쟁도 경험했고 분단의 역사가 길어서, 그동안 정치·경제 체제 등이 이질적이었기 때문에 적어도 단기간 내에 강한 연방국가의 모습을 갖추기는 힘들 것으로 보인다는 의견이 개진될 수 있다. 따라서 각 지역정부의 자율성을 대폭 인정하는 연방정부의 모습이 현실적인 대안이 될 것이라는 주장이 있을 수 있다. 특히 종합적인 국력, 경제력 등의 생활수준, 국제적 위상의 측면에서 남한에 비해서 상당한 열세에 취한 북한의 특수한 지위를 인정해 주는 방식으로 연방국가가 형성된다면, 이는 약한 형태의 분권형 연방국가로 출발할 수밖에 없을지도 모른다.

이와 같이 통일한국의 경우 —특히 통일한국의 초기의 경우— 현실적으로 약한 형태의 분권형 연방국가의 등장이 설득력이 있어 보이며, 이후 통일한국의 정치제도가 안정되어 가면서 연방국가의 통합성이 증대될 것으로 기대된다. 이와 같은 배경 하에서 이 글의 논의 역시 대체로 이러한 약한 형태의 분권형 연방국가를 전제하고 논의될 것이지만, 아래서 제시되는 통일한국의 의회제도가 반드시 약한 형태의 분권형 연방국가에 국한해서 적용되는 것은 아니며, 통합형 연방국가에서도 적용이 가능하다고 생각된다. 어떠한 경우에도 통일한국의 권력구조, 선거 및 정당 제도 등은 단방국가의 권력구조, 선거 및 정당 제도보다는 다원적이며 분권적인 사회를 전제할 수밖에 없을 것이고, 따라서 이 글이 논의하는 통일한국의 의회제도의 경우 전반적으로 연방제도라는 권력분산적인 체제에는 대체로 적용될 수 있을 것이라고 보인다.

위에서 설명한 통일한국 의회제도에 대한 전제조건 하에서 이 글은 먼저 다음 장에서 통일한국의 의회제도가 기존 세계의 연방국가가 거의 예외 없이 채택하고 있는 양원제 의회제도를 취하게 될 것이라고 보고, 이에 대한 이유를 상원의 필요성을 중심으로 먼저 설명하고자 한다. 이어서 제Ⅱ장에서 설명될 통일한국의 양원제 의회제도를 논의함에 있어서 고려해야 될 사항에 대한 간단한 설명이 덧붙여질 것이다. 본론에 해당하는 제Ⅲ장에서는 양원제로 만들어질 통일한국 의회제도에서 각 원이 지니는 권한, 각 원의 조직상의 특징, 그리고 양원 간 정책조정 방식 등에 대해서 논의할 것이다. 특히 통일한국 양원제의 경우 상원의 기능이 특히 부각될 것으로 보여, 하원보다는 상원에 대해서 더 상세한 논의가 제공될 것이다. 마지막으로 결론인 제Ⅳ장에서는 이 글의 논의를 간단히 정리하면서 향후 더 연구가 필요한 영역에 대해서 언급할 것이다.

II. 통일한국의 양원제도

1. 상원의 필요성

통일한국의 국가 형태가 강한 통합형으로 나타나든, 혹은 약한 분권형으로 나타나든지 간에 연방국가로 귀결된다고 할 경우, 이러한 연방국가의 의회제도는 선거구별 유권자를 대표하는 하원에 더해,[4] 남한이나 북한을 하나의 거대 광역단위 지역으로 규정해 이들 지역의 대표성을 보장하거나, 혹은 남한과 북한의 현재 각 도에 해당하는 행정단위별 지역의 대표성을 보장하기 위한 별개의 제2원을 상원으로 두는 양원제도를 채택하는 것이 바람직하다.[5] 즉 정당이 작성하

---

[4] 하원의원을 비례대표제를 통해서 선발할 경우 이는 정당명부가 전국단위로 작성되든, 혹은 권역별 단위로 작성되든 대선거구제의 일종으로 볼 수 있다.

[5] 남한과 북한을 각각 하나의 광역 지역정부로 구상하는 방안과 현행 남한과 북한의 도에 해당하는 행정단위를 지역정부로 구상하는 방안은 하나의 이상형이며, 이 둘 사이에는 다양한 형태의 지역정부 구성방법이 존재할 수 있다. 편의상 남한과 북한을 각각 하나의 광역 지역정부로 본다면, 이러한 광역단위보다 소규모의 지역정부를 구성하는 방식은 현재 남한과 북한의 도 단위, 혹은 이러한 도를 좀 더 광역화하거나 남한과 북한의 접경도를 하나의 행정단위로 편성해 지역정부를 구상하는 등 여러 가지 형태가 있을 수 있다.

는 명부에 따라서 선발되거나, 혹은 지역구별로 선발되는 대표들을 통해서 유권자의 이익을 대변하는 제1원, 즉 하원과 함께 남한과 북한이라는 광역의 지역정부, 혹은 남한과 북한의 각 도에 해당하는 지역을 대표하는 인물로 구성되는 제2원, 즉 상원이 함께 존재하는 양원제 형태의 연방의회가 통일한국을 위한 의회제도로 등장할 것이다. 이와 같이 통일한국의 의회제도에서 상원이 필요하다고 생각되는 이유는 다음과 같다.

첫째, 통일 이후 남한과 북한 지역의 인구격차로 인한 대표성의 불균형 문제를 해소하기 위해서 지역대표기구로서 상원을 두어야 한다. 널리 알려져 있듯이 1945년 분단과 1950년 한국전쟁 이후 북한과 남한은 사회주의경제체제와 시장경제체제로 개별적으로 발전해 오면서 현재 소득수준 등에서 큰 차이를 보이고 있다. 이와 관련된 현상으로서 현재 남한의 인구가 북한의 인구를 월등히 앞서고 있는 상황이다. 북한의 인구는 대략 2,500만 명 수준으로 거의 두 배에 달하는 남한의 인구 약 5,000만 명과 비교해 볼 때 현저히 적은 수준이다. 이와 같이 인구수가 현저히 적은 북한을 연방국가 속에 편입시킨 이후, 유사한 유권자 규모의 선거구별로, 혹은 비례대표제의 방식에 의해 의원을 선발하는 하원만의 단원제 의회를 구성한다고 하면 이러한 제안을 현재의 북한이나 북한 지역의 정치적 대표자들이 결코 순순히 받아들이지는 않을 것이다. 마치 1787년 미국의 필라델피아 헌법제정회의 당시 인구가 많은 주였던 버지니아주의 인구비례 대표선발 제안을 코네티컷 등 인구가 적은 주의 대표들이 받아들이지 않은 것과 마찬가지로, 인구비례에 의한 의원 선발 및 단원제 의회 구성은 인구가 적은 북한으로서는 받아들이기 힘든 것이다.[6] 따라서 헌법제정회의 당시 인구가 적은 주들이 제안한 것처럼 각 주별로 주의 인구와 관계없이 동일한 수의 의원을 배정하거나, 혹은 주별로 큰 차이가 나지 않는 3~5명의 의원을 배정해 이들 의원들로 하여금 특정 인구가 아닌 지역을 대표하게 하는 제도를 가미할 필요가 있다.[7] 그리고 이러한 제도는 지역대표성을 보장해 주는 제2원, 즉 상원의 형태로 구현될 수 있다.[8]

둘째, 오랜 기간 분단의 시기를 거쳤을 뿐만 아니라, 매우 이질적인 정치체제와 경제체제, 그리고 사회·문화적 관행을 지닌 남한과 북한이 연방국가를 형성할 경우, 새로 탄생하는 통일한국의 헌정구조는 각 지역의 특수성을 인정해 주는 방식으로 구성되는 것이 바람직하다. 건국 당시 개신교적 동질성과 영국계 이주민이라는 공통의 배경을 통해서 정치제도의 구상 외에는 특별한 갈등이 없이 연방정부를 구성하고 이후 상당히 성공적으로 연방제도를 운용해 온 미국과는 달리, 남한과 북한은 해방 이후 미소에 의한 분단의 군정을 경험했고, 이어서 한국전쟁이라는 동족상잔의 무력분쟁을 겪었으며, 이후 60여 년간 이질적인 정치·경제·사회·문화 체제 속에서 성장해 왔다. 따라서 양 지역은 비록 한 민족이라고는 하지만 정치적·경제적·사회적 동질성을 회복하기까지는 상당히 오랜 기간이 필요할 것이며, 이 기간에 기존의 개별적 특수성이 인정되는 정치적 제도를 필요로 할 것으로 보인다. 특히 이러한 특수성에 따른 지역대표성

---

[6] 미국 헌법 제정 당시 버지니아 플랜과 코네티컷 플랜 등 다양한 연방제안의 절충에 의해서 양원제가 등장한 것에 관해서는 '참고문헌'에 있는 몇 개의 글(손병권, 2004; Storing, 1981; Wood, 1969)을 참조하기 바란다.

[7] 통일한국 양원제 하에서 각 지역정부에 배정될 상원의원의 구체적인 숫자는 상원의원 총 수와 밀접하게 관련되어 배정될 것인데, 이는 하원 및 상원의 의원비율에 대한 다양한 고려사항들이 논의된 이후 결정될 수 있다.

[8] 이러한 논지는 이미 개진된 바 있다(최진욱, 1996; 임혁백, 1999). 상원의 지역대표성에 대해서 보다 구체적으로 논의한 글도 참조하기 바란다(Russell, 2001a). 러셀(Meg Russell)은 국가 수준에서 지역과 지역이익의 대변, 지역 간 정책조정, 중앙정부와 지역정부 및 지역의회의 연계를 상원 지역대표성의 중요한 기능으로 보고 있다.

및 분권화 요구에 대한 인정은 북한으로부터 강하게 제기될 것으로 보여 이를 수용하는 방식의 제도가 필요하며, 이는 양원제 하에서 상원의 기능을 통해서 어느 정도 충족될 수 있을 것으로 보인다.

2. 통일한국 양원제도 구상의 고려사항

지금까지 위에서는 통일한국의 의회제도가 상원을 필요로 하는 양원제의 형태를 취하는 것이 바람직한 이유를 제시했다. 아래에서는 통일한국이라는 연방국가의 양원제 의회제도를 구상할 때, 이러한 구상이 구체적으로 어떠한 내용을 담고 있어야 할 것인가와 관련해 몇 가지 주요한 고려사항들을 제시하고자 한다.

첫째, 지역을 대표하는 상원의 위상과 권한이 연방국가로서 탄생하는 통일한국의 의회에서는 상당히 강화될 필요가 있다. 중앙정부와 지역정부가 권력을 공유하는 연방제도 속에 남한과 북한이 편입될 경우, 북한은 자신의 영토 내에 포함되어 있는 지역정부의 권한을 확보하기 위한 방안의 하나로서 상원의 지역대표성을 강화하려 할 것이며, 이러한 북한의 요구가 받아들여지지 않을 경우 연방의회제도의 구상이 난항을 겪을 수도 있다. 따라서 상원에 대해서는 의원 선발이 광역단위든지, 혹은 이보다 낮은 단위 수준에서 이루어지든지 간에 지역정부의 권익이 보장될 수 있도록 상당한 권한이 부여되어야 한다.

둘째, 상원에 대해서 상당한 권한을 보장하는 양원제도를 구상할 경우, 과연 무슨 권한을 어떠한 방식으로 부여할 것인지를 고민해 보아야 한다. 상원이 하원과 마찬가지도 동일한 수준의 권한을 행사할 것인지, 아니면 일부 제한적이지만 사실상 상당한 권한을 부여받은 것인지, 아니면 하원에 비해서 상대적으로 약한 권한에 만족

할 것인지 등에 대한 논의가 필요하다. 그리고 이러한 고민과 관련해 과연 하원과의 법안 갈등에서 최종적인 법안 통과가 상원의 동의 없이는 불가능한 형태로 만들 것인지, 아니면 상원의 의견을 대폭 반영하는 방식으로 하원의 최종 의결권을 인정할 것인지의 여부를 고민해 보아야 한다.[9] 또한 이와 관련된 내용으로 통일한국 연방의 회의 양원이 특정한 종류의 법안에 국한해 각각 서로 다른 종류의 법안을 발의하게 하여 이러한 발의권한을 각 원의 고유한 권한으로 귀속시킬 것인지, 아니면 상하 양원 구별 없이 모두 다양한 종류의 법안을 모두 발의할 수 있게 할 것인지도 결정해야 한다. 즉 하원이나 상원만이 발의할 수 있는 종류의 법안을 규정한다든지, 아니면 어느 원이 먼저 발의할 수 있는 종류의 법안을 규정하고 이후에 다른 원이 이에 준하는 법안을 발의한다든지의 방식을 결정하는 등 양원의 법안 발의의 차별화 여부도 생각해 두어야 한다.

셋째, 상하 양원 간에 법률안의 서로 다르게 나타날 경우 이를 조정할 수 있는 메커니즘에 대해서도 생각해 두어야 한다. 여기에는 여러 가지 방식이 존재할 수 있을 것으로 보인다. 정당, 즉 양원의 다수당 간의 타협에 의한 법안 조정 방식도 가능할 것이며, 미국의 양원제처럼 양당 협의기구로서 양원협의위원회를 두어 법안의 차이를 조정하는 방식도 생각해 볼 수 있다. 이와 같이 법안의 차이를

---

[9] 패터슨(Samuel C. Patterson)과 머그한(Anthony Mughan)은 세계 각국의 상원을 분류하면서 하원의 권한을 기준으로 상원의 권한의 크기에 따라서 상원을 분류해 놓고 있다. 이들에 의하면 상원이 하원과 대체로 동등한 권한을 부여받을 수도 있고, 그렇지 않고 하원에 전적으로 예속될 수도 있다. 두 저자는 전자를 평등주의적 양원제(egalitarian bicameralism), 혹은 대칭적 양원제(symmetric bicameralism)라고 부르고 있으며, 이의 대표적인 사례로서 연방국가 가운데 스위스와 미국을 거론하고 있다. 비대칭적 상원의 극단적인 사례는 상원이 하원에 전적으로 예속되어 있는 경우인데, 이 대표적인 사례는 영국과 프랑스의 상원이며, 연방제의 경우 이러한 사례는 드물다(Patterson and Mughan, 2001, 42).

조정하는 메커니즘을 만들어 두어야만 지역대표기구로서 상원과 인구대표기구로서 하원 간에 의견 차이가 나타날 때 이를 적절히 조정해 원활한 양원제도를 운영할 수 있을 것이다.

마지막으로 상원의원의 선발 방식에 대한 연구도 꾸준히 진행되어야 할 것이다. 상원의원 선발에 있어서 지역정부 간 대표의 평등성에 근거해서 모든 지역정부에 동일한 상원 인원을 배정할 것인지, 아니면 차별화된 배정 방식을 선택할 것인지를 고려해 보아야 한다. 이와 함께 특정한 집단이나 직능단체의 대표 기능도 부여할 것인지를 검토해 보아야 한다. 그리고 상원의원의 선발 방식도 국민의 직선이라는 전통적인 방식을 택할 것인지, 지역정부의 의회가 선발하거나 지역의회 다수당의 대표의원들이 자동으로 선임되는 방식 등 간접선거의 방식을 선택할 것인지도 고려해야 한다.[10]

---

[10] 이 글에는 상원 선발의 구성단위에 대해서 언급하고 양원 소속 의원의 선발 방식은 선거제도와 관련된 문제이므로 별도로 취급되어야 하므로 다루지 않기로 한다.

III. 통일한국의 양원제 의회제도

1. 상원의원 선발의 단위 및 단위별 상원의원 수의 배분

위에서 지적한 필요성에 따라서 통일한국의 의회를 연방국가 하에서 양원제도로 구성한다고 할 경우, 어느 정도 규모의 지역정부(상원 지역대표 단위, 혹은 상원의원 선발 지역 단위)에서 상원의원을 선출할 것인지가 일차적인 과제다. 즉 통일한국이 양원제 의회제도를 채택한다면 가장 중요한 부분은 상원의 권한과 기능일 것이며, 이에 앞서서 상원의원 선발의 기준이 되는 단위의 규모, 즉 지역정부의 단위는 어떻게 구성되어야 할 것인지가 일차적인 과제다. 여기에는 논자마다 통일 이후의 정세변화와 이에 따른 지역적 요구를 고려해 다양한 의견을 제시할 수 있을 것으로 보인다. 전반적으로 상원의 지역대표 단위는 아래의 몇 가지 구성방식 가운데 하나이거나 이를 복합적으로 활용하는 방식이 될 것으로 보인다.

첫 번째 방식은 가장 명쾌하고 단순한 방식으로서, 남한과 북한을 각각 상원을 구성하는 하나의 단위로 파악하는 방식이다. 즉 이

방식은 남한과 북한이라는 광역의 단위로 지역정부를 편성해 여기에서 상원의원을 선발하게 하는 방식이다. 이러한 방식은 연방국가 설립 이전에 존재했던 개별 독립국가, 혹은 독립적인 정치 및 문화 공동체를 그대로 상원의 지역정부이자 상원의원 선발 지역단위로 준용하는 방식이라고 할 수 있다. 이러한 방식은 통합 이전 기존의 정치단위를 지역정부 구성단위이자 상원의원 선발의 지역단위로 그대로 받아들임으로써 연방국가 내에서 상원의원 선발의 지역단위를 별도로 정할 경우 나타날 수 있는 갈등을 다소 방지할 수 있는 효과가 있다.

이러한 방식을 통해서 상원을 구성한 대표적인 국가가 바로 1787년 연방헌법을 통해서 새롭게 탄생한 미국이라고 할 수 있다. 익히 알려져 있는 바와 마찬가지로 미국은 연방국가 성립 이전의 '독립국가(state)'였던 지금의 각 주를 지역정부이자 상원의원 선발 지역단위로 해 연방정부를 출범시켰고, 주로 편입된 각 지역정부, 즉 주정부는 모두 2명의 상원의원을 선발할 수 있는 동등한 대표권을 부여받았다. 한편 미국처럼 각 지역정부에 대해서 동등한 대표권을 부여한 것은 아니지만, 1993년 연방국가 출범 이후 2014년까지 벨기에의 상원 역시 연방통합 이전의 언어권을 중심으로 상원의원 선발 지역단위가 구성되었다고 할 수 있다. 상원의원은 불어권과 화란어권의 선거인(electoral college)이 투표를 통해서 직접 선출하는데, 상원의원이 대표하는 지역구는 각각 불어권 유권자가 다수인 왈로니아 지역과 화란어 유권자가 많은 플레미시 지역, 그리고 연방수도인 브루셀 및 수도권 지역으로 크게 삼분되었다.[11]

----

[11] 2014년 벨기에 헌법 개정으로 상원의원 선거가 지역의회에 의한 간접선거로 바뀌었지만 각각의 언어공동체(Community) 의회와 지역(Region)의회에서 의원이 선발되었다는 측면에서 여전히 상원의원 선발 지역단위는 연방국가 이전의 주요한 행정단위,

이와 같이 남한과 북한을 지역정부 및 상원의원 선발 지역단위로 보아 연방 상원을 구성하는 방식이 존재할 수 있는 반면, 통일한국 내에서 통일 이전 남북한 지역의 행정단위인 도를 중심으로 지역정부를 구성하고 이를 상원의원 선발 지역단위를 채택할 수도 있다. 남한과 북한이라는 통일 이전 독립국가를 하나의 광역단위로 해서 상원의원을 선발할 경우, 과거의 정치적, 이념적, 사회경제적, 문화적 차이가 새로운 경계선으로 잔존해 통일한국 내에서 보다 구체적으로 분권화된 개별적 지역이익을 대변할 수 있는 상원이 되기에는 제약이 있을 수 있다. 따라서 기존의 남북한의 도 행정단위를 중심으로 지역정부를 구성하고 이에 기반해 상원의원을 선발하는 것이 바람직할 수 있다.[12] 대체로 독일, 스위스, 오스트리아, 캐나다와 같은 국가가 이러한 방식의 선발단위를 채택하고 있다. 예컨대 스위스의 경우 불어, 독일어, 이탈리아어 등을 쓰는 언어공동체가 존재함에도 불구하고, 이러한 언어공동체에 기반한 구분으로 인해 나타날 수 있는 문화적 정체성의 차이를 극복하고 통합을 도모하기 위해서 지역정부와 상원의원 선발 지역단위는 '캔턴'이라는 행정단위로 되어 있다.[13]

통일한국의 분권화와 사회통합이라는 목표를 추구하고 통일 이

혹은 언어공동체였다고 할 수 있다.

[12] 본문에 적은 대로 남한과 북한이라는 통일 이전의 개별 독립국가를 광역단위로 하여 지역대표인 상원의원을 선발하지 않고 현재의 남한과 북한의 도를 상원 선발 지역단위로 삼는 것은, 광역 지역정부 이하의 단위에서 상원의원을 선발하는 하나의 예시가 될 뿐, 이러한 방식을 따라야 할 필연적인 이유는 없다고 보인다. 예컨대 이와 같은 방식을 대체로 준용하면서 통일한국의 비전에 걸맞게 휴전선에 걸쳐 있었던 남북한의 행정단위를 통합해 몇 개의 새로운 지역대표 단위를 구성할 수도 있을 것으로 보인다.

[13] 현재 스위스의 경우 전체 26개의 캔턴 가운데 20개의 캔턴은 각각 2명의 상원의원을, 그리고 나머지 6개의 캔턴(소위 'half canton')은 각각 1명의 상원의원을 선발해 연방참의회(Council of States, 스위스의 상원에 해당함)에 보내고 있다.

전의 남북 간 대결적 양상을 지양해야 한다는 관점에서 볼 때, 통일한국의 상원의원 선발 지역단위는 남한과 북한이라는 광역 지역정부를 단위로 하는 것보다는 광역 지역정부 이하의 규모로 설정되는 것이 바람직할 것으로 보인다. 이미 밝혔듯이 남한과 북한의 광역단위를 지역정부로 삼아서 상원의원을 선발하는 것은 과거의 유산이 통일한국에 전승되는 양상이 강해서 바람직하지 않을 뿐만 아니라, 소규모 단위 지역의 개별적인 이익이 반영되지 않는다는 점에서도 문제가 있다. 또한 남한과 북한이라는 광역의 지역정부 단위로 상원의원을 설정할 경우, 자칫 이들 두 지역정부의 대립으로 인해 남한과 북한 지역 내에서 다양한 이념적, 정책적 정당이 상호 경쟁하면서 다양한 이익을 수렴하는 유연한 정당체계의 형성이 등장하기 어려워질 수 있다.[14] 이럴 경우 상원의 표결 과정은 양극화된 의회의 입법 및 심의 과정과 마찬가지로 정당 간 대립이 심해져 사실상 정당 블록투표로 귀결될 수 있으며, 이 경우 상원의 지역대표 기능은 사실상 사라지는 효과가 나타난다.[15]

2. 양원의 권한과 조직

통일한국의 양원제 하에서 하원과 상원의 기능이나 조직은 의회 본연의 역할과 이에 다른 기능에 따라서 조직될 것이며, 무엇보다도

---

[14] 이는 마치 영남지방과 호남지방 내에서 상호 배타적인 유권자 성향으로 인해 지역주의 투표 경향이 매우 강해서, 특정 정당이 지속적으로 지역의 패권정당으로 군림해 온 것과 유사하다.

[15] 마지막으로 2개의 광역단위만을 상원의원 선발의 지역단위로 해서 상원을 구성할 경우, 지역정부의 숫자가 2개로 너무 작아서 그 자체로서 문제일 뿐만 아니라, 각 지역에 배정된 상원의원 숫자도 너무 많아질 가능성이 있어서 각각의 지역을 대표하는 데 문제점이 된다.

법률을 제정하고 국가정책에 대해서 토의하는 기능이 매우 중요할 것으로 보인다. 그러나 이러한 일반론 외의 의회 기능과 조직은 권력구조나 의회에 부여되는 고유의 권한, 그리고 정당체계와 선거제도 등과 밀접하게 연동되어 나타날 수밖에 없을 것이다. 따라서 통일한국의 양원제 하에서 하원과 상원 각각의 기능과 조직을 진공 상태에서 규정하는 것은 매우 어렵다.

예컨대 권력구조가 권력분립과 견제와 균형의 원칙을 표방하는 대통령제가 될 경우, 의회의 권한은 이러한 대통령제의 헌법정신을 지켜 나가는 방식으로 부여되고, 의회의 조직은 이를 구현하는 방향으로 실현될 것이다. 대체로 이러한 경우 의회는 상임위원회를 중심으로 의사진행이 이루어지고 정당의 기능은 상대적으로 약해질 수 있다. 그러나 반면에 행정부의 권한이 의회 다수당을 통해 형성되고 수상이 이끄는 내각에 주어진다면 분권화된 상임위원회 중심의 의회조직보다는 정당이 주도하는 의회조직이 될 가능성이 더 크다 (Mezey, 1990; Shaw, 1990).

이 글은 이러한 권력구조, 선거제도 및 정당체계 그리고 의회의 미래상에 대한 통제가 현재 불가능한 상황에서 통일한국의 바람직한 모습은 이미 제I장 제1절에서 언급한 대로 가능한 한 다양한 정치세력이 참여해 상호 타협과 협력을 바탕으로 의회정치를 이끌어 나가는 것이 바람직하다 보고 논의를 진행하고자 한다. 이러한 의회 정치의 미래상에 대한 전제에서 볼 때, 이 글은 잠정적으로 다수의 정당이 참여해 호혜성에 바탕을 둔 타협을 통해서 의사가 진행되며, 따라서 특히 상원의 경우 행정권력의 일정 부분에 대해서 의회의 통제가 가능한 의회제도를 염두에 논의를 진행할 것이다. 그리고 양원 간의 권력배분은 상원의 지역대표성을 고려해 상당한 수준 대칭적인 양원제, 혹은 상원의 권한이 일부 제한적인 평등주의적 양원제로 귀결되는 것이 바람직할 것으로 보인다. 연방국가는 아니지만, 영국이나 프랑스처럼 상원이 하원에 종속적인 기능을 수행해 독립적인 정책결정 권한이 없을 경우, 통일한국의 지역정부가 자신의 목소리를 개진할 수 있는 통로가 봉쇄되어 분권화의 실현이 어렵고, 통일 후 특히 북한의 지역정부로부터 불만이 제기될 수 있어 이러한 비대칭적인 양원제는 통일논의 과정에서 배제될 가능성이 크다.16 아래에서는 통일한국이 연방국가로서 출발하며 양원제를 의회제도로서 구비할 것이 때문에 하원보다는 상원에 집중해 논의를 진행하고자 한다.

(1) 하원의 권한과 조직

연방국가의 양원제도 하에서 하원의 기능은 연방단위인 특정 지역정부의 이익보다는 소규모, 혹은 중간규모의 선거구에 속한 유권자의 이익을 대변하거나, 비례대표제가 실시될 경우 전국적인 수준에서 특정 정당을 지지하는 유권자들을 대표하는 의원들로 구성되어 법률을 제정하고 국가정책을 논의하는 것이다. 통일한국의 의회는 다양한 정치세력의 참여를 도모하는 형태로 비례대표제적 요소가 강한 선거제도를 통해서 구성될 것이기 때문에, 의회의 기능은 법률의 제정 과정에서 정당 간 합의된 의사를 도출하는 것이 될 것이다.

---

16 평등주의적, 혹은 대칭적인 양원제도는 다시 말해서 상원이 거부한 법안에 대해서 하원의 최종의결권이 인정되어서는 안 된다는 것을 의미하거나, 혹은 반드시 이러한 하원 재의결권이 필요한 경우 그 영역을 최소화해야 함을 의미하는 것이다. 통일 이후 과거의 북한 지역을 대표하는 상원의원들이 참석해 상대적으로 남한에 비해서 열세의 위치에 놓인 자신의 지역을 대표할 경우, 이들의 입장이 적절히 반영되고 또 이러한 입장이 최종적으로 다수의 의사를 통해서 입법화될 수 있는 길이 마련되어야 한다. 따라서 이렇게 볼 때 통일한국의 상원은 일부 제한이 있더라도 미국의 상원과 같이 하원과 대응한 권한을 지닌 기구로 탄생하는 것이 바람직하다.

비례성이 높은 선거제도가 도입되고 이로 인해 다당제가 등장하며, 동시에 이원집정부제나 의회제 등 행정부에 대해서 의회가 책임을 물을 수 있는 권력구조가 채택될 경우, 의회는 대체로 행정부의 정책을 추인하는 기관이 되어 상대적으로 정책 작성 기능은 약화될 것으로 보인다(Mezey, 1990). 대체로 하원은 정부발의 법률안을 심사하고 여야 간에 이러한 문제의 장단점을 토론하면서 갈등을 최소화할 수 있는 합의된 정책을 만들어 내게 될 것이다.

　　한편 통일한국이 의회제나 이원정부제의 권력구조를 채택할 경우 하원은 상원이 지니지 못하는 하원 고유의 권한으로서 수상 및 내각에 대한 인준의 권한을 지니며, 또한 수상 및 각료에 대한 불신임권을 보유해 행정부의 책임을 물을 수 있는 최종적인 권한을 보유해야 한다. 이는 연방국가나 단방국가의 여부를 막론하고 행정부 권력을 탄생시키는 의회제나 이원정부제 하의 하원의 고유한 권한으로 볼 수 있다.

　　하원의 조직 문제와 관련하여 상원과 마찬가지로 하원의 기본적인 정책결정 단위는 상임위원회가 될 것이며, 이때 상임위원회 위원장의 배분은 정당 간 합의에 따른 의견수렴의 가능성을 극대화하기 위해서 전체 의석비례에 따라서 이루어지거나, 내각에 참여한 정당의 의석수에 따라서 배분되는 것이 바람직하다. 일반적으로 의회가 행정권력의 탄생에 기여하는 경우, 의회 상임위원회의 정책결정권한은 약해지고, 대신 정부발의 법률안을 심의하고 추인하는 기능이 강해질 것으로 보인다. 한편 의회지도부의 구성에 있어서도 가능한 한 다양한 목소리가 대변될 수 있도록 1인의 하원의장 하에 복수의 부의장을 두는 것이 바람직할 것으로 보인다.

(2) 상원의 권한과 조직

통일한국의 의회제도 내에서 가장 중요한 문제로 거론될 수 있는 것은 상원의 권한에 관한 문제라고 할 수 있다. 유권자의 대표로 선발되는 하원에 비해서 지역대표의 기능이 부각되는 상원이 과연 하원과 비교해서 어떠한 권한을 지녀야 하는가, 라는 질문은 연방국가로 통일한 한국의 의회제도를 구성하는 데 있어서 가장 중요한 과제라고 할 수 있다.

대체로 연방제 국가에서 상원이 지니는 권한은 심의, 입법, 지역대표 등의 기능이 있을 것으로 보이며, 이러한 기능 가운데 심의나 입법의 기능은 하원과 공유되는 기능이라고 할 수 있다. 여기서 중요한 것은 특히 실질적인 국가정책을 만들어 내는 입법의 기능이라고 생각되는데, 과연 하원의 권한에 비해서 입법과 관련된 상원의 권한이 어느 정도로 설정되어야 할 것인가, 하는 것이 매우 중요한 문제로 등장한다. 즉 이는 패터슨이나 머그헌 등이 논의한 바 상원과 하원의 헌법상의 권한 배분이 동등해야 하는가 아니면 차별화되어야 하는가라는 문제와 관련되어 있다. 이는 결국 상원의 권한에 제한을 두는 비대칭적 양원제를 취할 것인가, 아니면 하원과 동등한 권한을 두는 평등주의적이며 대칭적인 양원제를 취할 것인가의 문제라고 볼 수 있다(Patterson and Mughan, 2001, 41-44).

대체로 연방제도를 취하고 있는 국가의 양원제도를 보면, 양원의 권한이 사실상 대등한 미국이나 스위스 같은 나라로부터 상원의 권한이 단순히 하원의 정책결정을 지연시키거나 이에 대해서 권고적 의견을 개진하는 수준에 그치고 있는 캐나다, 벨기에 등에 이르기까지 다양한 권한을 지닌 상원들이 존재한다. 통일한국의 경우 이미 위에서 언급한 바와 마찬가지로 통일 이후 북한 지역의 대표성을 인정하는 문제가 매우 중요하기 때문에 상원의 입법권한은 상당한 수준 하원의 권한과 대등할 필요가 있으며, 이런 의미에서 대칭적인 양원제도, 평등주의적 양원제도를 구현하는 것이 바람직하다. 그러나 일반적으로 국민으로부터 세금을 징수하는 권한과 징수된 세금을 토대로 국가의 재원을 어떻게 사용할 것인지를 결정하는 권한은 실질적으로 국민을 직접적으로 대표하고 재정정책을 실행하는 하원 다수당, 혹은 다수세력에게 부여되는 것이 일반적이므로 양원 간 대칭성을 원칙으로 하되 일부제한적 평등주의를 바탕으로 해서 상원에 대해서 권한을 부여하는 것이 바람직할 것으로 보인다.

이렇게 볼 때 상원의 입법상의 권한은 조세 및 재정에 관한 권한을 제외하고 하원과 동일한 권한을 부여받는 일부제한적 양원 평등주의를 통해서 조정되는 것이 바람직하다.[17] 일부제한적 양원 평등주의에 근거해서 통일한국의 상원은 조세 및 재정에 관한 권한을 제외하고 행정부의 정책 실시와 관련된 모든 분야에서 법안을 단독적으로 제출하는 권한을 보장받으며, 하원이 제출한 법안에 대해서 수정할 수 있는 권한을 확보하여야 한다. 따라서 이와 같이 일부제한적 양원 평등주의를 채택할 경우, 독일 상원의 경우와 같이 연방이나 헌정체제 구조 변경 혹은 지역정부에 관한 문제에 있어서 상원이 절대적 거부권을 행사한다는 별도의 규정을 둘 필요가 없다. 이는 조세나 재정에 관한 권한을 제외하고 실질적으로 상원의 권한이

---

[17] 물론 상원의 권한을 하원과 대등한 것으로 만들기 위해서는 재정에 관한 법안의 발의에 있어서도 상원도 동등한 권한을 지닐 필요가 있다는 주장이 제기될 수도 있다. 새로 출범하는 통일한국은 사회통합과 북한 지역의 경제발전을 위해서 무엇보다도 정부의 재원 배분과 재정 지출의 형평성을 도모해야 하는 과제를 안고 있을 것인데, 각 지역의 대표들이 모인 상원이 재정에 관한 법안 발의를 하원에만 부여해, 하원의 예산이나 재정법안에 수동적으로 대응하게만 만드는 것은 합리적이지 않다는 주장도 제기될 수 있다. 따라서 통일한국의 의회제도 구상 과정에서 상원과 하원의 내부적인 합의를 제도화해 상원 역시 재정에 관한 법안을 독자적으로 제출할 수 있는 권한과 예산에 관한 권한을 보유하게 해야 한다는 주장도 제기될 수 있다.

하원의 권한과 동등하기 때문이다.

위에서 언급한 내용은 대체로 입법의 권한에 있어서 상원이 하원과 상당한 수준 동등한 권한을 지닌다는 것을 설명하는 것인데, 실제로 상원은 이 이외에도 일반적으로 입법기관이 보유하는 정책 심의의 기능도 하원과 마찬가지로 수행하게 된다. 문제는 이와 같은 입법 및 심의의 기능 외에도 상원만의 어떤 고유한 기능을 둘 것인가의 문제라고 할 수 있다. 즉 행정수반 및 각료들에 대한 탄핵의 권한이나 조각에 대한 동의권, 혹은 전국적인 영향력을 행사하는 국가기관의 책임자에 대한 임명동의권 등을 둘 것인가의 문제가 제기될 수 있다.

이 가운데 통일한국의 권력구조가 대통령제로 귀결될 경우 대통령이나 각료에 대한 탄핵권의 상원 보유 여부가 논의될 수 있을 것이다. 그러나 이미 위에서 언급한 대로 통일한국의 권력구조가 대체로 분권화를 지향하고 다양한 사회세력을 참여를 도모하는 비례대표제를 통해서 의회가 구성되는 의회제, 혹은 이원정부제로 귀결된다고 할 경우 이러한 탄핵 권한은 필요 없게 된다. 이미 의회의 다수당을 중심으로 행정부가 운영되는 상황에서 수상과 각료에 대한 견제는 하원의 신임 여부로 결정될 것이며, 이원정부제 하에서 대통령의 권한은 사실상 제한적일 수밖에 없을 것으로 보이기 때문이다. 또한 조각에 대한 동의권을 상원에 부여하는 것은 극도로 강력한 상원을 만들어 정부 구성 과정에서 하원과의 마찰이 있을 것이며, 이 경우 국정의 불안정성이 야기되어 문제가 될 수 있어서 불필요한 사항으로 보인다.

현실적으로 상원이 권한을 가질 수 있는 영역은 전국적인 사안에 대한 감시 및 감독기관, 혹은 정권의 변화와 관계없이 지속적으로 기능해야 하는 국가기관의 장에 대한 동의 권한이라고 할 수 있다. 예컨대 현재 남한의 경우 대법원장, 감사원장, 국정원장 등 국가 전반에 영향력을 미치는 정부 업무, 정부의 감시 및 감독에 관한 업무, 대북 정보수집 및 국가기밀 관리 등을 담당하는 기관 등의 수장에 대해서는 대통령이 지명해도 국가의 인준이 필요하며 인사청문회를 거쳐야 하는데, 과연 통일한국의 경우 이러한 기관장에 대한 인준권한을 과연 어느 원이 지니는 것이 좋은가라는 문제가 나타날 수 있다. 하원과 행정부가 상호 의존적으로 존재하는 이원정부제나 의회제의 경우 하원이 행정부를 견제하는 것은 사실상 불가능하므로 상원이 이러한 국가기관의 책임자에 대한 인준권한을 지님으로써 이러한 기관의 독립성을 보장하고 행정부를 견제하며, 하원과 구별되는 기능을 통해서 위상을 확보하는 것도 바람직할 수 있다.

한편 의회 내부의 구조에 있어서 상원은 하원과는 달리 상임위원회의 권한이 보다 강화되는 방식으로 구성되고 이와 아울러 특히 지역의 문제, 혹은 지역 간 협력의 문제를 담당할 별도의 상임위원회를 두는 것이 바람직할 것으로 보인다. 예컨대 지역통합이나 지역 간 협력을 담당하는 상임위원회나 상원 내 지역 및 정당의 대표가 골고루 참여하는 형태의 지역대표협의를 위한 상임위원회를 별도로 설립해 지역과 관련된 헌정구조의 문제, 지역의 권한 및 재정과 관련된 법률을 심의하는 것이 바람직할 것으로 보인다. 그러나 상원 지도부의 구성에 있어서는 하원과 마찬가지로 상원의장 1인에 부의장 2인 정도를 두어 양원 간 협의 과정에서 수적인 대칭성을 추구하는 것이 좋을 것으로 보인다.

이와 같이 지역과 관련된 상임위원회를 별도로 신설하게 될 상원에서 상임위원회의 권한은 대체로 행정부의 법률적 제안을 논의를 통해서 그대로 수용하게 될 하원과는 달리 상대적으로 강화될 필요가 있다. 즉 하원은 정당의 의석 배분과 이에 따라서 구성될 내각이 의사 과정의 주도권을 장악하고 다양한 정파 간 의견을 수렴하면서 의사를 진행해 간다고 한다면, 이에 비해서 상원은 이러한 다양한 정당이나 정파 간의 의견보다는 상원의원이 대표하는 각 지역의 의견을 조정해 나가는 것이 필요할 것이다. 따라서 이러한 조정 과정의 중심에 있을 다양한 상임위원회의 권한을 제고시키는 것이 필요하다. 이는 지역 간의 이견을 조정하고 협력을 도모할 상원 고유의 상임위원회뿐만 아니라 정부의 부서에 대응하여 기능별로 구성될 상임위원회의 경우에도 마찬가지일 것으로 보인다.

3. 양원 간 의사절충 방식

마지막으로 통일한국의 양원제 의회제도와 관련해 상하 양원 간에 법률안의 서로 다르게 나타날 경우 이를 조정할 수 있는 메커니즘에 대해서도 준비된 대안이 있어야 한다. 여기에는 여러 가지 방식이 존재할 수 있을 것으로 보인다. 우선 정당 간 법안 조정 방식이 있을 수 있다. 즉 양원의 다수당 간의 타협에 의한 법안 조정 방식도 가능할 것이다. 혹은 의회제의 경우 내각이 연립정부로 구성된 경우 이에 참여한 하원 연립내각 참여정당과 상원의 대응정당 간의 타협으로 법안이 조정될 수 있다. 그러나 이러한 방법은 단독이든 연합의 방식이든 내각에 참여한 정당에게만 배타적으로 법안의 조정권한을 주기 때문에 지나치게 정당 중심적이라는 반론에 봉착할 수 있다.

둘째 방법으로는 미국의 양원제처럼 양당 협의기구로서 양원 협의위원회를 두어 법안의 차이를 조정하는 방식도 생각해 볼 수 있다. 이러한 방식은 특정 정당이 아니라 양원에서 법안을 담당한 주관 상임위원회의 대표위원들이 참여한다는 점에서 정당 중심적 조정 과정보다는 더 협의적이라는 장점이 있을 수 있다. 마지막으로 하원이나 상원 가운데 어느 일원(一院)이 통과시킨 법안을 다른 일원이 그대로 받아들이거나 수정안을 제출하고 단일한 법안이 어느 일원이 수용할 때까지 이러한 과정을 반복하는 방식이 있을 수 있다. 이러한 방식은 재정이나 예산 관련 법률안을 제외하고 상원의 권한이 사실상 하원과 동일하다는 전제 하에서 볼 때, 양원 간에 상호교차 방식으로 법안 조정이 불가능해질 가능성이 있어서 그대로 수용하기에는 문제가 있다.

따라서 분권형이며 협의주의적인 연방제 하에서 상원의 권한이 하원에 버금간다고 전제할 경우, 가장 적절한 양원 간 법안 조정 방식은 해당 법률안을 담당한 양원의 상임위원회 대표위원들이 모여서 법안 조정위원회(미국의회의 경우 양원 협의위원회)를 통하는 것이 바람직하다. 이 경우 양원의 소관 상임위원회의 정당별 대표가 골고루 참여해 의견을 개진하고, 최종적으로는 다수결을 통해서 법안 조정절차를 완료하는 장치를 만들어 두어 협의제적 심의와 다수의 결정력을 동시에 갖출 수 있게 하는 것이 바람직하다. 이때 이러한 양원의 법안 조정위원회에 부여된 법안이 헌정구조나 지역정부의 권한과 관련된 경우, 상원의 지역정부나 정부 간 관계에 관련된 상임위원회의 대표를 동시에 참여시키는 방식을 고려할 수도 있다.[18]

---

[18] 이때 양원 법안 조정위원회에 참석하는 상원의 정부 간 관계위원회, 혹은 지역문제 관련 위원회의 위원들에게 어느 정도의 결정권한을 부여할 것인지는 의회 관련 법률이나 의사규칙으로 정할 수 있다. 이와 관련해 이들 위원회 위원의 권한을 투표권 없이 의견을 개진하는 권한에 국한시킬 수도 있다.

Ⅳ. 결론

지금까지 이 글은 통일한국의 국가 형태를 연방국가로 보고 이러한 연방국가에 적합한 의회제도로 일컬어지는 양원제 의회를 중심으로 통일한국의 의회에 대해서 논의했다. 특히 통일 이전 남북한 지역의 지역대표성을 고려함과 동시에 분권화 구현의 차원에서 중요성이 부각되는 상원의원을 중심으로 그 구성 방식과 권한 및 조직 등에 대해서 논의했다. 통일한국은 사회 내의 다양한 이익을 정부의 정책 결정 과정에 반영하고 이를 협의제적인 방식을 통해서 구현해야 하기 때문에, 이 글에는 권력구조, 선거 및 정당제도 등이 대체로 분권적이며 소수세력의 참여가 보장되는 것을 상정하고 논의를 전개했다.

전체적으로 통일한국의 의회제도는 유권자들 대변하는 하원만큼 상원의 권한이 강한 대칭형, 혹은 평등주의적 양원제도가 되어야 하며, 이와 관련하여 상원의 지역대표성의 보장을 위해서 내부 조직 구성의 차원에서 이를 관장하는 별도의 상임위원회를 둘 필요가 있다. 그리고 재정이나 조세 등의 권한을 제외하면 실질적으로 하원과 동등한 법률안 작성 및 수정의 권한을 지니고, 이와 아울러 국가의 안정성과 관련된 전국적인 업무를 맡는 정부기관의 책임자에 대한 인준권한도 보유해야 한다.

　이러한 논의와 관련하여 향후 통일한국의 양원제도 하에서 상원의원의 '지역대표성'을 가장 적절하게 보장할 수 있는 방식이 무엇일지에 대한 지속적인 연구가 필요하리라고 본다. 이 글의 핵심적인 연구대상은 아니었지만 어떠한 방식의 선거제도를 통해서 지역별로 상원의원을 선발하고, 이렇게 선발된 상원의원이 어떠한 방식으로 상원에서 지역의 이익을 대변하며, 각 지역정부나 지역의회, 혹은 지역의 주민이 어떠한 경로로 이들에게 책임을 물을 수 있는지에 대한 좀 더 심화된 연구가 필요하다. 이는 하원과 구별된 상원이 단순히 일부 지역 유권자나 그 지역의 정당의 이익을 대변하는 것이 아니라, 지역 전체의 현안과 관련해 지역의 이익을 극대화하도록 노력하게 만드는가, 하는 문제와 관련된 것이다.

　예컨대 이와 관련된 중요한 고려사항은 상원의원을 각 지역대표 단위별 국민직선으로 할 것인지, 혹은 지역의회의 간선, 혹은 지역정부의 대표가 참여하게 하는 방식을 취할 것인지의 문제라고 할 수 있다. 익히 알려져 있듯이 독일의 경우 지역정부의 내각을 구성하고 있는 정당대표들 가운데 상원의원을 선발하는 간접선거제도를 실시하고 있고, 또한 이러한 상원의원이 지역정부에 돌아와 연방상원에서 논의된 내용을 보고하는 제도를 지니고 있다. 독일에서 취하는 방식이 모든 국가에 적용될 필요도 없고 그럴 가능성도 적지만, 지역대표성을 보장하는 방식에 대한 구체성과 관련하여 하나의 전범이 될 수 있다고 보인다. 따라서 향후 통일한국의 상원이 하원과는 달리 지역의 일부 유권자나, 혹은 개별 정당이 아닌 지역 전체의 이익을 대변할 수 있게 만드는 메커니즘에 대한 연구가 필요하다.

참고문헌

강원택. 2011. 『통일 이후의 한국 민주주의』. 나남.
박종철. 1995. "통일한국의 정치적 갈등구조와 온건다당제", 『한국과 국제정치』, 22호, pp.35-60.
손병권. 2004. "'연방주의자 논고'에 나타난 매디슨의 새로운 미국 국가: 광대한 공화국", 『국제·지역연구』, 13(4), pp.25-50.
임혁백. 1999. "통일한국의 헌정제도 디자인", 『아세아 연구』, 101, pp.301-335.
최진욱. 1996. "통일시대를 대비한 새로운 권력구조의 모색", 『한국정치학회보』, 29(3), pp.273-293.

Bailyn, Bernard. 1967. *The Ideological Origins of American Revolution*. Cambridge: The Belknap Press of Harvard University.
Epstein, David E. 1984. *The Political Theory of the Federalist*. Chicago: the University of Chicago Press.
Hamilton, Alexander, James Madison, and John Jay. 1982. *The Federalist Papers*, edited and with and Introduction by Garry Wills. New York: Bantam Books(originally published in 1787-1788).
Lijphart, Arend. 1984. *Patterns of Majoritarian and Consensus Government in Twenty-One Countries*. New Haven: Yale University Press.
Mezey, Michael. 1990. "Classifying Legislatures", *Legislatures*. Philip Norton. ed. pp.149-176. Oxford: Oxford University Press.
Milkis, Sideny M., and Michael Nelson. 2003. *The American Presidency: Origins and Development 1776-2002*. Washington, D.C.: CQ Press.
Patterson, Samuel C., and Anthony Mughan. 1999. eds. Senates: *Bicameralism in the Contemporary World*. Columbus: OH: Ohio State University Press.
_____. 2001. "Fundamentals of Institutional Design: The Functions and Powers of Parliamentary Second Chambers. *The Journal of Legislative Studies*, 7(1), pp.39-60.
Russell, Meg. 2001a. "The Territorial Role of Second Chamber", *The Journal of Legislative Studies*, 7(1), pp.105-118.
_____. 2001b. "What are Second Chambers for?", *Parliamentary Affairs*, 54(3), pp.442-458.
Shaw, Malcolm. 1990. "Committees in Legislatures", *Legislatures*. Philip Norton. ed. pp.237-267. Oxford: Oxford University Press.
Shugart, Matthew Soberg, and John M. Carey. 1992. *Presidents and Assemblies: Constitutional Design and Electoral Dynamics*. Cambridge: Cambridge University Press.
Storing, Herbert J. 1981. *What the Anti-Federalists Were For: the Political Thought of the Opponents of the Constitution*. Chicago: the University of Chicago Press.
Taagepera, Rein, and Matthew Soberg Shugart. 1989. *Seats and Votes: The Effects and Determinants of Electoral System*. New Haven: Yale University Press.

Tsebelis, G. and J. Money. 1997. *Bicameralism*. New York: Cambridge University
    Press.
Ware, Alan. 1996. *Political Parties and Party Systems*. Oxford: Oxford University
    Press.
Wood, Gordon. 1969. *The Creation of the American Republic*, pp.1776-1787.
    New York: W. W. Norton & Company.

제5장

통일한국의 선거제도

―

임성학

Ⅰ. 서론

박근혜 대통령은 2014년 신년기자회견에서 "통일은 대박이다"라는 말로 통일의 필요성을 역설했다. 남북관계에서 상호 호혜주의적 원칙을 강조해 온 보수정권이 통일의 중요성을 강조하는 것은 뜻밖이었다. 이런 분위기 속에서 이산가족 상봉이 이루어지고 있어 통일에 대한 가능성에 일말의 희망을 가지게 된다. 하지만 한편으로는 통일에 대한 준비가 되어 있지 않아 막상 통일이 된다면 장밋빛 희망보다 현실적 걱정이 앞서게 된다. 지금까지 통일은 경제적 측면에서는 많이 논의되어 왔다. 통일비용에 따른 부담이 큰지 통일이 가져다 줄 수 있는 경제적 혜택이 큰지에 대한 논란이 통일 관련 논의의 핵심이 되었다. 그 외에 국제관계적 측면에서의 논의가 있었다. 미국, 중국, 일본, 러시아 등 주변국들의 이해관계에 따라 통일의 가능성을 상정해 보는 것으로 통일한국이 주변국에게 위협이 되지 않는다는 것을 설득해야만 통일이 가능하다는 주장이 대부분이었다.

이런 경제적, 국제관계적 논의에 비해 통일에 의한 정치사회적 통합의 청사진과 이에 따른 제도적 준비는 매우 미흡했다. 통일 이후 한반도의 문제는 누가 논의하고 어떤 방식에 따라 결정해야 하는

지, 누가 대표가 되고 어떤 방식으로 대표를 선출해야 하는지 등의 문제는 정치체제 통합의 핵심적인 문제이다. 최근 신생 민주주의국가에서 발생하는 정치적 문제들은 이런 정치제도에 대한 통합이 이루어지지 않았기 때문에 발생하고 있으며 이 문제를 해결하지 않고는 경제발전과 사회통합이 불가능하다는 것도 쉽게 알 수 있다. 이런 측면에서 통일 이후의 정치제도에 대해 많은 논의와 토론을 통해 보다 통합적이고 효과적인 정치제도를 모색하고 이런 제도의 안착할 수 있도록 차근차근 준비해야 한다.

통일 이후 한국의 정치제도에 대한 설계는 쉬운 작업이 아니다. 이념적 지향점의 차이, 혹은 이해관계의 차이에 따라 서로 다른 의견이 제시될 수 있다. 또한 통일한국의 사례가 매우 특이해 기존의 다른 사례들과는 다르게 접근해야 하기 때문이다. 기존의 신생 민주주의국가의 제도적 실험은 과거 권위주의, 혹은 전체주의에서의 전환 문제를 해결하면 되는 것이지만 통일한국은 민주적인 남한과 전체주의에서 전환된 북한과의 통합이라는 측면에서 매우 다르다. 가장 유사한 경우가 동서독의 통일이지만 경제적 격차가 크고 민족전쟁의 측면에서 남북한의 이질성 또한 매우 크기 때문에 훨씬 어려운 과정이 될 것으로 예상된다.

이 장에서는 통일 이후 한국의 정치제도 중 가장 중요한 선거제도와 선거 거버넌스(electoral governance)에 대해 다루고자 한다. 통일한국을 이끌어 갈 지도자를 어떤 방식으로 선출할 것인지에 관한 제도적 문제와 이런 선거 과정을 잘 운영해 통일한국의 정통성을 높이는 운영관리 문제에 관한 내용을 다룰 것이다. 전자가 선거제도이며 후자가 선거 거버넌스 분야라고 할 수 있다.

II. 선거제도

선거는 민주주의의 핵심 중의 핵심이라고 할 수 있다. 민주적으로 선출된 대표가 국민을 위해 통치를 하는 정치체제가 바로 대의 민주주의이기 때문이다. 민주주의 하에서 지도자는 선거에 의해 선출된다는 것에 모든 사람이 동의하고 있지만 어떤 방식, 절차에 따라 뽑아야 하는지에 대해서는 많은 논란이 있다. 이런 지도자를 뽑는 구체적인 절차와 방식, 즉 유효한 투표에 대한 규칙, 개표 방식, 투표의 계산 방식, 투표의 의석전환 방식 등을 선거제도라 한다. 각 국가마다 자신들이 추구하는 가치와 이념에 따라 다양한 방식의 선거제도를 사용하고 있다. 선거제도는 지도자를 선출하는 정치적 대표성뿐만 아니라 정당체제, 연합정치, 정치의 정통성 등에 지대한 영향을 미치기 때문에 매우 중요하다. 통일 이후에 정부가 국민으로부터 정통성을 갖고 효율적으로 국정을 운영하기 위해서 통일한국에 걸맞은 선거제도를 고안하고 실시해야 할 것이다.

1. 선거제도의 특징과 효과

선거제도에 대한 대표적 논란은 다수다표제(majoritarian system) 와 비례대표제(proportional system)가 관련 있다. 가장 기본적 차 이나는 부분 중 하나는 개인의 후보자를 선출하는가, 아니면 정당을 선출하는가, 라고 할 수 있다. 개인을 중심으로 투표하는 것을 다수 대표제, 정당에 투표하는 것을 비례대표제라고 할 수 있다. 다수대 표제는 일정 지역의 선거구로 소선거구라고 불리고 일반적으로 가 장 높은 득표를 한 1명의 대표를 선출하는 것을 의미한다. 비례대표 제는 소선거구보다는 범위가 넓은 지역에서 다수의 의원을 득표율 에 따라 선출하는 방식이다. 다수대표제는 거대정당이나 후보자의 당선 가능성이 높고, 이런 효과로 인해 양당제가 형성되기 쉽기 때 문에 정치적 책임성과 안정성은 높은 반면 거대정당과 후보는 득표 율보다 더 많은 의석을 차지하는 경우가 많아 대표성이 떨어지고, 군소정당의 이해가 대표되기 어려워 다원성과 형평성을 침해할 수 있는 문제점이 있다. 비례대표는 득표와 의석 배분의 등가성이 높아 대표성이 높고 군소정당도 의회에 진출할 수 있는 기회가 높아져 다원성과 형평성을 높일 수 있는 제도다. 반면 다당제로 인해 정치 적 안정성이 떨어지고 선거 후 정당연합에 따른 정책연합으로 정치 적 책임성이 낮아지는 문제점이 있다. 따라서 기존의 민주주의국가 는 국가의 정치역사, 문화, 이념에 따라 선거제도를 선택하고 이에 따른 정치적 결과를 수용하고 있다.

헌팅턴(Huntington)이 '제3의 물결'이라고 명명한 1970년대 후 반부터 시작된 민주화의 확산으로 인해 신생 민주주의국가의 민주 주의 정착에 대한 많은 연구가 진행되었다. 과거 권위주의, 혹은 전 체주의로의 회귀를 막고 안정되고 정당한 민주주의를 정착시키는 것이 시급한 과제였다. 민주주의의 가장 핵심인 선거가 가장 많은 관심을 받게 된 것은 당연한 일일 것이다. 신생 민주주의의 선거제도의 영향에 대해 연구한 케리와 레이놀즈(Carey & Reynolds, 2011, 37)는 선거 방식 중 모든 국가에 가장 최선인 단 하나의 방식은 없다고 주장한다. 인구 구성에 따라 혹은 역사문화적 특이성에 따라 선거제도의 선택이 이루어져야 한다. 하지만 선거 방식을 선택할 때 특정한 목적을 염두에 두고 선택하여야 하며 그 목적은 아래의 다섯 가지로 요약할 수 있다.

먼저 **포괄성**(Inclusiveness)이다. 선거는 새로운 집단(심지어 상대적으로 수적으로 적은 집단)이 대표될 수 있는 수단을 제공해야 하며 의회는 이런 사회적 다양성을 반영할 수 있어야 한다. 포괄성의 하나의 중요한 요소는 기존에 소외당하고 주변화된 집단, 예를 들면 여성, 인종이나 종교적 소수자들도 대표할 수 있는 선거체제의 융통성이라고 할 수 있다. 두 번째는 **대표성의 최소한의 왜곡**(Minimal distortions)이다. 거대정당, 혹은 거대정당연합에 실제 득표보다 훨씬 더 많은 의석을 차지할 수 있도록 하는 방식, 즉 승자에게 많은 혜택을 주는 것은 대표성을 훼손할 수 있기 때문에 피해야 한다. 세 번째는 **연합이나 통합을 위한 유인**(Incentives to build coalitions)이 있어야 한다. 생각이나 이념이 비슷한 후보나 집단이 하나로 뭉쳐 정치활동을 할 수 있도록 하는 제도가 있어야 한다. 이렇게 함으로써 정치인이나 정당이 개인적 충성에 의해 운영되는 것에서 벗어나 유권자에게 보다 선명하고 일관성 있는 선택을 할 수 있는 환경이 조성될 수 있다. 네 번째는 **개별적 책임성**(Individual accountability)이다. 개별적 책임성이란 선거가 정당 혹은 정당연합 전체에 대한 것이 아니라 각각 의원의 성과에 따라 유권자가 상을 내리거나 벌을 줄 수 있도록 하는 것을 의미한다. 마지막으로 **단순성**(Simplicity)

이다. 유권자가 직면하게 되는 선택권과 유권자가 하게 될 것으로 예상되는 결정, 그리고 이런 결정과 누가 통치하는 것의 연관성이 가능한 간단명료해야 한다.

위에서 제시된 포괄성, 최소한의 왜곡, 연합을 위한 유인, 개별적 책임성, 단순성을 모두를 높이는 것이 바람직하겠지만, 다섯 가지 중 어느 하나를 추구하다 보면 다른 것은 약화될 수 있는 것도 있기 때문에 조심스럽게 접근하는 것이 필요하다. 이런 기준을 기초로 기존의 연구를 분석해 보고 바람직한 통일한국의 선거제도를 개괄적으로 논의하려고 한다.

2. 통일한국의 선거제도

통일한국의 선거제도에 대한 논의는 역사도 짧을 뿐만 아니라 매우 초보적인 단계이다. 독일 통일 이후 그 과정을 보면서 한국 통일의 가능성을 염두에 두고 통일 이후를 대비하기 위한 연구가 대부분이다. 연구의 대부분은 남북한의 오랜 분단으로 인한 정치, 사회, 경제, 문화적 차이가 정치적 통합에 걸림돌이 될 것을 예상하고 사회통합에 도움을 줄 수 있는 방식의 선거제도를 선호하고 있다.

통일 이후의 선거제도에 대한 연구를 순차적으로 살펴보면 다음과 같다. 먼저 박종철(1995, 54-57)은 순수한 다수대표제나 순수한 비례대표제가 적절하지 않고 "후보자 개인에 대한 선호를 중시하는 유권자의 투표 성향과 정치적 안정을 고려하여 다수대표제를 실시하면서도 사회적 갈등을 체제 내로 수렴하고 다양한 이익을 정치과정에 반영하기 위해서 비례대표제를 병행 실시하는 것이 바람직"하다고 주장한다. 특히 혼합형 중에서도 독일식 혼합형이 바람직하지만, 산정 방식이 어렵고 선거제도가 익숙지 않은 점을 고려해 일본식과 같은 단순병행제 도입도 검토할 수 있다. 비례대표제의 도입에 따른 문제점인 정당의 난립을 막기 위해 진입장벽의 필요성도 제기하였다.

통일한국의 헌정제도를 연구한 임혁백(1999)은 직접적으로 선거제도에 대해 언급하지는 않았지만 기본적으로는 단순다수제보다는 비례대표제를 선호하고 있다. 다수결주의 하에서는 다수파가 항상 자신의 재선 기회를 높이는 방향으로 정치를 조작하려고 하고 그 결과 소수의 권리는 침해받기 쉬우므로 소수파를 보호할 수 있는 제도인 비례대표가 더 바람직하다고 주장한다. 이내영(1999, 85-86)은 통일한국의 선거제도는 단순다수제와 비례대표제를 혼합한 혼합형 선거제도를 선호하고 정당의 난립을 막기 위해 초기진입조항의 필요성을 제기하고 있다. 한국의 소선거구제는 한 선거구에서 하나의 대표를 선출하기 때문에 이런 제도가 통일한국에서 적용된다면 북한 지역의 대표성을 저해할 가능성이 높다. 북한 지역의 대표성이 떨어져 북한 지역이 배제된다면 지역갈등이 조장되어 정치안정성은 기대할 수 없다. 반면 비례대표제는 정당의 난립과 정당체제의 분절화를 가져올 수도 있지만, 북한 지역의 소수당도 얻은 투표수에 따라 의석을 확보할 수 있어 소수의 의견도 대변할 수 있다. 결국 통일한국에서는 다수결제도와 비례대표제를 혼합한 선거제도가 바람직하다. 비례대표제에 의해 발생할 수 있는 소수정당의 난립을 막기 위해서는 독일의 경우 5퍼센트, 스페인 4퍼센트와 같은 초기 진입조항이 필요하다.

김종갑(2010)은 독일 선거의 경험을 토대로 통일한국의 선거제도를 제안하고 있다. 독일 선거제도가 높은 비례성을 담보하고 있는 제도이지만 정당 득표가 미미한 지역에서는 의석을 획득할 수 없어 1990년 독일 총선거 결과를 보면 동독 정당은 서독 지역에서 대표성을 획득하지 못했다. 독일 선거제도가 권역별로 특정 정당의 의석 독점을 막을 수 있는 장점이 있지만 전국적으로 고른 득표를 하지 못할 경우 지역적으로 집중된 의석 배분이 일어날 수도 있기 때문이다. 이것을 방지하기 위해 '독일식으로 선출하는 하원에 별도의 상원 100석을 선출하는 방식', 혹은 '독일식과 100석의 추가 의석을 남북권역별 비례배분하는 방식'을 제안하고 있다.

통일 이후의 선거제도에 대해 가장 포괄적이고 제도적 차원의 연구는 강원택(2011)의 연구다. 선거제도 도입의 원칙으로 대의 민주주의 원칙, 남북한 간 지역통합, 열린 정치엘리트 충원, 정당체제의 안전성 등을 제시했다. 통일한국의 의회구조를 양원제로 상정하고 있다. 먼저 지역대표성이 강하고 선거구의 크기가 큰 상원의 경우 단기이양식 선거제도(STV, Single Transferable Vote)를 제안하고 있는데 그 이유는 비례성이 높고 한 정당이 의석을 독점할 가능성도 낮아 바람직하다. 문제점으로는 개표 과정이 복잡하고 오래 걸린다는 단점이 있지만 전자투표 방식 등을 활용하면 큰 문제는 없을 것으로 예상한다. 인구비례의 형태로 유권자를 대표하고 선거구 크기가 작은 하원의 경우 대립과 단절을 겪은 사회의 통합이기 때문에 단순다수제 방식은 적절하지 못하고 비례대표제를 확대하는 혼합식이 타당한데 혼합식 중에서도 비례성이 높고 정당정치를 강화할 수 있는 독일식 혼합형 선거제도 도입이 타당하다.

이런 기존 연구들은 남한과 북한이 통일되고 통합된 정치체제로 작동하기 위해서는 남한과 북한의 이질적 체제를 통합할 수 있는 선거제도가 필요하다는 점에서는 모두 동의하고 있다. 동질적 정치문화와 제도에 기초한 선거제도보다는 다양한 정치세력이 존재하고 이들이 정치적으로 대표되는 선거제도를 선택해야 한다. 따라서 언어, 종교, 인종 등에 의해 균열이 생긴 국가 중 안정적 민주주의를 유지하고 있는 국가들에서 실시하고 있는 정치제도와 선거제도에 관심을 가질 수밖에 없다. 베네룩스 3국, 스위스, 오스트리아 등 유럽 소국에 대한 연구를 통해 다극공존형 민주주의(consociational democracy)를 주창한 레이파트(Lijphart)적 방식이 통일한국에 더 적절한 것이라는 동감대는 형성되어 있다. 종교, 언어, 인종 등의 강한 균열구조를 갖고 있는 다극공존형 민주주의는 소수파를 존중하기 위해 다당제와 비례대표제를 선택하고 이로 인한 연합정부가 일반적인 정부 형태다. 소수파와의 권력공유와 정당 간 긴밀한 연결과 연합으로 운영되는 정치체제라고 할 수 있다. 다극공존형 민주주의가 도입된다면, 즉 비례대표적 선거제도가 도입된다면 포괄성, 대표성의 최소한 왜곡, 정치세력 연합을 위한 유인 등의 측면에서 긍정적 효과가 나타날 것이다.

그러나 개별적 책임성과 단순성의 차원에서는 부정적 효과가 발생할 가능성이 높다. 이런 문제의식도 많은 연구자가 공유하고 있다. 박종철도 정치적 안정과 다양한 이익의 반영을 위해 다수제와 비례대표제의 혼합형을 주장하고 있다. 또한 단순성을 고려해 독일식 혼합형보다는 일본식의 단순병행제 도입도 검토하자고 주장하고 있다. 이내영(1999)도 혼합형 선거제도를 바람직한 제도라고 주장하고 비례대표제의 도입으로 발생할 수 있는 소수정당의 난립을 막기 위해 초기 진입조항을 도입하는 것이 바람직하다고 주장한다.

현재 북한에서 실시되고 있는 선거제도는 형식적인 다수대표제 형태의 소선거구제이다. 1992년과 1998년 선거법 개정을 통해 민주적이고 합리적인 선거 절차와 방법을 도입했다고 볼 수 있으나 그 운영 방식은 아직도 전체주의적이고 정권의 정당성을 높이는 도구로 사용되고 있다. "북한이 채택한 후보자 추천제도와 흑백투표함 내지 단일투표함 제도는 바로 일반·평등·직접·비밀선거의 일반원칙을 실질적으로 저해하는 것이다. 이러한 투표 절차와 방법은 매 선거구마다 1인의 후보자만을 내세우고, 후보자는 후보자추천회의를 통하여 결정하되 이 결정은 전적으로 당의 결정에 의해 이루어진다. 또한 후보자에 대한 투표에 있어서도 반대의사를 봉쇄함으로써 북한 선거법상 표명된 원칙은 무의미하게 되었다(박정원, 2006, 96)″. 비록 북한의 선거가 비민주적이라도 선거가 실시되고 있고 그 방식과 절차가 다수대표제 형태로 진행된다는 점에서는 통일한국 선거제도 설계에 중요한 시사점을 주고 있다. 특히 단순성의 측면에서 북한 주민들에게 보다 익숙하고 선거결과와 대표자의 연관성을 쉽게 알 수 있는 다수대표제가 일정 부분 남아 있는 것이 선거결과의 정당성을 높이고 북한 주민의 참여를 유도할 수 있을 것이다. 또한 단순다수대표라도 소수자가 선거구에 집중되어 있을 경우에는 소수자는 정치적으로 대표될 수 있는 가능성이 높아(Ghai, 2002, 145) 북한 주민의 대표자가 과소대표될 가능성은 매우 낮다. 노리스(2002, 233)의 연구에 따르면 비례대표제도가 인종적 소수자에게 항상 선호되는 것은 아니라는 점을 사례연구를 통해 밝혀냈다.

민주주의 공고화 이론자들의 연구에 따르면 신생 민주주의국가의 선거제도가 학자들이 예상한 것과는 다르게 작동하고 있다. 타아게페라(Taagepera, 2002, 254)는 "다른 나라 선거제도의 이식과 관련해 가장 확실한 것은 다른 나라 선거제도가 이식된 나라의 선거제도와는 다르게 작동할 것이다"라는 맥켄지의 말을 인용하면서 다른 나라 선거제도의 수입은 정치환경이 다르기 때문에 다른 선거체제를 유도할 것이라고 했다. 노리스(Norris, 2002, 233)도 선거학자들에게 일반적인 상식인 비례대표제도가 인종적 소수자에게 보다 더 지지받을 것이라는 주장을 사례연구를 통해 반박하면서 정치환경이 다른 국가에 특정 선거제도를 이식하고 그 효과를 기대하기는 어렵다고 주장한다. 이런 문제점을 인식하고 보다 실용적인 대안을 타아게페라(2002, 257-260)가 제안했다. 먼저, 선거규칙을 가능하면 단순화한다. 단순한 규칙이 적용되었고 바람직하지 못한 결과가 도출되었다면 문제의 원인도 쉽게 찾아낼 수 있기 때문이다. 원인이 발견되면 점진적으로 규칙을 바꿔야 한다. 또한 잘못된 규칙을 수정, 보완할 경우 기존의 규칙을 바꾸기보다는 새롭게 추가하는 것이 쉽기 때문이다. 둘째, 일단 선거규칙에 합의를 했으면 적어도 세 번의 선거를 같은 규칙으로 실시하는 것이다. 일반적으로 선거제도의 시스템적 효과가 안정되기 위해서는 같은 규칙으로 7~8번의 선거를 치러봐야 한다. 정당과 유권자는 선거규칙을 배우고 자신들에게 유리하게 사용하는 법을 배울 시간이 필요하다. 만약 지속적으로 선거규칙이 변경된다면 안정적 선거체제가 정착되기 어렵다.

기존 통일 선거제도에 대한 연구, 신생 민주주의 공고화 과정에 대한 연구에 따르면 정치적 환경에 따라 선거제도의 효과가 다르게 나타날 수 있기 때문에 통일한국에 어떤 제도가 최선인지를 찾아내기는 쉽지 않다. 그러나 포괄성, 최소한의 왜곡, 연합을 위한 유인, 개별적 책임성, 단순성의 다섯 가지 고려사항과 북한의 현 상황을 생각하면 단순다수제와 비례대표제를 혼합한 형태의 선거제도가 바람직하고 다양한 제도들 중 다소 단순하고 쉬운 제도를 도입하고 이를 세 번 이상 실시하는 것이 제도 안정에 도움이 될 것으로 예상된다. 현재 남한에서 실시하는 선거제도는 단순다수제와 비례대표제를 모두 적용한 혼합형 선거제도다. 현재 단순다수제에 의한 대표성의 왜곡이 나타나고 있어, 단순다수제를 줄이거나 현 상태로 유지하면서 비례대표를 늘리는 방안에 대해 대부분의 선거 전문가가 동의하고 있다. 통일 과정에서 새로운 선거제도를 실시할 경우 남한 국민들의 동의도 필요할 것이다. 남한 방식의 선거제도가 계속 유지된다면 익숙한 제도이기 때문에 이런 설득작업은 매우 수월해질 것이다. 통일한국 선거제도의 안정적 정착을 위해 비례대표를 늘리는 방향으로의 선거개혁이 사전에 남한에서 선행되는 것이 바람직하다.

선거제도에 있어 다루어지지 않고 있는 중요한 이슈 중 하나는 선거일정일 것이다. 선거일정은 통일 과정의 로드맵을 보여주는 가장 중요한 사안이기 때문에 매우 중요하다. 통일 이후 선거를 언제 실시할 것인가에 대한 사전적 논의도 필요하다. 선거일정에 따른 정치적 이해손실에 의한 선거 시기 논란이 있을 수 있는데, 선거를 일찍 실시하자는 측과 선거 준비가 되지 않았다고 늦추자는 의견이 대립하게 된다면 통합으로 가는 길은 어려워질 것이다. 아래 [표 1] 는 동구 유럽, 아시아, 그리고 최근 중동의 민주화 사례와 선거일정을 나타낸 것이다. 사례를 선정할 때 북한도 아래로부터의 민주화가 될 가능성이 높아 위로부터의 민주화 국가보다는 상향식으로 진행된 국가를 살펴보았다.

필리핀 대선의 경우가 예외적으로 빨리 실시되었지만 기존의 민주화 경험에 비추어 보면 총선거, 혹은 대통령선거는 빠르면 4~5개월 이후 늦으면 1년 정도 안에 실시되었다. 독일의 경우에 1989년 10월 18일 호네커가 사임하고 5개월 이후인 1990년 3월 18일 동독 최초 자유선거가 실시되었다. 동서독은 5월 18일 경제, 통화, 사회의 통합을 협상하고, 8월 23일에 10월 3일 동독이 서독에 흡수되는 흡수통일에 동의했고 1990년 12월 2일 동서독 총선을 실시했다. 민주화의 일반적 경향과 통일 독일의 사례를 살펴보면 북한의 민주화 시작 이후 5~6개월 내에 북한에서 총선거를 실시하는 것이 바람직하다. 북한의 정당활동이 어느 정도 자리를 잡고 주요 후보자를 선출하고 선거운동을 하는 기간을 감안한다면 통일 이후의 권력구조에 따라 다르겠지만 대선, 혹은 남북한 총선은 1년에서 1년 6개월 사이에 실시하는 것이 타당할 것으로 보인다.

[표 1] 민주화 이후 선거일정

	민주화시기	총선거	민주화 이후 총선거 실시 기간
독일	1989년 10월 18일 호네커 사임	1990년 3월 18일 동독 최초 자유선거 1990년 12월 2일 동서독 총선	동독 선거 : 약 5개월 동서독 선거 : 약 1년 2개월
폴란드	1989년 2월 6일 정부, 자유 노조, 가톨릭교회의 원탁 회의	1989년 6월 4일 총선	총선: 약 4개월
체코 슬로바키아	1989년 11월 대규모 학생 시위 후 공산당 사퇴	1990년 6월 8~9일 총선	총선: 약 7개월 후
한국	1987년 6월 항쟁	1987년 12월 16일 대통령 선거 1988년 4월 26일 13대 총선 실시	대선: 약 6개월 총선: 약 10개월
필리핀	1986년 2월 5일 민중항쟁 으로 마르코스 대통령 축출, 7일 아키노 대통령 당선	1987년 5월 11일 상하원 선거	총선: 약 1년 3개월
이집트	2011년 2월 11일 반정부 시위로 무라바크 대통령 물러남	2011년 11월 28일, 12월 4일, 2012년 1월 3일 하원 선거 2012년 1월 29일, 2월 14일, 3월 4일 상원 선거 2012년 5월 23~24일, 6월 16~17일 대통령 선거	총선 : 약 9~13개월 대선 : 1년 3~4개월
튀니지	2011년 1월 14일 벤알리 정부 몰락	2011년 10월 23일 제헌의회 선거 2014년 11월 23일 예정	총선 : 약 9개월 대선 : 약 3년 10개월

*출처: 위키피디아 사전 및 동유럽의 사례는 고상두(2007, 118-127)를 참조.

III. 선거 거버넌스

선거를 자유롭고 공정하게 치르는 것은 민주주의의 정착에 가장 필수적인 요소 중의 하나다. 신생민주주의나 통합체제의 선거 관련 연구는 대부분 선거제도의 특성, 선거제도에 따른 선거결과, 정당과 정당체제에 대한 영향 등에 많은 관심을 두었지만, 정작 선거가 실시되는 과정의 자유성과 공정성에 대해서는 상대적으로 무관심했다. 아무리 많은 노력을 들여 정치제도를 디자인했다고 하더라도 선거과정에 대한 정당성을 확보하지 못한다면 선거 자체뿐만 아니라 민주정권의 존립도 문제시되기 때문이다. 이런 선거 과정의 운영에 대한 문제점을 개선하기 위해 선거 거버넌스(electoral governance)라는 개념이 등장했는데 이는 선거의 신뢰성을 확보하기 위해 일련의 선거관련 규칙 제정, 규칙 적용, 규칙 판결을 의미하고 선거결과의 불확실성(uncertainty of democratic elections)을 담보할 수 있는 절차적 확실성(procedural certainty)을 제공하는 것이라고 정의하고 있다(Mozaffar and Schedler, 2002).

최근에 일어난 태국사태는 선거 거버넌스가 얼마나 중요한지를 말해주고 있다. 지속되는 여야의 극단적이고 폭력적인 대립의 해결

방안으로 태국 수상은 퇴임해야 한다는 야당의 주장에 총선거로 맞대응해 2014년 2월 총선이 실시되었지만 야당은 "28곳의 선거구에서는 후보가 없어 수백만 국민들이 투표권을 행사할 기회조차 없는 불평등한 선거"라며 "이는 국민선거의 가장 기본적인 평등권과 비밀보장권이 보장되지 않은 실패한 선거"라고 주장했다.[1] 이에 따라 야당은 헌법재판소에 선거무효를 청원했지만 헌재는 선거무효처리를 기각했다. 결국 총선까지 실시했지만 정국의 향배는 알 수 없으며 더 혼란스러워졌다.

통일한국을 가정한다면 남한은 민주화 이후 여러 번의 총선, 대선, 지방선거를 거치면서 선거 거버넌스가 잘 정착되었다고 평가할 수 있다. 대부분의 국민들은 선거결과에 정당성을 부여하고 선거가 자유롭고 공정하게 치러지고 있다고 믿고 있다. 물론 아직 개선할 부분은 많지만, 한국 민주주의 선거 운영은 여러 신생 민주주의 국가의 모범이 되고 있다. 이런 결과로 중앙선거관리위원회는 2013년 10월 개최된 '세계선거기관협의회 창립총회'에서 세계선거기관협의회를 출범시키고 그 협의회 사무처를 한국에 유치했다.[2] 이것의 의미는 한국 선거 운영이 세계적 수준이라는 것을 국제적으로 승인받았고 우수한 선거제도와 선거관리기법을 신생 민주주의국가에 전파하는 것에 대한 노력이 인정받은 것이다. 또한 외국의 선거 관계자를 초빙하여 선거관리 연수를 받도록 하거나 한국의 선거를 참관할 수 있도록 하고 있다.[3]

---

[1] http://www.newsis.com/ar_detail/view.html?ar_id=NISX20140214_0012723183&cID=10102&pID =10100/(검색일: 2014.02.22).

[2] http://www.nec.go.kr/portal/bbs/view/B0000342/4597.do?menuNo=200035/(검색일: 2014.02.22).

[3] http://www.nec.go.kr/portal/bbs/view/B0000342/3672.do?menuNo=200035/(검색일: 2014.02.22).

남한의 우수한 선거운영기관과 노하우는 통일 이후 선거 운영에도 큰 도움이 될 것이 분명하다. 그러나 민주적 선거의 경험이 일천하고 선거의 자유와 공정성에 대한 개념이 부족한 북한의 경우 효과적이고 공정한 선거 거버넌스가 정착하는 것은 예상보다 쉽지도 않을 뿐더러 오랜 시일이 필요할 것이다. 북한에 형성될 정당과 정치인들은 민주적 방식의 정당 운영이나 선거운동에도 문외한일 것이고, 선거자금을 어떻게 합법적으로 모금하고 지출할 것인지, 어디에 사용해야 효과적인지 등의 문제에 대해서도 쉽게 답을 찾을 수 없을 것이다. 유권자들도 다양한 정당과 후보자들 중에 자신의 이익을 대표할 대표자가 누군지 파악하는 일도 쉽지 않을 것이다. 이런 과정 속에서 불법, 탈법적 선거 행태가 만연해 선거에 대한 신뢰성이 떨어진다면 통일정부는 민주적 선거를 통해 정치적 정통성을 확보할 수 없게 된다. 따라서 통일 이후 선거 거버넌스 확립은 매우 중요하다. 선거 거버넌스의 기존 논의를 소개하고 통일한국에서 선거 거버넌스를 확립하기 위해 필요한 것들을 논의하고자 한다.

1. 선거 거버넌스의 논의와 유의점

선거 거버넌스에 대한 최근 연구는 주로 선거운영기관의 존재와 독립성에 대한 것이다. 모자파(Mozaffar, 2002)는 아프리카 신생 민주주의를 연구하면서 민주선거의 신뢰성이 보장되려면 선거 거버넌스가 확보되어야 하며 선거 거버넌스의 가장 기초적인 것이 정부로부터의 선거운영기관 독립성이었다. 하틀린 외(Hartlyn et al., 2008)의 연구에서도 전문성과 독립성이 보장되고 당파적 영향으로부터 안전한 선거운영기관의 존재 여부가 수준 높은 선거관리의 기초라고 주장하고 있다.

민주주의와 선거보조를 위한 국제기관(IDEA, 2012a)은 선거관리기구의 독립성뿐만 아니라 주요 이해당사자가 참여하는 것도 선거 거버넌스 확립에 중요하다고 주장한다. 특히 대부분의 민주주의 전환과정은 다당제를 허용하는 방향으로 진행되기 때문에 선거의 주요 이해당사자인 정당의 대표가 선거관리기구에 참여하는 것은 필요하다. 이를 통해 참여자들 간의 동의를 도출해내고 투명성을 높이게 된다면 결국 선거 과정의 신뢰성이 높아지게 될 것이기 때문이다. 또한 선거관리기구의 대표는 참석자의 선거로 선출되는 것이 민주성과 독립성을 높이는 방안이라고 제안하고 있다.

이런 선거관리기구의 독립성 외에도 자유로운 언론과 시민사회의 성장 및 국제적 압력 같은 정치환경이 조성되어 있다면 선거 거버넌스는 매우 높은 수준이 될 수 있다고 주장한다. 자유로운 언론, 시민사회가 존재하지 않는 북한의 경우 선거운영기관의 독립성이 확보되더라도 운영 과정에서 발생할 수 있는 여러 문제로 인해 많은 문제점들이 나타날 것으로 예상된다. 이런 문제점을 제기하고 이에 대한 필요성은 김지탁(2013, 323)의 연구에서 엿볼 수 있다. "통일 한국이 독일처럼 급격한 흡수통일 형태로 달성된다면, 남·북한 총선거의 선거관리가 민주적으로 성공리에 행해질 것으로 오산해서는 안 될 것"이며 "북한 주민에 대한 자유민주주의 이념과 가치, 민주적 선거의 기능과 우월성 등을 전파시켜 자유민주적 선거문화를 공유할 수 있도록 북한 지역에 대한 선거관리 지원을 폭넓게 실시"해야 한다.

노리스(2002, 232)는 신생 민주주의에 대한 연구가 선거제도에 집중된 것을 비판하고 보다 실용적인 선거 거버넌스에 더 많은 관심을 가져야 한다고 주장한다. 선거제도는 선거 이후 지속적인 수정, 보완이 있기 때문에 특정 선거제도가 예상된 결과를 가져올 것으로 기대하기 어렵다. 따라서 민주주의 공고화에 도움이 될 수 있는 부정선거 방지 및 예방, 투명한 개표절차, 정치방송에 대한 자유롭고 공정한 접근 허용 등에 관심을 가져야 한다. 이런 취지에 따라 엘클리트와 레이놀즈(2005, 152-154)는 선거 거버넌스를 선거평가단계와 성과지표(election assessment steps and performance indicators)라는 개념으로 나누고 이를 11개의 하부 개념으로 만들어 각각 평가할 수 있는 기준을 제시하고 있어 많은 시사점을 주고 있다. [부록]은 선거평가단계와 성과지표를 자세히 설명한 것으로 통일 후 북한 지역의 선거 거버넌스 확립의 주요 기준을 제시하고 있다. 엘클리트와 레이놀즈(2005)는 이런 선거평가단계와 성과지표도 민주주의 수준에 따라 적용해야 한다고 주장하면서 신생 민주주의의 경우 가장 시급한 것은 '1. 법적 틀', '2. 선거운영', '6. 투표용지에 대한 접근과 디자인', '8. 투표', '9. 투표 집계와 도표(tabulating) 작성', '10. 선거 관련 불만처리'라고 주장한다. 통일 이후 북한지역에 선거 거버넌스를 구축하는 데 이런 기준과 성과지표는 많은 도움이 될 것으로 기대한다.

2. 선거 거버넌스와 북한, 그리고 통일한국

효과적이고 효율적인 선거 거버넌스를 통일한국, 특히 북한 지역에 구축하기 위해서는 현 북한의 선거 거버넌스 상황을 파악하고 있어야 한다. 북한의 선거가 요식적이고 억압된 상태에서 실시되고 있다는 사실을 모르는 사람은 없다. 하지만 북한에 선거를 위한 제도, 절차 등은 제도적으로 잘 갖추어져 있고, 다양한 선거가 존재하고 항상 원칙이 지켜지고 있지는 않지만 주기적인 선거가 실시되고 있다는 점에서 북한 주민이 선거에 참여하거나 투표하는 데 큰 문제가 발생할 것으로 보이지는 않는다.

　선거 거버넌스의 중요한 측면 중에 또 하나가 국민의 지적 수준이다. 많은 신생국가 특히 교육시설이 낙후된 국가들에서는 문맹률이 높아 선거정보가 제대로 유통되지 못하고 선거참여의 의욕도 떨어진다. 하지만 북한의 경우 문맹률은 거의 0퍼센트에 가까울 정도로 낮다. "미국 중앙정보부(CIA)의 『더 월드 팩트북(The World Factbook)』에 따르면 북한의 문자해독률은 1991년 기준으로 99퍼센트(남성 99퍼센트, 여성 99퍼센트)였다. 유엔개발계획(UNDP) 역시 2011년 11월 발표한 『2011 인간개발보고서』에서 북한의 문맹률을 0퍼센트로 집계했"을 정로도 문맹률이 낮은데 그 이유는 해방 직후 강력한 문맹퇴치운동을 전개했고 한자를 폐지했기 때문이다.[4]

　또한 북한의 선거 종류는 매우 다양해 어린 시절부터 선거를 경험하고 참여할 수 있다. "형식적인 의례절차에 불과하더라도 학교의 소년단 조직에서부터 주권기관인 최고인민회의와 지방인민회의 대의원 선거에 이르기까지 폭넓게 실시되고 있다. 인민학교에서부터 실시되는 소년단 간부선거, 고등중·대학·기관·기업소·협동농장·인민군 청년동맹에서 실시되는 김일성사회주의청년동맹 간부선거, 조선직업총동맹(직맹)·조선농업근로자동맹(농근맹)·조선민주여성동맹(여맹) 등 각종 근로단체의 간부선거 노동당 간부선거, 지방 및 최고 인민회의 대의원 선거가 있다(성기중·윤여상, 2003, 159-160)". 물론 형식적 선거이지만 선거 참여와 절차에 대한 인식이 형성되어 있다는 점에서 통일이후 선거가 실시되더라도 제3세계에서 벌어지는 선거 무경험에서 오는 문제점은 없을 것으로 예상된다.

---

[4]　연합뉴스, "북한 문맹률이 0%에 가까운 까닭은"(http://www.yonhapnews.co.kr/politics/2012/10/08/0505000000AKR20121008102500014.HTML/, 검색일: 2014.03.14).

이외에도 선거일, 선거구 선정, 선거에 대한 이의 처리, 선거관리 기구, 선거 선전 및 투표결과 확정에 관한 제도가 있다. 선거일과 선거구의 경우 "북한의 대의원 선거일은 최고인민회의 상설회의가 결정하며, 최고인민회의 대의원 선거는 5년에 1회, 각급 지방인민회의 대의원 선거는 4년에 1회씩 실시하며, 최고인민회의와 지방인민회의 선거는 별도로 행하는 것을 원칙으로 한다. 또한 선거구는 선거하는 대의원에 따라서 행정구역과 인구수를 고려해 선거 때마다 결정하며, 각급 인민회의 대의원 선거를 위한 선거구 수는 선거하는 당해 인민회의 대의원 수와 같게 함으로써 소선거구제를 채택"하고 있다(성기중·윤여상, 2003, 164). 규칙적인 선거일이 존재하고 인구 분포에 따라 선거구가 정해진다는 점에서 제도상으로 한국의 소선구제와 크게 다를 바가 없다.

선거관리기구의 측면에서도 크게 다르지 않다. 북한의 선거위원회는 선거 관련 사업을 조직하고 집행하며 선거규정이 잘 지켜지고 있는가를 검열하고 지도하며 선거로 인해 발생된 문제를 심의하고 해결하는 기능을 수행한다. 따라서 북한의 선거위원회는 한국의 중앙선관위의 기능과 거의 같지만 다른 점은 상설기관이 아니라 선거 시기 때에 한시적으로 만들어지는 비상설기관이다(박정원, 2006, 96-97).

물론 선거 거버넌스가 실시될 수 있는 제도적 장치가 구비된다고 민주주의가 정착된다고 할 수는 없다. 특히 북한과 같이 억압된 상황 속에서 정권의 합리화 수단으로 실시되는 선거를 볼 때 이런 제도들이 통일한국에서 제대로 작동할 수 있는지에 대해 많은 의구심이 들 수밖에 없지만, 선거 경험이 적고 제도가 정비되지 않았던 신생 민주주의국가보다는 상대적으로 제도 운영에는 문제점의 발생이 적을 것으로 예상된다.

따라서 통일한국의 경우 선거 거버넌스의 측면에서는 보다 자유롭고, 다양한 의견이 표출될 수 있는 선거운동환경과 공정하고 형평성 있는 경쟁이 보장되는 선거 과정을 구축하는 데 더 많은 관심을 기울여야 한다. 기존의 선거 거버넌스 문헌에서 다루고 있지는 않지만 중요한 것 중 하나는 선거자금이다. 버치(Birch, 2008)는 사람들이 선거과정에 신뢰를 주는 제도로 두 가지를 들고 있는데 두 가지 제도의 특징은 공평한 경쟁의 장(level playing field)의 제공으로 선거제도의 측면에서 보다 비례적(proportional)이고 선거자금의 측면에서는 국고로 보조하는 것이라고 한다. 통일 이후 남한의 정당과 정치인은 국고보고금과 국회의원 후원회를 통해 정치와 선거활동에 필요한 자금을 공식적이고 합법적으로 조달하고 사용할 수 있을 것으로 예상된다. 물론 기존의 남한의 제도가 똑같이 적용되어 북한의 정당에 국고보고금도 제공하고 북한 정치인도 후원회를 만들 수 있도록 할 가능성이 높지만 북한의 경제 수준과 정치 수준을 감안한다면 적정 수준의 자금을 마련하기 어려울 것이다. 이런 선거자금의 불균형이 선거결과에도 영향을 주게 된다면 선거에 대한 정당성은 하락하게 되어 통일한국의 정통성에도 타격을 줄 수 있다.

　　현재 남한은 제한적 선거공영제를 실시하고 있다. 선거공영제는 선거의 공정성과 형평성을 높이기 위해 국가가 선거를 관리하고 이에 소요되는 비용을 제공하는 것이다. 돈에 의해 선거결과가 영향을 받지 않도록 하여 후보자 간의 공정한 경쟁을 유도하고 선거운동의 형평성을 높이려는 제도이다. 물론 국가가 선거비용을 제공하기 때문에 조세 부담이 높아지고 선거비용이 들지 않아 많은 후보자들이 부담 없이 출마하게 되는 문제도 발생할 수 있다. 이런 문제점에도 불구하고 남한은 선거공영제를 실시하고 있다. 정부가 후보자의 선거운동을 위한 비용을 직접 부담하거나 선거 후 후보자의 득표율에 따라 선거비용을 보전해 주고 있어 실질적으로 선거공영제가 실시되고 있다고 할 수 있다.

통일한국의 경우 북한의 정당과 정치인의 정치자금 조달능력과 운영능력을 고려해 볼 때 선거공영제를 보다 확대해야만 선거경쟁성과 형평성이 보장될 수 있을 것으로 예상되기 때문에 선거공영제 확대는 필요하다. 물론 북한의 선거 거버넌스가 작동하고 시민사회와 경제사회가 성장하는 시기가 온다면 그때 축소할 수 있을 것이다.

3. 국제선거감시기구의 초빙

통일한국의 선거 과정에서 국제선거감시기구의 초빙 문제가 논란이 될 수 있어 사전에 논의를 하는 것이 필요하다. 1980년대 중반부터 국제적인 선거감시(election monitoring)활동이 국가의 주권과 관련된 문제임에도 불구하고 폭발적으로 증가했다(Chand, 1997). 켈리의 연구(Kelley, 2009b, 59-60)에 따르면 1975년부터 2004년까지 385개 선거가 18개 주요 기관 중의 적어도 하나에 의해 감시를 받았다. 선거감시활동이 공정한 선거 실시뿐만 아니라 기초적인 민주적 제도와 습관을 정착시키는 데 도움을 주었고, 특히 선거감시를 위한 국제기구와 국내외 시민단체의 협력은 민주주의를 보호하고 확장하는 데 도움이 되었기 때문이다. 하이드(Hyde, 2011)는 왜 많은 국가들이 국제선거감시단을 초대하는 것이 국제적 규범이 되었는지에 대해 연구하였다. 그의 연구에 따르면 국제적으로 민주주의 국가가 가질 수 있는 위상과 이익 때문에 대부분의 민주주의 전환기의 국가들은 국제선거감시단의 감시를 허용한다. 국제선거감시단을 초대하는 것이 민주화를 하겠다는 신호를 보내는 것이고 만약 감시단을 초빙하지 않는 것은 민주화의 의지가 없다는 것을 국제사회에 보여

주는 것이기 때문에 이런 국제적 규범이 형성되었다고 주장한다.

이런 국제선거감시활동의 증가 추세에 맞춰 UN 정무부(UNDPA, United Nations Department of Political Affairs) 산하의 UN 선거지원분과(UNEAD, United Nations Electoral Assistance Division)는 '국제선거감시를 위한 원칙에 대한 선언'을 했다. 선언의 주요 내용은 정부권력의 기초는 국민의 뜻이고 이런 국민의 뜻은 선거를 통해 알 수 있기 때문에 공정하고 자유로운 선거가 될 수 있도록 지원한다는 것이다.

국제선거감시활동의 확장에 대한 비판적 시각도 존재한다. 먼저 선거감시를 받는 국가의 입장에서 국가주권 침해의 문제점을 들 수 있다. 마틀로사(Matlosa, 2002)는 짐바브웨를 예로 들면서 비록 선거감시와 참관이 미시적인 차원에서 민주화에 도움을 주고 있지만, 선진국은 이런 활동을 패권 확장의 도구로 사용하고 있기 때문에 개발도상국의 주권이 침해당하고 있다고 주장한다. 두 번째는 감시국에 대한 몰이해로 오는 문제점이다. 브람(Brahm, 2004)은 이런 선거감시시민단체는 지역상황을 잘 모르는 경우가 많고 감시활동 직전에 파견되기 때문에 선거 실시 국가의 국내 전문가와 긴밀하게 협력해야 한다고 주장한다.[5] 세 번째는 최근 추세와 관련된 문제로 선거감시 참여가 점차 다양한 기구들의 참여가 늘어나면서 발생한 것이다. 켈리(2009b, 59-60)에 따르면 선거감시를 받은 385개 선거 중에 한 기관에 의해 감시를 받은 경우는 거의 반이었다. 두 기관의 경우 25퍼센트, 세 기관의 경우 15퍼센트, 넷 이상의 경우는 15퍼센트가 되었다. 점차 많은 기관들이 선거감시에 참여하게 되었는데 이

---

[5]　선거감시 관련 시민단체에 대한 홈페이지 정보를 찾을 수 있다(http://www.beyondintractability.org/essay/election-monitoring/, 검색일: 2014.03.04).

들 기관이 선거감시에 대해 서로 협의하고 동의하지 않는 경우에는 문제가 발생하고 있어 국가 간 혹은 국제기구 간의 협력을 저해하는 경우가 발생하고 있다. 각각의 기구가 독립적이고 자율적으로 활동하기 때문에 상위 권위체가 없어 문제 발생 시 해결이 어렵다. 이런 기구들의 선거감시와 참관의 기준이 없어 일관되고 공정한 규칙이 적용되지 않고 있다는 것도 문제점으로 지적되고 있다(Matlosa, 2002). 마지막으로 선거감시활동 그 자체의 문제점을 지적한 것이다. 심서와 도노(Simpser & Donno, 2012)의 연구에 따르면 국제감시활동은 선거일 일어날 수 있는 부정선거활동보다는 사전선거부정을 유도할 수 있고 사전선거부정은 증명하고 처벌하기 더 어렵기 때문에 문제라고 지적한다. 사전선거부정은 선거 자체에 대한 부정뿐만 아니라 법치, 행정적 효과성, 언론의 자유와 같은 민주주의의 기본을 해칠 수 있기 때문에 선거 거버넌스에 악영향을 미친다.

통일 이후의 선거관리를 위해 국제선거감시 혹은 참관이 필요할 것인가? 위에서 살펴본 것과 같이 국제선거감시에 대한 비판도 있어 쉽게 결정할 사안은 아니다. 그러나 남한과 북한은 같은 민족이지만 오랫동안 정치·경제·사회·문화적으로 분리되어 온 이질사회라고 할 수 있다. 특히 상대방을 적대시하면서 자국의 정통성을 확보한 시기도 있었기 때문에 남북한이 모두 통일을 원한다고 하더라도 통일 직후 상대방에 대한 신뢰가 높아 선거관리에 큰 문제가 없을 것으로 예상하기 어렵다. 남한이 가지고 있는 오랜 선거관리 경험과 민주화와 공고화의 체험은 통일 후 특히 북한의 선거 운영에 매우 큰 도움이 될 것으로 예상되지만 남한 주도의 선거관리를 원하지 않거나 거부할 가능성도 있다.

그렇다면 국제선거감시를 초대하면서도 선거감시의 문제점을 줄여갈 수 있는 방안이 마련되어야 할 것이다. 먼저 국제감시단으로 참여할 국가와 정부 혹은 시민단체 국제기구 순으로 살펴보자. 국가의 경우 두 가지 기준이 적용될 수 있다. 남북한 모두 수교를 맺었던 국가들로부터 초대하는 것과 선거관리의 역사가 깊고 민주주의 수준이 높은 국가로부터 초대하는 것이다. 2014년 수교 현황은 남한 190개, 북한은 수교국 161개다. 유럽, 아프리카, 중동은 남북한 모두 비슷하게 수교국을 유지하고 있다. 반면 미주와 아주 지역은 남한 단독 수교 국가가 많다.[6] 이런 기준에 따르면 결국 민주주의의 역사가 깊은 유럽 국가들이 선거감시에 참여하는 것이 바람직할 것이다. 유럽 국가들 중 북한에 상주 공관을 보유하고 있는 독일, 영국, 체코, 폴란드, 스웨덴, 불가리아, 루마니아, 스위스, 프랑스는 통일 후 북한 주민들에게 신뢰를 줄 수 있기 때문에 참여하는 것이 좋겠다. 2014년 5월 외교부는 상주 공관을 보유하고 있는 주한 공관들을 중심으로 '평화 클럽'을 개최하고 북한 문제 해결에 협력하기로 했다.[7] 이런 클럽을 통해 선거감시활동을 제도적 준비하는 것이 필요하다.

대표적인 선거감시 정부 혹은 시민단체를 살펴보면 먼저 UN 선거지원분과를 들 수 있다. UN의 선거감시활동은 한국과 밀접한 연관이 있는데, 그 이유는 이런 선거감시활동의 시발이 해방 이후 한국 정부 수립을 위한 선거에 파견하기로 결정한 것이기 때문이다. "1947년 11월 14일 UN은 제2차 총회에서 한반도 분단 상태의 종식과 통일독립정부의 수립을 위해 1948년 5월 10일 한반도 전역에서 총선거를 실시하기로 결의했다. 총선거는 UN 감시 하에 인구비례

---

[6] 나라지표(http://www.index.go.kr/potal/main/EachDtlPageDetail.do?idx_cd =1677/, 검색일: 2014.04.05)

[7] 2014년 5월 30일 외교부 보도자료, "평화 클럽(Peace Club) 출범행사 개최"(http:// www.mofa.go.kr/webmodule/htsboard/template/read/korboardread.jsp?boardid= 235&typeID=6&tableName=TYPE_DATABOARD&seqno=350539/)

에 의해 실시하며, 선거감시임무를 수행할 UN 한국임시위원단을 구성하기로 했다."[8] 그 이후 선거감시활동은 많지 않았지만 1980년 대 후반 소위 말하는 민주화의 '제3의 물결'로 인해 UN에 의한 선거 감시의 필요성이 커졌고 점차 선거에 관한 기술적 지원으로 지원 방식이 변화하고 있다. UN에는 남북한이 모두 가입되어 있기 때문 에 통일 이후 선거에서 UN 선거지원분과의 선거 지원에 대해서는 큰 문제가 없을 것으로 예상된다.

최근 추세로는 지역공동체의 선거감시활동이다. 1960년대 미주 기구(Organization of American States)의 선거감시활동이 시작 된 이후 아프리카 지역공동체인 아프리카연합(Africa Union), 유럽 연합(EU), 아랍연맹(LAS, the League of Arab States), 태평양 제도포럼(the Pacific Island Forum) 등이 선거감시 및 참관 활동 을 하고 있다. 동남아 국가연합(ASEAN)도 선거감시활동을 시작 했다(IDEA, 2012b). 지역공동체에 속해 있거나 시민단체에서 선 거감시활동을 하는 단체도 있다. 대표적인 예는 국제인권법그룹 (International Human Rights Law Group), 민주주의를 위한 국가 기금(NED, National Endowment for Democracy), 국제문제에 대한 국립민주기구(NDI, National Democratic Institute for International Affairs), 국제공화기구(IRI, International Republic Institute), 민주 주의와 선거보조를 위한 국제기관(International IDEA, International Institute for Democracy and Electoral Assistance), 카터센터 (The Carter Center), 선거체제를 위한 국제재단(IFES, International Foundation for Electoral Systems), 전세계인권기구(La Federation

---

[8] 통일부 남북회담본부 자료(http://dialogue.unikorea.go.kr/home/data/kdialogue/ 1277;jsessionid=E02EE25CC4069BA0BCC20D2861D8FD32/ 검색일: 2014.04.02)

Internationale des Droits de l'Homme), 국제법률가위원회(ICJ, International Commission of Jurists), 국제의회연맹(Inter-Parliamentary Union), 민주주의센터(Center for Democracy), 선거 장려 및 자문을 위한 센터(CAPEL, Centre for Electoral Promotion and Advice) 등이 있다(Brahm, 2004).

통일 이후 지역공동체와 시민단체의 선거감시 참여도 위의 기준 과 동일, 즉 남북한과 모두 관계를 갖고 민주주의의 정도가 높은 수 준을 유지한 경우에 한해 허용하는 것이 바람직할 것이다. 지역공동 체는 유럽연합의 참여가 바람직하고, 시민단체의 경우 IDEA, 전세 계인권기구, 국제의회연맹의 참여는 바람직하지만 NED, NDI, 카터 센터, IRI, IFES, 민주주의센터의 경우 미국 정부의 지원을 받거나 미국 주도의 기관이기 때문에 적극적 참여는 허용하지 않는 것이 타당하다. 통일 이후 선거감시활동에 대한 초빙 논란과 위에서 제시 했던 감시활동으로 발생하는 문제점들을 사전에 예방하기 위해서는 중앙선거관리위원회가 '통일선거관리위원회'를 만들고 남북한이 모 두 승인할 수 있는 국가, 지역공동체, 시민단체를 참여시켜 감시활 동에 필요한 제반사항을 준비해 나가야 한다. 특히 참가자들에게 한 국적 특수성과 한국 공직선거관리법에 대해 사전에 이해시키고 감 시활동에 참여한 국가, 지역공동체, 시민사회를 조율할 수 있는 방 안을 마련해야 한다.

IV. 결론

통일 이후 한국의 정치제도에 대한 설계는 매우 어려운 일이다. 이념적 차이에 따른 이질적 제안, 이해당사자들의 얽히고설킨 전략적 행동, 분단 한국의 역사적, 문화적 차별성으로 인해 특정 제도가 정착하기도 어려울 뿐만 아니라 정착하더라도 예상했던 효과도 장담할 수 없다. 특히 기존의 신생 민주주의국가의 제도적 실험은 과거 권위주의 혹은 전체주의에서의 전환 문제를 해결하면 되는 것이지만 통일한국은 민주적인 남한과 전체주의에서 전환된 북한과의 통합이라는 측면에서 매우 다르다. 가장 유사한 경우가 동서독의 통일이지만 경제적 격차의 수준, 민족전쟁의 측면에서 남북한의 이질성이 매우 크기 때문에 훨씬 어려운 과정이 될 것으로 예상된다.

이 연구는 통일 이후 어떤 방식으로 지도자를 선출한 것인가에 대한 선거제도와 이런 선거를 어떻게 공정하고 자유롭게 진행할 것인가라는 선거 거버넌스에 대해 논의했다. 먼저 선거제도로 포괄성, 최소한의 왜곡, 연합을 위한 유인, 개별적 책임성, 단순성의 다섯 가지 고려사항과 북한의 현 상황을 생각하면 단순다수제와 비례대표제를 혼합한 형태의 선거제도가 바람직하다. 현재 남한에서 실시하고 있는 혼합형제도를 유지한다면 지속성과 단순성의 측면에서 제도의 안정성을 확보할 수 있지만, 현 제도는 비례성이 높지 않다. 따라서 통일한국 선거제도의 안정적 정착을 위해 비례대표를 늘리는 방향으로의 선거개혁이 사전에 남한에서 선행되는 것이 바람직하다. 선거제도라는 측면에서 다루어지지 않고 있지만 정치통합의 로드맵이라는 측면에서 선거일정도 매우 중요한 이슈가 될 것이다. 민주화의 일반적 경향과 통일 독일의 사례를 살펴보면 북한의 민주화 시작 이후 5~6개월 내에 북한에서 총선거를 실시하는 것이 바람직하다. 북한의 정당활동이 어느 정도 자리를 잡고 주요 후보자를 선출하고 선거운동을 하는 기간을 감안한다면 통일 이후의 권력구조에 따라 다르겠지만 대선 혹은 남북한 총선은 1년에서 1년 6개월 사이에 실시하는 것이 타당할 것으로 보인다.

합리적 선거제도를 디자인했더라도 선거 과정과 결과에 대한 불신과 부정이 발생한다면 아무 소용이 없을 것이다. 이런 측면에서 선거의 신뢰성을 확보하기 위해 일련의 선거 관련 규칙 제정, 규칙 적용, 규칙 판결을 의미하는 선거 거버넌스가 중요해졌다. 최근에 선거제도는 선거 이후 지속적인 수정, 보완되고 있고 예상된 결과를 가져오지도 않아 이런 선거제도보다는 부정선거 방지 및 예방, 투명한 개표절차, 정치방송에 대한 자유롭고 공정한 접근 허용 등의 선거 거버넌스에도 관심을 가져야 한다. 북한은 억압된 상황 속에서 선거가 치러지고 있어 선거 경험이 적고 제도가 정비되지 않았던 신생 민주주의국가보다는 상대적으로 제도운영에는 문제점의 발생이 적을 것으로 예상된다. 따라서 통일한국의 경우 선거 거버넌스의 측면에서는 보다 자유롭고, 다양한 의견이 표출될 수 있는 선거운동 환경과 공정하고 형평성 있는 경쟁이 보장되는 선거 과정을 구축하는데 더 많은 관심을 기울여야 한다. 또한 북한 주민의 신뢰와 선거관리기구의 투명성을 높이기 위해 국제선거감시활동의 참여를 허용해야 한다. 효율적인 국제선거감시활동을 위해 '통일선거관리위원회'를 만들어 준비해야 한다.

참고문헌

강원택. 2011. 『통일 이후의 한국 민주주의』. 나남.

고경민. 2013. "선거행정과 정치발전; 18대 대선에서 선거관리위원회의 역할을 중심으로", 『의정연구』, 39, pp.99-135.

고상두. 2007. 『통일독일의 정치적 쟁점』. 오름.

김정완. 2008. "남북한의 정치적 예산순환에 대한 비교연구", 『한국정책과학학회보』, 12, pp.95-114.

김종갑. 2010. "독일선거제도를 통해 본 통일한국의 선거제도", 『통일정책연구』, 19, pp.27-51.

김지탁. 2013. "통일한국의 선거제도에 관한 연구", 『한국지방자치연구』, 15, pp.299-326.

박이도. 2000. 『독일통일과 통일독일의 이해』. 신지서원.

박정원. 2006. "북한의 각급 인민회의대의원선거법에 대한 연구", 『북한의 각급 인민회의 대의원선거법에 대한 연구』, pp.75-134.

박종철. 1995. "연구논문: 통일한국의 정치적 갈등구조와 온건다당제", 『한국과 국제정치』, 11, pp.35-60.

성기중·윤여상. 2003. "북한의 선거제도와 투표 행태 분석", 『한국동북아논총』, 26, pp.155-174.

안성호. 1999. "남과 북 정치통합 연구 – 남북통합선거문제점 및 대비방안", 『북한연구학회보』, 3, pp.127-153.

이내영. 1999. "통일한국의 정치통합과 정치제도", 『아태연구』, 6, pp.73-89.

임혁백. 1999. "통일한국의 헌정제도 디자인" 『아세아연구』, 42, pp.301-335.

장명봉. 1999. "북한의 새로운 선거법에 관한 연구", 『북한의 새로운 선거법에 관한 연구』. 국민대 법학연구소.

Anzia, Sarah F. 2011. "Election Timing and the Electoral Influence of Interest Groups", *Journal of Politics*, 73, pp.412-27.

Baker, Andy, and Kenneth F. Greene. 2011. "The Latin American Left's Mandate: Free-Market Policies and Issue Voting in New Democracies", *World Politics*, 63, 43-V.

Benoit, Kenneth. 2004. "Models of Electoral System Change", *Electoral Studies*, 23, pp.363-389.

Birch, Sarah. 2008. "Electoral Institutions and Popular Confidence in Electoral Processes: A Cross-National Analysis", *Electoral Studies*, 27, pp.305-320.

Blais, André, Romain Lachat, Airo Hino, and Pascal Doray-Demers. 2011. "The Mechanical and Psychological Effects of Electoral Systems: A Quasi-Experimental Study", *Comparative Political Studies*, 44, pp.1599-1621.

Blinken, Antony. 2012. "Is Iraq on Track?: Democracy and Disorder in Baghdad", *Foreign Affairs*, 91, pp.152-154.

Boix, Carles, Michael Miller, and Sebastian Rosato. 2013. "A Complete Data Set of Political Regimes, 1800-2007", *Comparative Political Studies*, 46, pp.1523-1554.

Carey, John M., and Andrew Reynolds. 2011. "The Impact of Election Systems", *Journal of Democracy*, 22, pp.36-47.

Chand, Vikram K. 1997. "Democratisation from the Outside In: Ngo and International Efforts to Promote Open Elections", *Third World Quarterly*, pp.543-561.

Dawisha, Adeed, and Larry Diamond. 2006. "Iraq's Year of Voting Dangerously",

Journal of Democracy, 17, pp.89-103.

Elklit, Jørgen, and Andrew Reynolds. 2005. "A Framework for the Systematic Study of Election Quality", *Democratization*, 12, pp.147-162.

Gassebner, Martin, Michael J. Lamla, and James Raymond Vreeland. 2013. "Extreme Bounds of Democracy", *Journal of Conflict Resolution*, 57, pp.171-197.

Hadenius, Axel, and Lauri Karvonen. 2001. "The Paradox of Integration in Intra-State Conflicts", *Journal of Theoretical Politics*, 13, pp.35-51.

Harfst, Philipp. 2013. "Changing the Rules of the Game: Determinants of Successful Electoral System Change in Central and Eastern Europe", *International Political Science Review*, 34, pp.427-443.

Hartlyn, Jonathan, Jennifer McCoy, and Thomas M. Mustillo. 2008. "Electoral Governance Matters: Explaining the Quality of Elections in Contemporary Latin America", *Comparative Political Studies*, 41, pp.73-98.

Hicken, Allen, and Heather Stoll. 2011. "Presidents and Parties: How Presidential Elections Shape Coordination in Legislative Elections", *Comparative Political Studies*, 44, pp.854-883.

Hyde, Susan D. 2011. "Catch Us If You Can: Election Monitoring and International Norm Diffusion", *American Journal of Political Science*, 55, pp.356-369.

IDEA. 2012a. "Electoral Management During Transition: Challenges and Opportunities", In *Secondary Electoral Management During Transition: Challenges and Opportunities*, ed. Stockholm.

_____. 2012b. "The Integrity of Elections: The Role of Regional Organizations", In *The Integrity of Elections: The Role of Regional Organizations*, ed. Stockholm.

Jamal, Manal A. 2012. "Democracy Promotion, Civil Society Building, and the Primacy of Politics", *Comparative Political Studies*, 45, pp.3-31.

Kelley, Judith. 2009a. "D-Minus Elections: The Politics and Norms of International Election Observation", *International Organization*, 63, pp.765-787.

_____. 2009b. "The More the Merrier? The Effects of Having Multiple International Election Monitoring Organizations", *Perspectives on Politics*, 7, pp.59-64

Matlosa, Khabele. 2002. "Election Monitoring and Observation in Zimbabwe: Hegemony Versus Sovereignty", *African Journal of Political Science*, 7, pp.129-154.

Moraski, Bryon J. 2003. "Electoral System Design in Russian Oblasti and Republics: A Four Case Comparison", *Europe-Asia Studies*, 55, p.437.

Mozaffar, Shaheen, and Andreas Schedler. 2002. "The Comparative Study of Electoral Governance—Introduction", *International Political Science Review*, 23, pp.5-27.

Olson, David M. 1998. "Party Formation and Party System Consolidation in the New Democracies of Central Europe", *Political Studies*, 46, pp.432-464.

Reynolds, Andrew, Ben Reilly, and Andrew Ellis. 2005. *Electoral System Design: The New International Idea Handbook*. Stockholm: International IDEA.

Savoia, Antonio, Joshy Easaw, and Andrew McKay. 2010. "Inequality, Democracy, and Institutions: A Critical Review of Recent Research", *World Development*, 38, pp.142-154.

Simpser, Alberto, and Daniela Donno. 2012. "Can International Election Monitoring

Harm Governance?", *Journal of Politics*, 74, pp.501-513.

Taagepera, Rein. 2002. "Designing Electoral Rules and Waiting for an Electoral System to Evolve", In *The Architecture of Democracy: Constitutional Design, Conflict Management, and Democracy*, ed. Andrew Reynolds. New York: Oxford University Press.

[부록] 선거평가단계와 성과지표

단계	성과표
1. 법적 틀	1.1. 통합되어진 법적 기초가 존재하고 쉽게 이용할 수 있는가? 1.2. 전체적인 선거의 시간표가 있는가? 1.3. 선거가 탈법률적 지연 없이 실시되었는가? 1.4. 선거법이 집행될 수 있는가? 1.5. 선거관련 기본 틀이 대부분에 의해 정당하다고 인식되는가?
2. 선거 운영	2.1. 정당과 유권자에게 선거관리기구에 대한 승인과 정통성의 정도는 어느 수준인가? 2.2. 선거관리기구의 공정성에 대한 인식은? 2.3. 선거관리기구의 선거행정의 수준에 대한 평가는? 2.4. 선거관리기구의 투명성에 대한 인식은?
3. 선거구와 선거구 설정	3.1. 선거구 구조가 합리적이라고 대부분에 의해 인정받는가? 3.2. 유권자와 하위 선거구(경계, 크기, 의석 등)에 관한 정보를 쉽게 얻을 수 있나? 3.3. 선거구 획정이나 의석배분이 규칙에 의해 실시될 수 있는 공평하고 효과적인 체제가 있는가?
4. 유권자 교육	4.1. 효과적인 선거 참여를 위해 선거교육이 필요한 유권자의 비율은? 4.2. 위험에 처한(at risk) 집단이 인정받고 그들이 필요한 것이 무엇인가가 언급되었나? 4.3. 유효투표의 비율은 얼마나 되는가? 4.4. 선거연령인구 중 이번 선거에서 처음으로 선거하는 유권자의 비율은?
5. 유권자 등록	5.1. 선거연령인구 중 선거를 등록한 비율은? 5.2. 선거등록 절차가 성, 나이, 인종, 종교 혹은 지역에 따라 편향적인가? 5.3. 최소한의 절차로 선거등록이 가능한가? 5.4. 등록상의 정보에 대한 정확성을 보장 수 있는 적절한 장치가 있는가? 5.5. 등록에 대한 대중의 확신을 담보할 수 있는 적절한 장치가 있는가? 5.6. 등록의 기준이 공평하고 등록이 국제적 기준에 따라 진행되고 있는가?
6. 투표용지에 대한 접근과 디자인 정당과 후보 선출과 등록	6.1. 등록 필요조건을 충족시키는 정당, 혹은 후보자가 편향 없이 등록이 가능한가? 6.2. 만약 법적 기준을 충족시킨다면 무소속 등록이 가능한가? 6.3. 투표 방식, 혹은 투표용지의 디자인이 차별적이지 않은가?

단계	성과표
7. 선거운동 규제	7.1. 국영매체(state-owned media)에의 접근이 가능하고 평등하게 운영되는가? 7.2. 정당에 대한 국고보조금이 제공된다면 잘 시행되고 있는가? 7.3. 국영매체에 대한 편향성이 있다면 이를 바로잡아줄 수 있는 독립적인 장치가 있으며 즉각적인 시정이 가능한가? 7.4. 정부 지원 정치자원이 정당과 후보자에게 적절히 사용되는가?
8. 투표	8.1. 전체 등록자의 투표율은? 8.2. 선거연령인구의 투표율은? 8.3. 선거 관련 폭력 중 낮은 수준의 폭력이 있었는가? 8.4. 선거구 중 선거규율에 맞게 진행된 선거구는? 8.5. 부정선거를 제외시킬 수 있는 체제가 작동하는가? 8.6. 투표가 쉽게 접근 가능하고, 안전하고, 비밀로 진행되는가? 8.7. 선거 참관에 대한 요청이 있다면, 이 요청이 받아들여질 수 있는가? 8.8. 정당선거에 대한 참관 요청이 있다면, 이 요청이 받아들여질 수 있는가? 8.9. 매표행위를 제외시킬 수 있는 체제가 작동하는가? 8.10. 투표자가 자신들의 의사를 밝힐 수 있는 수준은?
9. 투표 집계와 도표(tabulating) 작성	9.1. 집계는 진실하고 정확하게 되었는가? 9.2. 도표는 투명하고 투표소의 집계와 일치하는가? 9.3. 집계 결과를 관심 있는 대중이 쉽게 볼 수 있는가? 9.4. 집계가 지체 없이 실시되었는가? 9.5. 정당과 후보가 집계 과정을 참관할 수 있는가?
10. 선거 관련 불만처리 최종결과 입증 및 증명서 발급	10.1. 심각한 불만사항이 판결사항으로 받아들여졌는가? 10.2. 공평하고 비정파적으로 운영되는 갈등조정기구가 작동하는가? 10.3. 법원분쟁이 지체 없이 처리되는가? 10.4. 선거참관조직에 의해 선거에 큰 하자가 없다는 확인을 받았는가? 10.5. 법률이 의회 구성의 일정이 명시되어 있다면, 일정에 맞게 진행되었는가? 10.6. 합리적 근거를 가진 사람은 개인적이거나 금전적 위험을 감수하지 않아도 소송 등을 진행할 수 있는가? 10.7. 의석을 선거에 의해 올바로 선출된 사람들이 차지하였는가?
11. 선거 후 과정	11.1. 선거통계가 제대로 정리된 후 바로 공개하고 쉽게 접근이 가능한가? 11.2. 선거관리기관이 감사를 받고 그 결과가 공개되는가? 11.3. 선거결과 검토의 능력이 있는가?

제6장

통일한국의 사법제도*

—

김종철

* 이 글은 2014년 서울대학교 국제문제연구소의 연구프로젝트인 '통일한국의 정치제도'의
일환으로 작성된 보고서를 논문 현식으로 정리한 것으로 『연세 공공거버넌스와 법』
제6권 제1호(2015.02.)에 수록된 바 있다.

Ⅰ. 서론 - 통일한국의 사법제도 모색의 필요성

대한민국 헌법은 분단체제를 전제하고 있다. 헌법 제3조에서 대한민국의 영토를 한반도와 그 부속도서로 선언했으나, 그 제4조는 대한민국의 헌법적 과제로 자유민주적 기본질서에 입각한 평화통일을 설정하고 있다. 특히 헌법 제4조가 통일의 원칙으로 선언한 두 가지 가치, 즉 자유민주적 기본질서와 평화주의는 그 자체가 거스를 수 없는 규범적 한계를 설정하고 있으므로 통일한국을 설계하는 모든 논의의 출발점이 될 수밖에 없다. 두 가지 가치적 원리 가운데서도 자유민주적 기본질서는 통일의 과정은 물론 통일 이후의 정치공동체가 기초해야 할 질서를 규정한다는 점[1]에서 통일한국의 헌정제도를 구상하는 출발점으로 삼지 않을 수 없다(이효원, 2014, 137-138; 권은민, 2014, 176).

헌법재판을 통하여 헌법에 대한 유권적 해석권을 담당하도록 수

---

[1] 이 점은 헌법상 자유민주주의 기본질서가 헌법 전문(前文)과 헌법 제4조에서 각각 대한민국이라는 헌법공동체가 궁극적으로 지향하는 가치질서 및 평화통일의 이념적 기초로서 제시하고 있다는 사실에서 확인된다.

권받은 헌법재판소는 자유민주적 기본질서가 법치주의적 통치질서를 의미하며 그 핵심요소가 사법권의 독립임을 명확히 했다.[2] 즉 자유민주적 기본질서가 최소한 국민의 시민적·정치적 권리를 존중하고 복수정당제에 기초한 다원적 정치질서가 독립된 사법권에 의해 법제도적으로 보장되는 것을 추구하고 있음은 의문의 여지가 없다.

반면 통일의 대상인 북한의 경우 민주주의인민공화국을 표방하면서 공산당 일당독재와 김일성가계의 세습적 영도체제를 전제하는 일원적 정치질서이며, 그 당연한 제도적 결과로서 사법권도 정치권력으로부터 제대로 독립되어 있지 않은 체제다(이헌환, 2007, 124).

따라서 통일한국의 헌정질서를 모색하는 것은 통일의 과정이 어떤 것이든 필연적으로 북한의 일원적 정치질서와 그에 상응하는 종속적 사법권을 혁파하고 다원적 정치질서와 독립된 사법권을 토대로 하지 않을 수 없다(이헌환, 2007, 125, 138).

한편 분단과 반자유민주적 북한체제의 무게는 남한의 민주주의를 완전한 다원질서로 진화하는 데 한계로 작용한 것도 사실이다. 따라서 강원택(2011)이 전제한 바와 같이, 통일한국의 헌정질서는 분단으로 인하여 남한의 민주주의에 드리워진 질곡을 걷어내는 질서여야 한다. 같은 취지에서 통일한국은 남한의 불완전한 다원적 민주질서를 더욱 높은 수준으로 다원화하는 동시에 더욱더 민주적이고 독립적으로 기능하는 사법제도에 의해 보장하는 체제일 수밖에 없다. 다원적 민주질서를 구현하는 구체적인 헌정제도, 즉 선거제도, 정당제도, 정부 형태, 의회제도, 지방자치제도 등은 서로 상호작용하면서 다양한 조직적 결합과 정치적 형성의 가능성 하에 놓여 있지만, 이들 제도를 법적으로 안정적으로 보장하는 사법제도 역시 현대

---

[2] 헌재 1990. 4. 2. 선고, 89헌가113 결정, 판례집 2, 49, 50-50.

민주주의의 발전과 남한에서의 불완전한 민주적 경험이 반영되면서 이질적인 북한의 사법제도와 그를 지탱하는 시민문화의 안정적 이행을 도모하는 방향으로 구축되어야 한다.

전 지구적으로 기본 정치체제의 불안정성(unstability)과 통치 불가능성(ungovernability)이 증대되는 현실에서 한반도의 통일은 한반도를 생활터전으로 하는 정치공동체가 당연히 고려해야 할 조건이자 과제이며, 그 자체가 언제 어떻게 진행될지 불분명한 만큼 통일한국의 헌정질서와 그 핵심요소인 사법제도에 대한 청사진을 마련하는 것은 매우 시급하고도 중요한 연구과제라고 할 것이다.

그러나 통일한국의 바람직한 사법제도를 전망하고 제안하는 것은 결코 단순한 과제일 수 없다. 무엇보다 새로운 체제를 전제하는 사법제도의 의의와 범위, 본질에 대한 다양한 관점과 변수를 고려해야 하기 때문이다. 특히 사법제도 형성의 지향가치와 역사적, 제도적 변수를 고려하는 것은 단순히 추상적 보편성의 차원에서 여러 제도요소를 기계적으로 결합하고 취사선택하는 작업일 수만은 없다. 특히 불완전하나마 먼저 자유민주적 사법제도를 구축하고 운영했던 남한의 경험을 비판적이면서도 건설적으로 계승하는 과제와 완전히 이질적이었던 북한의 사법체제를 효율적으로 해체하고 새로운 제도를 이식하는 과제가 동시에 진행되어야 하기 때문이다. 또한 새로운 사법제도의 모색은 이와 더불어 통일한국의 헌정을 형성할 국가 형태나 정부 형태를 비롯한 다양한 제도와의 상관성 속에 이루어져야 하는 영역이기도 하다. 나아가 통일을 전제로 한 제도의 변화는 일순간의 결단으로 이루어지기보다는 일정한 과정을 거쳐 단계별로 완성되어야 하므로 각 단계별 상황에 의해 영향을 받지 않을 수 없다.[3] 무엇보다 제한된 지면의 한계는 이처럼 복합적이면서도 가변적인 연구의 범위, 내용, 심도에 있어 결정적 조건을 형성한다.

결국 이 글은 향후 본격적인 모색을 위한 시론적 성격으로 통일한국의 이념형적 사법제도의 기본적 골격을 최소한의 범위에서 기초해 보는 것으로 한정될 수밖에 없다.

3　예컨대, 박정원(2011, 9-20)은 남북통합 과정을 통일 준비 및 남북교류협력단계, 통일성숙단계, 통일완성단계로 구분하여 각 시기에 상응하는 법제도적 요구가 특징적으로 정리하고 있다.

Ⅱ. 통일한국의 헌법이념적 기초와 사법제도

1. 통일한국의 이념적 기초로서의 자유민주적 기본질서

1) 헌법상 자유민주적 기본질서의 의의

앞서 언급했듯이 헌재는 헌법상 자유민주적 기본질서를 "모든 폭력적 지배와 자의적 지배, 즉 반국가단체의 일인독재 내지 일당독재를 배제하고 다수의 의사에 의한 국민의 자치, 자유·평등의 기본원칙에 의한 법치주의적 통치질서"[4]로 포괄적으로 정의한 후, 구체적으로는 "기본적 인권의 존중, 권력분립, 의회제도, 복수정당제도, 선거제도, 사유재산과 시장경제를 골간으로 한 경제질서 및 사법권의 독립"[5]이 그 핵심요소임을 확인한 바 있다. 이러한 해석론에 대

---

[4] 헌재 1990. 4. 2. 선고, 89헌가113 결정, 판례집 2, 49, 50-50. 한편 헌재는 2001년의 결정에서 방론(傍論)으로 "국가권력의 간섭을 배제하고, 개인의 자유와 창의를 존중하며 다양성을 포용하는 자유주의와 국가권력이 국민에게 귀속되고, 국민에 의한 지배가 이루어지는 것을 내용적 특징으로 하는 민주주의가 결합된 개념인 자유민주주의"(헌재 2001. 9. 27. 선고, 2000헌마238 등 결정, 판례집 13-2, 383, 400-400)로 설시하여 자유민주적 기본질서를 특정한 정치이념들의 결합으로 단정한 바 있다.

한 엄밀한 논증[6]은 별론으로 하고, 모든 개인의 인간으로서의 존엄과 가치를 존중하고 자유롭고 평등한 사회질서에 기반해 정치생활이 이루어지는 정치공동체를 자유민주적 기본질서가 지향한다는 점에 포괄적인 공감대가 형성되어 있다고 생각된다.

2) 자유민주적 기본질서에서 사법제도의 위상

자유롭고 민주적인 정치제도는 다양한 사회활동과 정치활동이 자기만의 양심에 따른 인격을 형성하는 개인의 자율성에 바탕해 이루어지는 것을 전제한다는 점에서 획일적이거나 전체주의적 사회통합을 기대할 수 없다. 그 결과 다양한 의견의 충돌이나 공적으로 보장될 필요가 있는 이익의 침탈은 불가피하며 이러한 갈등과 분쟁의 상태를 객관적 규범에 의해 해소하는 것이 이 체제가 지속가능할 수 있는 핵심적 전제가 된다. 자유민주적 기본질서가 법치주의적 통치질서를 의미할 수밖에 없는 이유가 여기에 있다. 법치주의적 통치질서는 정치공동체에서 질서유지권을 독점하는 국가마저도 그 독점적 권력을 분립적으로 행사(권력분립)함으로써 오남용의 위험을 구조적으로 통제하는 한편 정파적으로 중립적이면서도 법의 본질과 목적에 따른 전문적 판단으로 분쟁을 해소하는 독립된 국가권력의 존재(사법권의 독립)가 필수적이다. 권력분립이 정치 과정에서는 권력 간 융화의 여지를 완전히 배제하지는 않는 매우 동적인 원칙[7]이지만 사법권과 관련해서는 이러한 독자적 의미 때문에 다른 권력과

---

[5] 헌재 1990. 4. 2. 선고, 89헌가113 결정, 판례집 2, 49, 50-50면.

[6] 자유민주적 기본질서의 헌법적 의미에 대한 간략한 고찰로는 김종철(2014a) 참조.

[7] 그 결과 다양한 정부 형태가 가능하게 된다. 즉 대통령제나 의원내각제 등 정부형태는 권력분립원리를 어떻게 구체화할 것인지에 대한 선택의 문제인 것이다.

의 융화와는 구조적으로 타협될 수 없다.[8] 달리 표현하자면, 사법권의 독립 없이 권력분립이나 법치주의적 통치구조는 불가능하다. 사법권을 인권이나 민주주의의 "최후의 보루(last resort)"로 중요하게 여기는 이유가 여기에 있다.

2. 사법제도의 요소와 범위

사법제도란 사회 과정과 정치 과정에서 발생하는 갈등과 분쟁을 공동체의 규범에 따라 합리적으로 해소하는 제도다. 분쟁은 개인과 개인 간의 분쟁(사법적 분쟁)은 물론 개인과 국가 등 공적 기관 간의 분쟁이나 공적 기관 간의 분쟁(공법적 분쟁) 등 다양하므로 이 모든 분쟁의 해결에 관계되는 것이 사법제도라고 할 수 있다. 공법적 분쟁 가운데에는 사회질서를 형벌수단을 이용해 유지하는 형사적 분쟁과 기타 공법적 분쟁(행정쟁송과 헌법소송 등)으로 구별되는데 이들 분쟁은 그 고유한 성격에 따라 다양한 절차가 요청된다. 또한 근래의 경향은 국가사법기관이 직접 관여하지 않고 사적 주체들이 자율적으로 분쟁을 해결하는 소위 대안적 분쟁해결제도(Alternative Dispute Resolution)도 넓은 의미의 사법제도에 포함된다고 할 수 있다.

이러한 다양한 사법 과정에 핵심적으로 관여하는 것은 법원 등 재판기관이다. 어떤 분쟁이건 최종적이고 법적 강제력을 수반해 해결되는 것은 재판기관을 통해서다. 사회질서 유지의 근간을 이루는 형사적 분쟁에 공익을 대표해 법익 침해자를 법적 심판에 회부하는

---

[8] 그렇다고 사법권력이 국가권력의 통합성을 전혀 고려하지 않는다는 의미는 아니다. 사법권력은 독자적인 합목적적 판단 하에 다른 권력에의 통제에 자제력(self-restraint)을 발휘함으로써 소극적으로 국가권력의 통합적 운용에 기여한다.

기능을 하는 검찰은 공법적 분쟁의 주요한 관여자다. 이런 측면에서 검찰을 준사법기관이라고 부르기도 하지만 굳이 사법기관에 준한다고 본다는 것은 그 본질이 사법기관이라기보다 행정기관이라는 점을 전제한 것임을 알 수 있다. 그렇다고 형사절차가 사법제도의 핵심요소이므로 검찰권의 존재를 배제하는 종합적 사법제도를 상정하기는 쉽지 않다. 그러나 궁극적으로 형사절차를 주관하는 것은 결국 재판기관이므로 지면 등의 제한이 있는 이 글에서는 재판기관을 중심으로 사법제도를 이해하기로 한다.

재판기관을 중심으로 이해하는 경우에도 유의할 것은 민사분쟁과 형사분쟁, 그리고 일반적 행정쟁송과는 달리 특수한 공법적 분쟁을 담당하는 독자적 재판기관이 발전해 온 것이 현대 민주주의의 특징이라는 점이다. 대표적으로 헌법재판기관이 여기에 해당한다. 헌법재판의 본질에 대해서는 다양한 논의[9]가 있지만, 정치적 효과가 강한 헌법적 분쟁을 최종적으로 해소한다는 점, 일반적인 재판작용에 대한 제3의 통제로서의 측면도 존재한다는 점에서 통일한국의 사법제도를 논하는 데 빠뜨릴 수 없는 요소라고 할 수 있다.

---

[9]   헌법재판의 본질에 관하여는 김종철(2005a) 참조.

III. 사법권의 본질과 사법제도 형성의 지향가치와 변수

1. 사법권의 본질

헌법상 가치질서나 사법제도의 범위에 대한 논의에 더하여 사법제도의 핵심을 이루는 사법권의 진면목을 확인하기 위해서는 다른 국가권력과 구별되는 고유의 특성을 확인할 필요가 있다. 바람직한 사법제도를 탐구하기 위해서 인류사의 오랜 기간 민주적 정치제도의 한 요소로 사법제도가 발전시켜 온 본질적 요소를 제대로 파악하는 것이 선결과제이기 때문이다.

우선 사법권은 분쟁해결을 목적으로 한다는 점에서 분쟁의 존재를 전제로 한다. 분쟁이 없는 곳에 사법권은 개입할 수 없다(사건전제성).[10] 또한 사법권은 법적으로 재판을 청구할 지위를 인정받은

---

[10] 오늘날 구체적 사건의 전제성이라는 사법권의 본질적 요소에서 약화되고 있다고 주장(이헌환, 2010)도 있으나 구체적 사건을 전제로 하지 않는 듯한 외관을 가지는 규범의 해석에 대한 다툼(예컨대 위헌법률심판, 특히 아무런 구체적 사건이 없음에도 불구하고 제기되는 소위 '추상적 규범통제제도')마저도 실질적으로는 장래의 구체적 사건 해결의 실마리라는 점에서 사법권은 사건전제성이라는 본질로부터 자유롭지 못하다.

자가 분쟁해결을 요청할 때 관여하게 되며 적극적으로 분쟁을 인지하여 관여하지 않는 것이 원칙이다(수동성). 한편 사법권은 최종적으로 헌법의 권위에 기대어 분쟁을 해결해야 하므로 분쟁당사자로부터 독립되고 중립적인 지위에 있어야 할 뿐 아니라 규범에 따라 공정하게 기능해야 한다(독립성·중립성·공정성).

이러한 사법권의 본질을 구성하는 요소에도 불구하고 여전히 논란이 되고 있는 본질적 특성은 사법권이 입법권이나 행정권과 같은 정치적 권력과 근본적으로 구별되는가의 문제다. 즉 사법권은 규범에 근거해 기능하는 법적 분쟁해결기관이라는 점에서 법 자체를 형성하는 정치적 권력과 본질적으로 구별되는가의 문제가 사법권의 본질을 해명하는 데 관건이 되고 있다. 사건전제성, 수동성, 독립성 등의 본질적 요소에 비추어 일반적인 정치 과정에 관여하는 정치권력과 구별되는 특성이 있는 점은 부인할 수 없다. 그러나 주어진 법을 해석하고 적용하는 과정에서 필연적으로 법의 범위를 확대하거나 축소해 확정하게 되고, 심지어 적용될 법이 존재하지 않거나 모호한 경우 경우에 따라서는 법원리(principles of laws)에 기초해 법을 형성하는 것이 요청되는 경우도 전혀 없지는 않다는 점에서 법의 형성적 기능이나 그에 따른 정치적 속성을 전면적으로 부인할 수도 없다.[11]

한편 이러한 사법권의 정치적, 혹은 형성적 속성의 인정 여부는 법과 정치의 구별문제라는 근본적인 법철학적 과제와 맞닿아 있다는 점에서 일방적으로 판단할 수 없는 난제이기도 하다. 특히 헌법재판과 같이 정치적 효과가 강한 재판의 경우나 법치의 근간을 이루

---

[11] 같은 취지로 이헌환(2008, 388)은 정치 과정의 일부로서의 사법 과정과 그 집행권력으로서의 사법권의 정치적 본질을 확인하고 있다.

는 법의 효력 자체에 대하여 헌법에 근거해 판단하는 경우, 또는 사법 과정 자체에 대한 통제적 기능을 수행하는 경우 사법권의 정치적 속성을 근본적으로 외면하기 힘든 때가 끊이지 않게 된다. 더구나 통일을 염두에 둔 사법제도의 논의는 기본적으로 정치권력의 하위 기능으로 사법을 위치시키는 북한식 정치체제의 특성을 감안할 때 사법권의 정치적 속성을 어떤 방식으로, 어느 수준에서 인정할 것인지에 대한 숙고를 요청한다. 다른 한편 사법권에 정치적, 혹은 형성적 속성을 근본적으로 부정하지 않는다고 하더라도 입법권이나 행정권과 같은 정치적 속성을 전면적으로 인정하게 되는 것도 이들 권력 간의 분립을 구조적으로 정당화해 온 자유민주적 기본질서의 규범적 의미에 비추어 신중한 필요가 있다. 다만 통일이라는 정치체제의 대전환기를 맞아 사법권이 체제전환에 효과적으로 재구성되어야 하는 과제를 수행함에 있어 사법권의 본질을 상황에 맞게 적절하게 다른 권력이나 제도와 결합시키는 것이 불가피하게 필요할 것이다.[12]

2. 바람직한 사법제도의 지향가치

헌법상 가치와 사법제도의 범위, 사법권의 본질에 대한 논의로부터 통일한국의 바람직한 사법제도를 구축하기 위한 지향가치를 도출해 낼 수 있다.[13]

---

[12] 이런 특수한 환경은 새로운 헌법질서를 창설하는 과정에 관계하기 때문에 구질서와 새 질서의 민주적이고도 평화적인 전환을 위해 필요한 융통성이 발휘되어야 한다는 취지에서 어디까지나 예외적, 혹은 과도적 상황으로 간주되어야 한다.

[13] 이헌환(2010, 150-162)은 세계 사법제도 구성의 기본원리상의 특징으로 인간의 존엄과 가치, 권력분립에 따른 독립성, 민주성, 기능적 통일성, 전문성, 국가기능의 효율성 등을 제시하고 있다. 인간의 존엄과 가치는 인권지향성으로 정리될 수 있고, 기능적 통일성, 전문성, 국가기능의 효율성은 독립성과 중첩되는 경향이라고 할 수 있다.

1) 독립성

자유민주적 기본질서에 부합하는 사법제도가 사법권의 독립을 요청함은 자명하다. 사법권의 독립은 통상 재판의 독립을 의미하지만, 재판의 독립을 달성하기 위해 필요한 재판관의 신분상의 독립이나 재판을 담당하는 기관의 조직적 독립도 부수적으로 필요한 것으로 이해된다.

2) 민주성

사법권의 독립성에 관한 요구가 워낙 절실하고, 그 일환으로 사법 과정과 정치 과정의 이분법이 강조되다 보니 생긴 부작용이 있다. 바로 사법권은 그 어떤 민주적 통제로부터 자유롭고 외부적 통제도 허용되지 않는다는 식의 오해가 광범위하게 유포되어 있다. 그러나 사법권도 국가권력으로 오남용의 위험으로부터 자유롭지 못하다는 것이 인류사의 경험일 뿐만 아니라 규범적 차원에서도 주권자인 국민으로부터 위임받은 것이어서 그 민주적 구성과 운용은 불가피하다. 다만 사법권의 본질을 논할 때 잠시 언급한 바와 같이 국민에 대한 직접적 책임을 전제로 하는 정치권력과는 달리 취급되어야할 본질적 요소가 있으므로 다른 헌법원리적 요청과 조화롭게 민주성이 관철되어야 한다는 점을 유의할 필요가 있다.

3) 인권지향성

자유민주적 기본질서가 독립된 사법권을 핵심요소로 하는 주요한 이유는 시민의 자유롭고 민주적인 사회활동이나 정치생활은 결국 기본권으로 제도화된 인권의 보장을 통해 현실화되는데, 일방적인 국가권력의 오남용으로부터 시민의 인권이 보장되는 최후의 보루가 재판 과정일 수밖에 없다. 따라서 사법권을 요체로 하는 사법제도는 인권보장이 최대한 실현될 수 있는 방향으로 구성되고 운영되어야 한다.

4) 권력통제성

한편 독립적이고 민주적으로 구성되고 운영되는 사법제도가 인권지향성을 효과적으로 구현해내기 위해서는 사법권이 다른 국가권력이 헌법을 정점으로 하는 법질서의 테두리 안에서 구성되고 작용하도록 노력해야 한다. 권력통제라는 기능적 관점은 외부적 관계에서도 기능하지만, 사법제도 내부적으로도 각 기관들이 견제와 균형의 원리에 의해 상호 조화롭게 민주성과 인권지향성을 실현하도록 제도의 틀을 마련하는 데 매우 중요하다.

3. 바람직한 사법제도 구현방안의 변수

통일한국의 바람직한 사법제도를 구현하는 데는 다양한 변수를 고려해야 한다. 이질적인 두 체제를 통합하는 과제이기 때문이다. 크게 역사적, 문화적 변수와 제도적 변수가 작용하므로 이를 제대로 참작할 때 현실적실성을 유지하는 제도모형을 구상할 수 있다.

1) 역사적, 문화적 변수

제도 구상에는 그 제도가 발현될 공동체의 특수한 역사적, 문화적 배경의 특성을 잘 반영할 필요가 있다. 또한 이념적 기초인 자유민주적 기본질서와 민주적 정치제도의 일부로서의 사법권 자체의 보편적 변화도 역사적, 문화적 변수로 작용할 수 있다.

(1) 특수성: 남한의 역사적 경험과 체제이행에 따른 고려사항

남한은 자유민주적 기본질서를 기초로 한 헌정을 발전시켜 왔기 때문에 새로운 통일체제에서도 남한의 사법제도가 일정 부분 연속성을 가지지 않을 수 없다. 그러나 남한의 경우에도 분단체제를 빌미로 자유롭고 민주적인 헌정을 제대로 형성하는 데 상황적 한계를 가지고 있었다. 특히 지속적으로 제기되어 온 사법개혁의 요구는 통일한국의 새로운 제도를 구상하는 데 반영될 필요가 있다. 예컨대, 대법원의 위상을 정책법원으로 하여금 소수체제로 유지할 것인지, 권리구제법원으로 삼아 확대할 것인지, 법원행정의 중앙집권적이고 관료화된 체제를 어떻게 개혁할 것인지가 남한에서의 경험을 반영할 때 특별히 고려할 사항이다.[14]

또한 바람직한 사법제도의 구상은 분단체제에서 통일체제로 전환되는 과도기적 상황에 대한 고려가 반영되어야 한다. 특히 완전히 이질적인 사법제도를 운영하고 그 이념적 기초마저 달랐던 북한 지역의 경우 완성태로서의 사법제도를 곧바로 구축할 것인지, 과도체제의 절충형을 허용할 것인지에 대한 고려가 필요하다.[15]

(2) 보편성: 현대 민주주의와 사법권의 변화

현대 민주주의의 발전은 사법권에게도 일정한 변화를 요구하고 있다. 예컨대, 전통적으로 정치문제로 간주되어 사법 과정에서 배제되어 왔던 사안들이 사법권에 의해 결정되는 경향, 즉 '정치의 사법화'가 강화되면서 그 반작용으로 사법 과정의 정치 과정과의 유사성이 증대하는 '사법의 정치화' 또한 정치제도가 응대해야 할 주요한

---

[14] 이와 같은 사법개혁의 과제에 대한 개략적 소묘로는 김종철(2014b) 참조.
[15] 이 문제에 대한 개괄적 고찰로는 이효원(2014) 참조.

과제로 부상되고 있다.[16] 특히 정치의 사법화 현상의 주요 영역은 위헌법률심판이나 헌법소원과 같은 헌법재판의 활성화이므로 통일한국의 사법제도는 헌법재판제도를 충실히 반영하는 방향으로 설계되어야 할 것이다.[17]

2) 제도적 변수

한편 사법제도는 자유민주적 기본질서에 따른 정치제도의 핵심 요소이므로 국가 형태를 비롯해 다른 정치제도적 요소를 어떻게 형성하는지에 따라 영향을 받지 않을 수 없다.

(1) 국가 형태의 상관성: 연방제 vs. 단일국가

통일한국의 국가 형태는 매우 핵심적인 쟁점이 될 것인 바, 유력한 방안으로 연방제가 고려되지 않을 수 없다. 물론 연방제의 유형 가운데 자유민주적 기본질서와 본질적으로 조화될 수 없는 연방제의 경우 수용하기 힘들 것이다. 그러나 통일체제의 완성태에 이르기까지 과도적으로 일종의 잠정적 헌법계약(constitutional contract)의 형태로 통일이행합의서와 같은 체제 하에서는 경우에 따라서는 북한체제의 잠정적 유효성을 수용하는 형태가 불가피할 수도 있다. 만약 연방제를 채택하게 될 때, 현재의 국가 형태를 중심으로 2개 지분국 체제로 갈지, 아예 기본 국가 형태 자체도 분할해 다중 지분국 체제로 갈지도 논의대상일 것이다. 여하튼 연방제 국가 형태의 채택은 불가피하게 사법제도의 다원화를 요구하게 될 가능성이 높

---

[16] 이런 경향에 대한 개괄적 서술로는 김종철(2005b:, 229–251), Kim·Park(2012) 참조.
[17] 정치학계에서 정치의 사법화가 초래하는 부정적 영향에 대한 우려가 없지 않으나 정치의 사법화의 균형적 효과를 주목할 필요가 있다. 이에 대하여는 김종철(2005b)나 곽준혁(2006) 참조.

다. 최소한 연방과 각 지분국의 사법체제를 이원화해 민사사법 및
형사사법 등 일상적 생활과 긴밀히 연계된 사법권은 지분국에 할당
하고 각 연방 전체적 차원의 사안이나 지분국 간, 혹은 지분국 주민
간 사안과 같이 연계사안의 경우 연방사법제도가 관장하는 방안이
고려되어야 할 것이다.

(2) 정부 형태의 상관성: 대통령제 vs. 의원내각제 vs. 이원정부제

권력분립의 차원을 넘어 자유롭고 민주적인 헌정질서에 핵심적
인 요소로 사법권의 독립이 인정되는 차원에서 볼 때, 정부 형태는
상대적으로 사법제도를 설계하는 데 직접적 영향이 없을 것으로 생
각되기 쉽다. 그러나 사법기관의 구성방법과 관련되어서는 정부 형
태가 부분적 상관관계를 형성할 수 있다. 남한의 경우 현재 대통령
제에 의원내각제가 가미된 변형적 대통령제여서 대법원이나 헌법재
판소와 같은 최고사법기관의 구성에 각 국민대표기관이 협동해 관
여하는 체제를 가지고 있다. 향후 통일한국의 정부 형태가 예컨대
의원내각제를 채택하게 된다면 현재의 체제대로 유지할지, 의회가
전적으로 사법권 구성을 관장할지 등이 결정되어야 한다. 남한처럼
국민대표가 대통령과 의회로 이원화된 체제에서 전적으로 의회에
사법부 구성권을 부여하는 방안에 대해서는 상당한 반론도 예상
된다.

(3) 의회 구성 형태의 상관성: 양원제 vs. 단원제

정부 형태와 마찬가지로 의회 구성 형태도 사법제도에 직접적
영향을 미치는 부분이 제한적일 것으로 생각되기 쉽다. 그러나 정치
의 사법화 현상이 강화되는 추세 속에서 통일한국에 양원제가 도입
된다면 하원의 입법에 대한 상원의 정치적 통제가 불가피하고 이런

체제는 상원에게 일정한 사법제도 관여권을 부여해야 할 필요성이 제기될 여지가 크다. 예컨대 사법기관 구성권 문제에서 의회의 관여 정도와 범위를 정하는 데 영향을 줄 수 있고, 추상적 규범통제[18]나 선거소송, 탄핵심판 등의 관할문제에 상원이 관여할 수 있는 정책적 가능성이 넓어지므로 의회 구성 형태도 바람직한 사법제도를 설계하는 데 일정한 상관성을 가진다.[19]

---

[18] 구체적 사건이 법원에 계류되어 있지 않은 경우에도 법률 등 규범의 위헌 여부에 대한 심판을 할 수 있도록 하는 제도를 말한다.

[19] 제19대 국회에 설치된 '국회 헌법개정자문위원회'의 헌법개정안(2014.5)은 의회를 민의원과 참의원으로 구성하는 양원제를 도입하고, 상원 격인 참의원에 헌법재판관 탄핵심판권을 부여하는 한편 대법원장, 대법관, 헌법재판소장, 헌법재판관의 임명동의권을 부여하는 방안을 제안하고 있다.

IV. 남한의 사법제도에 대한 역사적 성찰과 대안의 모색

남한의 사법제도가 어떤 경로를 거쳐 왔으며, 현재 어떤 문제점을 가진 것으로 평가되느냐는 통일한국의 사법제도를 설계하는 주요한 출발점이 된다. 특히 이념적으로 남한의 사법제도가 기초가 되는 모델이 불가피하다는 점을 인정할 때 더욱 그러하다. 체제 변환기를 맞아 기성 제도의 한계를 극복하려는 노력이 경주되는 것은 헌정 발전의 당위이기 때문이다.

1. 사법권 내 권한배분의 문제와 대안

좁은 의미의 사법제도 내에서 사법권은 수평적 권력분립과 수직적 권력분립의 두 가지 요청을 감안해야 한다. 우선 현대 민주주의의 발전에서 헌법재판권이 확대되는 경향이 있음을 확인한 바 있듯이, 헌법재판권을 독립된 최고사법기관에게 부여할 것인지, 일반사법권의 한 요소로 배치할 것인지는 정치제도 설계상 매우 중요한 쟁점이다. 특히 남한의 현행 체제처럼 독립된 헌법재판소로 하여금 헌법재판권을 집중적으로 행사하도록 했을 때의 문제점에 대한 논란이 통일한국의 사법권 내 권한배분의 차원에서 시사하는 바는 매우 클 것이다. 다음으로 대법원의 위상을 어떻게 정립할 것인지도 상고심과 하급심 간의 관계를 바람직하게 설정하는 데 중요한 과제다.

1) 헌법재판권과 일반사법권의 관계상 문제점과 대안

실제로 1987년 헌법체제에 의해 헌법재판권이 헌법재판소(헌재)에 집중적으로 귀속되고 이 헌법재판권이 활성화되자 일반사법권을 관장하는 최고사법기관인 대법원과의 관계설정이 중요한 정책적 현안으로 등장하고 있다. 구체적으로 법원의 재판을 헌법소원의 대상으로 삼아 헌재가 관장할 수 있는지 여부와 헌재의 결정이 법원에 미치는 효력, 특히 한정결정이나 헌법불일치결정의 효력에 대하여 대법원과 헌재의 견해가 일치하지 않아 법질서에 혼란을 초래해 온 사정은 통일한국의 사법제도를 형성함에 있어 반드시 해소해야 할 과제이다.

(1) 재판소원의 경우

일반사법권 행사의 결과 기본권이 침해되는 상황이 있을 수 있음을 고려해 현재 헌법재판소법 제68조 제1항에 의해 법원의 재판을 헌법소원심판의 대상에서 제외하고 있는 태도를 헌법적 차원에서 해결하려는 논의가 있다. 4심제의 비효율성과 최고법원으로서의 대법원의 권위 등을 내세워 부정적 입장을 취하는 반론도 없지 않다. 그러나 일반사법권 또한 국가권력의 하나로서 오류가 있을 수 있음을 고려한다면 전면적인 재판소원 인정까지는 몰라도 예외적 조건 하에서 인권과 민주주의의 침탈을 최소화하기 위한 재판소원의 인정을 부인할 이유는 없을 것으로 판단된다(김하열, 2010).[20]

(2) 헌재 결정에 대한 통일성 확보 문제

현재 헌재가 법률 문언 그 자체를 위헌으로 선언하지 아니하고 일정한 해석의 범위를 정해 그 범위 내에서만 합헌, 혹은 위헌으로 결정하는 경우 대법원을 비롯한 일반 법원은 그 결정을 위헌결정으로 인정하지 아니하는 태도를 고수하고 있다. 법률 등이 헌법에 합치되지 아니한다는 결정의 효력 또한 그에 부수되는 조건의 효력을 인정하지 아니함으로써 사실상 헌재와 대법원이 헌재의 위헌결정의 효력인정 여부와 관련해 원칙적인 대립을 보이고 있고 그 결과 법현실에서 혼란을 초래함은 물론 인권과 민주주의의 보호에 부정적 영향을 미치고 있다.[21] 통일한국의 경우 입법적으로 이러한 소위 변형결정의 효력에 대해 명확한 태도를 보임으로써 불필요한 법적 혼란을 해소해야 할 것이다.

(3) 선거소송의 헌재 이관의 경우

남한의 사법체계에서 선거소송은 공직선거법 제15장에 따라 법원의 관할로 되어 있다. 이러한 현실에 대하여 선거소송이 본질적으로 주권적 결단의 결과에 대해 판단해 주권의 대표자들을 결정하는 효과를 가지는 국사재판(國事裁判)으로서의 성격을 가진다는 점에서 정치적 분쟁에 대한 헌법적 분쟁해결기관으로 헌법상 특임되어 있는 헌재의 관할로 이관하는 것이 바람직하다는 주장이 제기되어 왔다(국회의장 자문기구 국회헌법연구자문위원회 결과보고서, 2009, 284-285). 주요국의 선거소송에 대한 비교법적 연구는 선거소송의

---

[20] 제19대 국회 헌법개정자문위원회의 헌법개정안(2014)은 물론 제18대 국회의 국회의장 자문기구 국회헌법연구자문위원회 결과보고서(2009) 또한 재판소원제도를 제한적으로 도입하는 방안을 제안하고 있다.

[21] 대표적인 문제점인 한정결정 시 재심불인정의 문제점에 대해서는 김종철(2009) 참조.

특수성을 인정해 일반 법원에 선서소송을 원칙적으로 담당하는 것에 회의적임을 알 수 있다. 통일 이후 선거 등 정치 과정에 대한 사법적 통제의 필요성이 증대될 때 역할분담의 필요성을 고려하면 구조적으로 정치적 성격이 강한 재판절차를 헌재가 담당하는 것을 원칙으로 하는 것이 바람직할 수 있다(김종철, 2014b).

(4) 사법심사제 도입의 문제

위에서 논의된 바와 같은 문제를 구조적으로 일거에 해소하기 위한 방안으로 거론되는 것이 독립된 헌법재판기관을 두는 방안을 포기하고 사법권을 단일화하는 사법심사제를 도입하는 방안이다. 헌법재판이라는 기능을 유지하면서도 헌법해석 및 집행상의 통일성과 관련한 기관 간의 긴장관계를 조직적으로 해소하는 안이라는 관점이다.[22] 한편으로는 헌법재판제도를 두고 있지 않은 북한의 사법제도를 염두에 두고 통일 과정상 사법통합의 원활성을 추구하기 위해서 사법심사제가 통일한국의 바람직한 헌법재판제도라는 정책론적 주장도 있다(김형남, 2008). 그러나 통일한국의 사법제도에서 사법심사제를 도입하는 방안은 역사적 경험으로나 비교법적 연구결과에 비추어 설득력이 약하다. 우선 역사적으로 제헌헌법 이래 다양한 헌법재판제도를 두었지만 1987년 체제의 헌법재판소 체제가 가장 활성화되어 인권보장과 민주주의의 안정화에 기여했다는 일반적인 평가를 받는 반면 사법심사제가 채택되었던 시기는 여러 이유가 있지만 헌법재판의 암흑기에 해당했다는 점을 간과할 수 없다.[23] 더구나

[22] 이헌환(2010, 41-142)에 따르면 베네수엘라, 파라과이 등 남미의 여러 국가들에서 최고사법기관 내에 헌법판단전담부를 두는 경우를 찾아 볼 수 있다.
[23] 사법심사제를 채택한 소위 제3공화국(1962~1971)에서 위헌법률심사는 활발하지 않았고 그나마 국가배상법위헌결정을 통해 헌법재판제도의 필요성을 확인시켜 준 것

한국의 과거 경험은 물론이고 비교법적 사례들은 원조 격인 미국의 경우를 제외하고는 사법심사제도가 헌법재판을 활성화하기보다는 왜소화시키는 경향이 있음은 시사하는 바가 크다. 심지어는 한국의 활성화된 헌법재판제도를 모범으로 삼아 헌법재판제도를 발전시키고 있는 외국의 사례들[24]을 보건대 통일한국의 헌법재판제도는 현재 남한의 체제를 부분적으로 보완해 독립형 헌법재판소 제도를 채택하는 것이 바람직하다.[25] 이 점에서 북한의 사법제도와 연계해 사법심사제를 도입하자는 주장은 통일한국의 정초가 자유민주적 기본질서여야 한다는 전제에 비추어 오히려 이율배반적 성격이 짙다. 사법제도에 관한 한 북한의 제도를 염두에 두기보다는 남한의 제도가 가지는 강점을 최대화하는 것이 이념적으로나 역사 현실적 경험을 통해서나 통일한국의 미래에 더욱 부합하는 것으로 판단되기 때문이다.

2) 대법원의 이념상 정립필요성: 정책형 vs. 권리구제형

헌법재판권을 제외하면 대법원은 최고사법기관으로 한 공동체의 사법 과정에서 법을 통일적으로 해석하고 적용해 법질서의 안정성을 확보함으로써 인권과 민주주의가 효과적으로 실현될 수 있도록 하는 역할을 맡는다. 그런데 이 대법원을 일반 사건에 적용되는

만으로 위안을 삼을 수 있는 수준이었다. 사실상 위헌법률심사의 전심기관으로 대법원이 자리매김해서 사실상 법원이 헌법재판개시권을 가졌던 유신헌법과 제5공화국의 시기(1972~1987)에 위헌법률심판이 대법원에 의해 개시된 것은 한 차례도 없었다(Kim 2010, 117-118). 억압적 정치상황을 감안한다고 하더라도 그 자체가 하나의 역사적 경험이 된 이상 원론적 명분으로 사법심사제를 도입하자는 주장의 설득력을 약화시키는 중요한 이유가 된다.

[24] 예컨대 인도네시아의 헌법재판에 대한 한국 헌법재판제도의 긍정적 영향에 대해서는 Tonalipu(2014) 참조.

[25] 이헌환(2007, 141)은 통일 과정상 필요한 정치적 결단에 대해 이념적 통일을 최소한 확보하기 위해서라도 정치적 사법기관인 헌재의 역할이 필요하다고 보고 있는데 경청할 가치가 있다고 판단된다.

법률의 통일적 해석과 적용을 위한 과제에 충실하도록 요청하는 이념상(정책법원형)과 하급심의 오류를 발견해 구체적 사건에서의 법적 정의의 구현에 충실하도록 요청하는 이념상(권리구제형)을 구별하는 입장에서 살펴보면 어떤 관점을 취하느냐에 따라 최고사법기관의 위상이나 조직 및 운영은 상당한 차이를 초래할 수 있다(김종철 2014b). 현재 남한의 대법원은 대법원장을 포함해 모두 14명의 대법관으로 구성되어 있다. 전문법원을 따로 두고 있지 아니하는 상황에서 이 정도 대법원의 규모는 정책법원형으로 보기에는 대규모이면서 권리구제형으로 간주하기에는 대법원의 규모가 너무 작게 책정된 것이다.

대법원의 이념형을 설계하는 문제에 또 다른 변수는 헌재의 존재다. 헌법재판이 매우 특수하게 헌법분쟁에 집중된 헌법해석과 적용이 이루어지는 영역이므로 아무래도 헌정질서상 법질서의 통일성을 위한 정책법원의 전형이라 할 것이므로 헌재가 존재한다면 대법원은 권리구제형으로 설계되는 것이 국민의 재판청구권을 더욱 실질화하는 데 기여한다는 주장이 있을 수 있다. 그러나 헌법재판과 일반재판이 본질적으로 구별가능한 사법작용이라는 점, 헌법재판과 일반재판이 한 기관에 의해 통합적으로 수행될 때 사건부담 때문에 헌법재판이 소홀히 될 위험이 높다는 점, 일반재판에 적용되는 법률의 통일적 해석과 입법적 흠결을 보충하기 위한 정책적 고려의 필요성은 헌재의 존재에도 불구하고 독자적으로 여전히 중요한 의미를 가진다는 점 등을 고려할 때 헌재의 존재가 대법원의 위상을 권리구제형으로 삼아야 할 본질적 이유가 될 수 없다. 또한 대법원을 정책법원형으로 자리매김하게 될 때 주요한 반론이 되는 권리구제에 소홀할 수 있다는 점에 대해서는 하급심을 실질적으로 강화한다면 권리구제에 충분히 충실할 수 있고, 이런 조건 하에 상고심을 제한하

는 것이 법적 분쟁의 조기해소를 통한 법질서 안정화에 더 기여할
수도 있기 때문이다(김종철, 2010, 130-131).

3) 사법에의 국민참여제도의 확대 방안

사법권을 전문직역인 법조인들에게만 맡겨 주는 것은 당위론의
측면에서나 현실정책적인 차원에서나 용인되기 힘들다. 당위론적으
로 모든 국가권력은 국민의 민주적 통제와 참여의 대상이어야 한다.
다만 사법작용의 본질이 공정성에 기초하고 있고 이러한 본질은 일
반 정치 및 행정 과정과는 달리 전문성의 원칙에 따라 사법 과정이
구성되고 운영되도록 요구한다는 점에서 부분적인 차이가 있을 뿐
이다. 현실적으로도 사법권이 중립적이고 독립적으로 행사되어야
한다는 명목 하에 일반상식과 유리된 시대착오적인 사법권 행사나
본연의 권력통제나 인권 및 민주주의 수호적 기능에 철저하지 못한
사법권 행사가 끊이지 않아 왔다. 따라서 국민의 사법참여를 확대할
필요성은 꾸준히 제기되어 왔다.

국민의 사법참여는 재판에의 참여, 사법권 구성 과정에의 참여,
사법정책 형성에의 관여로 구별할 수 있으나 관건은 역시 재판에의
참여다. 재판에의 참여 또한 사실판단에만 참여하는 배심제도와 법
적 판단에도 관여가 인정되는 참심제도가 있는데 현행 체제에서는
헌법적 근거규정이 없다는 이유로 원칙적으로 허용되고 있지 않은
실정이다.[26]

---

[26] 헌법 제27조 제1항에 기본권으로 '법관'에 의한 재판을 받을 권리 규정이 있고 헌
법 제105조와 제106조에 법관의 신분보장에 관한 규정을 두고 있는 것이 헌법적 장애
사유로 제시된다. 국민의 사법참여를 강화하기 위해 2007년 6월 1일 제정된 '국민의
형사재판 참여에 관한 법률'에 의해 도입된 배심원제도는 이러한 위헌론을 피하기 위
해 배심원의 의견에 권고적 효력만을 부여하는 한편 국민참여재판청구권을 제한할 수
있는 권한을 법원에 부여하는 등 많은 제한을 두고 있다.

통일한국의 사법제도에서는 이런 논란을 불식시키기 위해 참심제와 배심제 등 국민의 사법참여를 위한 헌법적 근거규정을 마련할 필요가 있다. 가장 용이하고 유력한 방법은 참심이든 배심이든 선택하여 바로 명문화하는 방안이 있을 수 있다.27 한편 이러한 헌법상 명문화가 오히려 제도적 운용가능성을 제한한다는 점에서 헌법상 재판에의 국민참여를 입법화하는 데 장애로 작용하는 규정을 개정하는 방법으로 개선하는 안도 유력하게 제안되어 있다. 예컨대, 일반법관의 임기를 법률위임사항으로 하고, 재판청구권의 보장주체를 법관이 아닌 법원으로 표현을 수정하면서, 사법권의 귀속처를 "법관으로 구성되는 법원"이 아닌 "법원"으로 하는 안을 고려해 볼 수 있다(국회 헌법연구자문위원회, 2009, 273).

2. 사법권의 구성상의 문제와 대안

1) 사법권의 인적 구성상의 문제 – 대법원 및 헌재의 구성방법을 중심으로

현행 사법제도에 대한 불만 가운데 대표적인 것은 사법기관, 특히 최고사법기관인 대법원과 헌재 구성상의 문제이다. 현재 법조인

---

27 예를 들어, 제101조 제1항에 단서조항을 신설해 "다만, 사실판단에 관해서는 배심원에 의한 재판을 받을 국민의 권리를 침해해서는 안 된다"는 규정을 신설하고 제27조 제1항은 "모든 국민은 헌법과 법률이 정한 법관에 의하여 법률에 의한 재판을 받을 권리를 가진다"로 개정할 것을 제안하는 견해가 있다(이국운, 2010, 42). 한편 북한은 참심제를 채택하고 있는데 정치적 통제를 통해 사법권의 독립을 오히려 훼손하는 기능을 하고 있어 문제다(이효원, 2010, 85). 그렇다고 정반대로 사법권의 형식적 독립의 필요성을 강조해 사법에 대한 국민참여의 여지를 근원적으로 봉쇄하는 것 또한 바람직하지 않다. 정치적 압력의 통로로써 자연스럽게 기능하는 북한식 사법제도의 특성을 근원적으로 봉쇄하는 자유민주적 기본질서에 바탕해 통일한국의 사법제도를 구상하는 한 북한에서 이미 채택된 제도라는 이유로 참심제 도입을 부인하는 것은 설득력이 없다.

수가 매우 제한된 상황 속에서 대법관과 헌법재판관은 법조인 중에
서만 선발하도록 함으로써 최고사법기관인 대법원과 헌재가 사회의
다양성을 반영하면서 헌법과 법률을 해석할 수 있는 여지를 과도하
게 제한하는 결과를 빚고 있다는 비판이 지속적으로 제기되어 왔다.
즉 합의제 기관의 본질에 해당할 수 있는 다원적 관점과 해석의 가
능성이 봉쇄되어 획일적이고 사회유리적인 법의 해석과 적용이 야
기될 수 있는 최고사법기관 구성체계라는 것이다.[28] 특히 헌법규범
적으로도 사법부 구성의 원리는 법적 전문성 외에도 주권자인 국민
의 위임을 받은 국가권력 담당자로서 갖추어야 할 최소한의 민주적
정당성을 확보해야 하는데 전통적으로 최고사법기관 구성상의 문제
로 지적되어 온 사회적 폐쇄성과 획일성은 극복될 필요가 있다(같은
취지로 이헌환, 2008, 403-404).

따라서 통일한국의 최고사법기관 구성상 고려되어야 할 것은 법
적 전문성 외에도 사법구성상 민주적 정당성을 강화하는 것이다. 그
제도적 대안으로는 우선 대법관 선정 과정에서 국민참여의 여지를
최소한 확보하는 것이다. 현재 법원조직법상 법제화된 대법관추천
위원회를 확대개편하고, 인사청문제도를 충실히 운용하는 것이 요
청된다. 한편 대법관 후보자의 사회적 다양성을 확보하기 위해 그
법적 전문성을 수련하는 경로의 다양성을 확보하도록 재야법조, 학
계, 관료계 출신이 기용될 수 있는 길을 더 확대할 필요가 있다.[29]

사법기관 구성절차에의 제한적 국민참여나 자격요건의 확대는

---

[28] 헌재의 경우에는 김종철(2005a), 대법원의 경우에는 김종철(2014b) 참조.
[29] 이헌환(2010, 166-167)은 아예 인사를 포함한 사법제도상 의사결정구조의 민주화
를 위하여 헌재를 비롯한 최고법원의 구성원을 주축으로 하면서 정부와 국회의 대표를
포함하는 방식으로 최고사법평의회를 두어 사법권 독립과 동시에 그 책임성을 강화하
기 위한 방안을 제시하고 있다.

사법권 구성상의 민주적 정당성을 강화하는 목표를 달성하기 위한 필요조건은 될 수 있어도 충분조건은 되지 못한다. 특히 사법기관이 다른 국가권력에 대한 통제적 기능을 공동체의 근본규범인 헌법과 법률에 기초해 효과적으로 수행하기 위해서는 정치 과정의 일시적 다수주의가 사법 과정마저도 장악하지 못하도록 제도화할 필요가 있다. 즉 정치 과정에서 소외되기 쉬운 사회적 소수파가 적극적으로 지명권은 행사하지 못하더라도 소극적으로 사회적 다원성을 확보하는 데 영향을 미칠 수 있도록 대법관이나 헌법재판관 선출에 가중다수제를 채택하는 것은 긴요하다. 예컨대 대법관과 헌법재판관은 국회에서 3분의 2가 찬성하는 경우에만 임명되도록 하는 방식이다. 특히 이질적인 체제의 통합을 안정적으로 정착시키는 데 핵심적 요소가 될 통일한국의 최고사법기관은 사회적 소수자가 최소한의 관심을 받을 수 있도록 구성되는 것이 특별히 요청될 것이기 때문에 가중다수제와 같은 구성방법의 도입은 불가피할 것으로 판단된다.

2) 사법권의 조직적 구성체계의 문제 – 특별법원 및 전문법원의 경우

현행 사법체계와 관련해 조직적으로 논란의 여지가 있는 것은 특별법원의 조직과 운영상의 문제다. 특별법원이 무엇을 의미하는지에 대해서는 견해가 일치되어 있지 아니하나 "그 권한의 제한, 관할대상의 특수성, 법원 존립의 임시성 등에 그 특징이 있는 것이 아니고, 그 재판에 대한 최고법원에의 상소가 인정되지 않거나 또는 헌법이 규정하는 법관의 자격 내지 일반법원의 독립성에 관련되는 규정들이 인정되지 아니하는 점에 그 특징을 가진 법원"이라는 견해가 유력하다(김철수, 2008, 1944). 이런 견해에 따르면 헌법상 명문화된 군사법원 외에 법률로 특별법원을 설치하는 것은 위헌이 된다. 반면 특별법원이라고 하더라도 대법원에의 상고가 허용되지 않는 것까지 헌법이 허용하는 것은 현대민주주의에서 용납될 수 없다는 견해도 없지 않다(송기춘, 2005, 276).[30]

현재 특별법원으로 헌법에 근거를 둔 것으로는 군사법원이 유일한데 전시는 물론 평시에도 설치되어 과도하게 군인의 인권보호에 취약한 점이 있다는 비판이 지속되어 왔다. 더구나 사법권 독립의 보장에 적절하지 못한 군사법원의 조직상의 문제점이 분단체계에 의존한 군의 특수성론 때문에 용인되어 왔다는 점에서 통일한국의 경우 문명국가의 수준으로 정비될 필요가 있다.

한편 갈수록 전문화하는 현대법의 추세를 반영해 사법부를 전문화[31]하자는 제안이 지속적으로 제기되고 있다(이헌환, 2010, 165-166). 복수의 최고법원을 설치하는 안과 고등법원 차원에서 특별법원을 설치하고 대법원의 특별부와 연계하는 방안 등이 제안되어 있다. 복수의 최고법원을 설치하는 안은 현재 사법부로부터 독립되어 있는 헌재와 같이 조세, 노동, 특허 등 전문 분야의 최고법원을 따로 두는 방식이다. 최고법원을 권리구제법원으로서의 성격에 따라 구성한다면 사건 수와 사건의 성격에 따른 심층심리를 위하여 이러한 최고법원의 다원화가 불가피할 수도 있다. 반면 대법원을 정책법원으로 자리매김한다면 대법원의 부를 좀 더 활성화하는 안이 또 다른 대안일 수 있다. 고등법원까지 특별법원을 두되 대법원의

---

[30] 헌재는 법률에 의한 특별법원 설치에는 "사법권의 독립 등 헌법의 근본원리에 위반되거나 헌법 제27조 제1항의 재판청구권, 헌법 제11조 제1항의 평등권, 헌법 제12조의 신체의 자유 등 기본권의 본질적 내용을 침해하여서는 안 될" 헌법적 한계가 있다고 설시한 바 있다(헌재 1996. 10. 31. 93헌바25, 판례집 8-2, 443, 452; 헌재 2009.07.30, 2008헌바162, 판례집 제21권 2집 상, 280, 287-287).

[31] 이헌환(2010, 142-143)은 이런 경향이 전 세계적임을 비교법적 연구를 통해 확인하고 있다.

특별부를 통해 전원합의체에는 미치지 못하더라도 특별사건의 전문성을 제고하는 방안이 있을 수 있다.

마지막으로 통일이라는 특수한 조건에 따른 제도 구상에서는 과도기적 제도에 대한 고려가 전혀 없을 수 없다. 특히 통일한국에서 자유민주적 기본질서를 근간으로 했을 때 북한 지역의 경우 짧은 시기에 자유민주적 사법체제를 구축하기가 용이하지 않을 수 있으므로 통일한국의 헌법(혹은 헌법조약)에 특별법원을 통해 잠정적 사법 과정이 허용될 수 있는 여지를 입법위임을 통해 마련해 둘 필요가 있다. 예컨대 통일과도기 법원 조직이나 관할[32]은 물론 신속한 사건해결을 위한 특별절차의 적용가능성 등[33]에 융통성을 부여할 수 있는 헌법적 근거를 마련해 두는 것이 필요하다.[34]

3. 사법행정권의 문화적 문제와 대안

1) 중앙집권과 관료제적 사법행정체제의 문제점

남한의 사법제도에 대한 문화적 연구는 사법부 외부로부터의 독립의 과제와 더불어 사법기관 내부에서 사법권의 본질적 요소인 독립성을 훼손할 수 있는 구조가 뿌리내리고 있다는 점을 고발해 왔다. 대표적으로는 사법권의 행사를 적정하게 보조하는 기능을 가져야 할 사법행정권이 역으로 사법권의 본질적 요소인 재판의 독립성

---

[32] 관할 문제로는 구 체제와 통일 후 신 체제 간 융합 불가능한 결과를 가진 확정판결에 대하여 파기할 수 있는 새로운 재판을 관장하는 문제도 포함된다. 조직 문제로는 EU 통합의 경험을 참조해 가칭 '남북사법재판소'로 하여금 과도기적 법률분쟁을 해결하도록 하는 방안을 제안한 경우도 있다(채형복, 2008, 547).

[33] 이런 필요성에 대한 지적은 이헌환(2007, 143) 참조.

[34] 이런 필요에 의한 독일의 대응에 대하여는 법원행정처(1995, 145-147, 256-266) 참조.

을 잠식할 수 있는 방향으로 기능한다는 것이다.

이처럼 "사법행정 관료들이 의도적으로 사법행정적 수단을 사용하여 사법절차의 중립성과 객관성을 훼손하고 부당한 판결에 이르도록 하는 행위나 메커니즘"을 흔히들 '도구적 사법행정(instrumental judicial administration)'이라 하는데(Levin, 2011), 그 대표적 예가 인사권을 통해 법원행정처가 법관의 판결에 직접적, 혹은 간접적 영향을 미치는 경우라고 할 수 있다. 법적 신분은 판사로 동일하나 배석판사, 지방법원 부장판사, 고등법원 부장판사, 각급 법원장, 대법관으로 수직계열화하는 보직승진제도에 기댄 법관인사제도가 바로 전형적인 도구적 사법행정의 방편이 되어 왔음을 추정하기에 충분하다(김도현, 2006, 176-179).

한편 남한의 대법원은 대법원장이 대법관을 제청하고 사법행정권을 사실상 독점하는 수장형 합의제체제를 구축하고 있으며, 대법원장을 정점으로 수직화하고 피라미드화한 인사체계는 외부로부터의 독립을 확보할 수 있는 체제이면서도 동시에 상층부에 대한 압력만으로 법원 전체를 효율적으로 통제할 수 있는 체제이기도 하다(김종철, 2014b).

이런 체제는 사실 자유민주적 기본질서를 표방하여 왔음에도 불구하고 문화적으로는 일제식민지 시기를 거치면서 근대 사법제도가 도입되는 과정부터 싹트기 시작해 오랜 권위주의 독재시기를 거치면서 온존되어 온 것이며 민주화 과정에서도 제대로 혁파되지 못한 것이다. 통일한국의 사법제도는 이러한 고질적이며 반자유민주적 문화적 구조를 혁파하는 계기가 되어야만 성공적인 체제전환에 기여하게 될 것이다.

2) 대안

대법원장 중심의 사법행정과 사법관료화를 막기 위한 대안의 핵심은 논리적으로 분권과 민주화라고 할 수 있다.

우선 대법원장 단독권한으로 되어 있는 다른 헌법기관의 구성관여권이나 사법행정권을 조직체인 대법원의 권한으로 하고 내부적으로 민주적이고 심의적 의사결정구조를 강화할 필요가 있다. 특히 현재 법원조직법 제9조의 2에서 판사들로 구성되는 사법행정상 자문기구로 설치된 판사회의를 활성화하고 지문기구 이상의 지위를 부여하는 것을 유력하게 검토해 볼 수 있다(김종철, 2010, 129-130).

한편 사법행정기관은 분권화해 각급 법원의 행정적 자율성을 강화하기 위한 방안을 모색해야 한다. 직급제와 이에 기반한 승진제도를 폐지하기 위한 지속적 개혁의 일환으로 그 전제가 되는 하급심 강화방안과 더불어 지역별, 심급별 인사제도를 분리하는 방안을 고려해 볼 수 있다. 예컨대, 2010년 3월 26일 국회 사개특위활동에 대응하여 대법원의 사법정책자문위원회가 장기과제로 제안했던 일반법관 이원화 방안, 즉 고등법원 판사와 지방법원 판사의 인사체계를 분리하고 고등법원의 합의부는 현재의 고법부장 중심의 우월적 합의제에서 대등경력자로 구성되는 수평적 합의제로 전환하고 지방법원은 단독심 중심으로 운영하는 방안을 들 수 있다(대법원 기획조정실, 2010, 1-2).

V. 결론 - 통일한국의 바람직한 사법제도의 이념형

앞서 논의에서 개진된 통일한국의 바람직한 사법제도를 이념형적 차원에서 간략하게 정리하면 다음과 같다.

우선 사법제도의 이념은 현행 헌법상의 규범적 한계에 기초할 때 자유민주적 기본질서가 요청하는 다원적 정치질서와 사법권의 독립을 본질로 할 수밖에 없다.

법원조직과 관련하여 정책법원적 성격을 가지고 현재와 같이 적정수로 구성되는 최고법원으로서의 대법원을 제안했다. 한편 헌법분쟁을 집중적으로 관장하는 헌법재판소를 독립적으로 유지하면서 완성기는 물론 과도기에도 일정한 정치통제의 역할을 담당하는 방안을 지지했다. 정책법원으로서의 대법원을 인정하면서도 대법원 내의 부제도를 활용하거나 하급심까지는 전문법원 설치를 허용하는 등 법원의 다원화라는 세계적 추세를 수용하는 방안을 취했다.

법원의 구성 및 운용과 관련해 특히 대법원과 헌법재판소는 독립성, 민주성, 인권보장, 권력통제적 속성을 발휘하는 정책법원적 본질을 고려해 최대한 사회적 다양성이 반영되는 방안이 필요하고 구체적 선출방식으로는 가중다수제가 불가피함을 강조했다. 사법권의 행사에 국민참여가 강화될 수 있도록 배심제, 혹은 참심제의 도입을 수용했다. 법원과 헌재 간의 권한은 제한적이나마 재판소원을 허용하고 선거소송의 관할을 헌재가 담당하게 하는 안을 지지했다.

한편 사법제도의 바람직한 운영의 전제조건으로 사법행정의 분권화와 민주화가 필수적임을 남한에서의 사법제도의 발전 과정에서 얻은 역사적 경험을 통해 강조했다. '도구적 사법행정'의 폐해를 낳은 중앙집권과 관료제적 사법행정체제를 극복하기 위하여 법원 내 판사 중심의 민주주의를 강조하는 한편 지역적, 기능적 차원에서의 사법행정기관을 분권화를 제안했다.

이런 거시적 제도 하에서 통일한국의 기본적 정치제도(국가 형태, 정부 형태, 의회 구성 형태)가 어떻게 형성되는가에 따라 미시적 영역에서의 쟁점들을 해결해 나갈 수 있을 것이다.

참고문헌

강원택. 2011. 『통일 이후의 한국 민주주의』. 나남.

곽준혁. 2006. "사법적 검토의 재검토: 헌법재판과 비지배적 상호성", 『한국정치학회보』, 40(5), pp.81-110.

국회 헌법개정자문위원회. 2009. 『국회 헌법연구자문위원회 결과보고서』. 국회 헌법연구 자문위원회 국회의장자문기구.

_____. 2014. 『헌법개정자문위원회 헌법개정안』. 국회 헌법개정자문 위원회.

권은민. 2014. "통일한국의 사법제도 모색", 『남북교류와 관련한 법적 문제점(12) - 특수 사법제도연구위원회 제31·32차 회의 결과』, 통일사법정책자료, 2014-1, p.176. 법원행정처.

김종철. 2005a. "헌법재판소구성방법의 개혁론", 『헌법학연구』, 11(2), pp.9-48.

_____. 2005b. "'정치의 사법화'의 의의와 한계 - 노무현정부 전반기의 상황을 중심으로", 『공법연구』, 33(3),. pp.229-251.

_____. 2009. "한정결정과 재심 - 소위 '함정희' 재심청구사건을 중심으로", 『세계헌법 연구』, 15(1),. pp.73-92.

_____. 2010. "사법제도의 개정 필요성과 방향", 『헌법학연구』, 16(3), pp.105-145.

_____. 2014a. "민주공화국과 정당해산제도 - 통합진보당 해산심판청구를 소재로 -", 『공법학연구』, 15(1), pp.35-66.

_____. 2014b. "한국에서 사법권 독립의 과제와 법원개혁 - 사법민주화의 필요성을 중심으로 -", 『강원법학』, 41, pp.137-184.

김철수. 2008. 『학설판례 헌법학(하)』. p.1944.

김하열. 2010. "재판에 대한 헌법소원의 필요성과 범위: 재판소원의 부분적 도입을 위한 시론", 『헌법학연구』, 16(4), pp.165-206.

김형남. 2008. "통일한국의 헌법재판제도에 대한 전망", 『헌법학연구』, 14(2), pp.507-529.

대법원 기획조정실. 2010. "대법원 사법정책자문위원회 보도자료(2010.3.26)".

박정원. 2011. 『남북통합과정별 법제도 소요판단 및 기존연구 성과물 DB화 업데이트』. 통일부.

송기춘. 2005. "군사재판에 관한 헌법학적 연구 ― 군사법원의 구성과 운영의 개선방안을 중심으로 ―", 『공법연구』, 33(3), pp.273-296.

이국운. 2010. "헌법 제101조", 『헌법주석서 IV』. 법제처.

이헌환. 2007. "통일한국의 사법제도론," 『아주법학』 1(3):. pp.121-144.

_____. 2008. "사법제도 개헌에 관한 관견." 『헌법학연구』 14(4): 383-412.

_____. 2010. "현대 사법제도의 경향과 특징: 세계국가들의 헌법규정을 참고로", 『세계 헌법연구』, 16(3), pp.133-174.

이효원. 2009. "북한의 형사법과 형집행제도", 『교정담론』, 3(1), pp.63-94.

_____. 2010. "남북통일 이후 사법조직의 통합방안", 『서울대학교 법학』, 51(1), pp.67-104.

_____. 2014. "통일과정에서의 사법제도 정비 방안", 2014. 『남북교류와 관련한 법적 문제점(12) - 특수사법제도연구위원회 제31·32차 회의 결과』, 통일사법정책자료. 법원행정처.

채형복. 2008. "EU 통합의 남북한 통일정책에 대한 시사점-사법제도를 중심으로", 『法學論攷』, 28, pp.535-558.

법원행정처. 1995. 『독일통일과 사법통합』. 법원행정처.
법원행정처. 2007. 『남북교류와 관련한 법적 문제점 6』. 법원행정처.

Kim, Jongcheol. 2010. "The structure and basic principles of constitutional adjudication in the republic of Korea", in Kuk Cho ed. *Litigation in Korea*. London: Edward Elgar Publishing.
Kim, Jongcheol·Park, Jonghyun. 2012. "Causes and conditions for sustainable judicialization of politics in Korea", in Björn Dressel ed. *The Judicialization of Politics in Asia*. Oxon: Routledge.
Tonalipu, Andi Sandi Ant. T. 2014. "The Indonesian Constitutional Court: Towards a Democratic Constitutional State", proceedings in International Symposium Commemorating the 3rd Congress of the World Conference on Constitutional Justice. Seoul: Constitutional Research Institute.

제3부

———

독일의
정치제도와 통일

제7장

독일의 정치제도와 통일
—
송태수

I. 서론

독일의 헌법(Grundgesetz, 이하 기본법)은 제23조와 제146조에서 두 가지 방식에 의한 통일의 가능성을 열어놓아 모순적인 측면이 있었다. 제23조는 서독 기본법의 확대 적용을 가능하게 한 반면, 제146조는 새로운 헌법을 제정해 통일독일에 적용할 수 있도록 규정하고 있었던 것이다(Müller-Graff, 2005, 58). 1989~1990년의 역동적 시기에 긴박한 상황의 끝없는 반복 속에서 동독 주민은 제23조에 따라 서독연방주에 편입되는 방식의 통일방안을 선택했고, 이에 따라 한순간의 지체도 없이 독일 통일은 빠르게 진행되었다.

1년여의 긴박한 과정에서도 동독 주민들은 통일방안의 선택에서 소외되거나 특정 집단이나 세력에 의해 일방적으로 결정된다고 생각하지 않았고, 자신들이 민주적 절차에 따라 자발적으로 내린 결정에 따라 진행되는 것으로 받아들였다. 그리고 자신들이 선택한 서독의 사회적 시장경제와 정치체제 자체에 대해서 이의를 제기하지 않았다. 이렇게 광범한 대중적 동의의 조건에서 이루어진 통일에도 불구하고 사반세기가 지난 현재도 내적 통합의 문제는 여전히 중요한 사회·정치적 과제의 하나로 남아 있다.

1989년 늦여름부터 동독에서 대규모 주민의 탈주가 발생함과 동시에 대중시위가 확산됨에 따라 사회주의통일당(SED)은 급변하는 상황에 대한 통제력을 잃은 듯했다. 1989년 11월 18일 들어선 모드로우 내각은 권력의 공백상황을 '중앙원탁회의(Der zentrale Runde Tisch)'라는 혁신적인 대변기구의 구성을 통하여 대처해야 했으며, 12월 3일 사회주의통일당이 당 권력 핵심기구인 중앙위원회와 정치국을 해체하면서 권력 공백은 새로이 출범한 내각이 홀로 감당할 수 없었고 원탁회의가 공동으로 채워줘야 할 정도로 급변했다.

　　독일의 통일 과정은 정치제도의 유지·변화와 권력체제의 변화 과정을 거쳤다. 역동적으로 변화하는 정치상황은 아래로부터 자발적으로 형성된 체제저항단체에 의해서 주도되기도 하고, 그 변화에 능동적으로 대응하지 못하는 정치엘리트와 정치체제는 짧은 기간 내에 다른 정치집단과 제도에 의해 대체되기도 했다. 아래로부터의 폭발적인 힘은 때로 체제의 붕괴를 초래할 것 같은 위협적인 상황으로 발전하기도 했다. 그러나 이러한 상황은 1990년 3월 18일의 동독총선 일정과 5월 6일의 지역선거 일정이 정해짐에 따라 선거를 대비한 정당의 적극적 활동을 중심으로 안정적 궤도에 올라 평화적인 통일을 이루어 냈다.

　　아래에서는 독일 정치제도의 어떠한 요인이 어떠한 방식으로 작용하여 안정적인 통일과 통합이 가능했는지 살펴보기로 한다. 이를 위해 본 연구에서는 먼저 동서독 정치제도의 구성(2절)을 살펴보고, 1989년 말부터 1990년 10월 3일까지의 체제전환 과정의 역동성이 어떻게 제도화되어 갔는지를 살펴본다(3절). 이어서 4절에서는 정치·사회적 통합 과정에서 통합의 주체이자 매개체로서 정당의 역할을 구체적으로 살펴본 후 마지막으로 5절에서는 어떤 정치제도적 특징이 어떠한 방식으로 작용하여 안정적인 통일과 통합으로 귀결했는지 정리하면서, 그 함의를 찾는 것으로 글을 맺는다.

Ⅱ. 서독과 동독의 정치제도

1. 서독

독일의 국가이념으로 공화국, 민주주의, 사회국가, 연방국가와 법치
국가의 다섯 가지 원칙이 있다. 독일 '헌법의 요약(Verfassung in
Kurzform)'이라고 별칭되기도 하는 기본법 제20조 제1항에 "독일
연방공화국은 민주주의의 사회적 연방국가다"라고 규정하고 있다
(Hesselberger, 1983, 131).

　　독일을 움직이는 주요 정치조직으로는 연방하원, 연방대통령, 연
방수상과 연방정부, 그리고 주정부 등이 있다. 그리고 정치조직은
아니지만 헌법기관인 연방헌법재판소가 있다. 전후 독일의 정치질
서는 제도적 측면에서 볼 때, 입법·행정·사법으로의 권력이 명확히
분립되는 수평적 권력분립과 함께 중앙과 지방의 권력을 연방제도
를 통해 수직적으로 분립한 것에 특징이 있다. 수평적으로는 국민의
직접선거에 의해 선출되는 연방하원 및 연방하원에서 선출되는 수
상을 중심으로 하는 연방정부, 그리고 독립적이고 중립적인 사법부

로 권력의 분립이 이루어졌다. 바이마르공화국에서 직선 대통령에게 부여된 광범위한 권한과[1] 의회 선거를 통해 선출된 수상과 장관들로 구성된 정부의 이원적 권력구조가 바이마르공화국의 민주주의를 실질적으로 붕괴시킨 주된 원인 가운데 하나로 간주되었다. 권력의 집중을 피하고 확고한 권력분립체제 구축이 전후 서독 정치체제 형성의 요체였는데, 이는 바이마르공화국 정치체제에서 대통령을 상징적 권한만 갖도록 변형하는 방식으로 가능했던 것이다. 다른 한편 수직적으로는 연방제 원칙에 따라 연방(Bund)과 11개의 주(Land)에 고유한 권한이 주어져 권력분립이 체계화되었다.

1) 양원제

독일 의회는 양원제로 연방하원(Bundestag, 연방의회)과 연방상원(Bundesrat)으로 구성되어 있다. 연방하원은 전 국민의 의사와 이익을 대변하는 기관이다. 이에 비해 연방상원은 엄밀한 의미에서 국민의 대표 기관이라기보다는 주(州)의 이익을 대변하는 기관이다.

연방하원은 국민의 직접선거에 의해 선출되는 전 국민의 대표로서, 위임이나 지시에 구속되지 않고 오로지 자신의 양심에 따라 행동한다(기본법 제38조 제1항). 이러한 의원의 양심에 따른 행동과 독립성을 보장해 주기 위해 의원이 소속 정당의 정책과 뜻을 달리하여 탈당하는 경우에도 의원직을 계속 유지할 수 있도록 한다. 연방하원의 주요 임무는 법률을 제정하고, 연방수상을 선출하며, 연방정부를 견제하는 기능이다. 또한 연방하원의원은 연방대통령 선출에도 참여한다. 법률안 제출권은 연방하원의원과 연방상원, 그리고 연

---

[1] 바이마르공화국 대통령은 국민에 의해 직접 선출됐으며, 연방의회 해산권, 법률안의 국민투표회부권, 국가긴급권, 군통수권, 수상임명권 등 광범위한 권한을 가졌다.

방정부에게 있으나(기본법 제76조 제1항), 법률은 대부분 연방정부의 발의에 의해 제정된다.[2]

연방하원이 국민의 대표기관이라면, 연방상원은 주를 대표하는 기관으로 주의 이익을 대표하는 기관이다.[3] 연방상원의원은 연방하원의원처럼 국민의 직접선거가 아닌 주정부에 의해 임명되고 해임된다(기본법 제51조 제1항). 따라서 연방상원에 참가하는 주 대표는 주정부의 교체에 따라 수시로 교체되기도 한다. 연방상원의 의사결정은 각 주에 배정된 일정 수의 표결권에 의해 이루어진다. 각 주가 몇 표의 권리를 행사하느냐는 주의 인구에 따라 결정된다.[4] 연방상원의 동의가 필요한 법률은, 주의 재정 문제나 주정부의 권한과 관련이 있는 법률들로, 대부분 주의 이익에 관한 것들이다. 연방상원 제도는 연방제도의 유지를 위한 합법적 권위가 창출되는 제도적 근거를 구성하는 것이다.[5]

---

[2]   1949년 이후 2002년까지 제정된 약 5,640건의 법률 중 대부분이 연방정부의 발의에 의해 이루어진 것이다.

[3]   서독의 11개 주는 연방상원을 통해 연방의 입법과 행정 및 유럽연합(EU)의 업무에 참여했다(기본법 제50조). 통일 전 서독의 11개 주는 통일 후 16개 주로 확대되었다.

[4]   그러나 철저히 인구수에 따라 표결권을 배분하지 않고 각 주의 표결권을 인구수에 따라 배분하되, 3표(주민 200만 미만의 주), 4표(주민 200만~600만 이하) 그리고 최대한 5표(주민 600만보다 많은 주)를 배분하도록 해 총 45표로 구성되었다(기본법 제51조 제2항). 이는 통일 후 최소 투표권 3개, 인구 200만 초과 주 4개, 인구 600만 초과 주 5개, 인구 700만 초과 주 6개의 투표권으로 변경, 전체 16개 주에 총 64표로 구성된다.

[5]   이외에도 기본법 개정에는 연방하원의원 2/3 이상과 연방상원의원 2/3 이상의 찬성이 필요하다(기본법 제79조 제2항).

2) 연방대통령

서독의 국가원수는 연방대통령(Bundespräsident)이다. 연방대통령은 대외적으로 국가를 대표하지만, 제한적이고 상징적인 권한만 행사할 수 있다. 연방대통령의 임기는 5년이며, 연임은 1회만 허용된다. 연방대통령은 직접선거가 아닌 연방회의(Bundesversammlung)라는 비상설기구에서 발언 없이 선출된다. 겸직이 허용되지 않는 연방대통령은 정부, 또는 연방이나 주의 입법기관에 소속되어서는 안 된다(기본법 제55조 제1항).

연방대통령은 국가원수로서 국제법적으로 독일을 대표하며, 연방판사와 연방공무원, 그리고 장교와 하사관에 대한 임명권과 면직권을 갖고 있으며(제60조 제1항), 사면권을 행사한다(제60조 제2항). 연방대통령의 권한은 바이마르공화국에서 나치정권으로의 합법적 이행을 거울삼아 크게 제한되었다. 연방대통령은 각료회의에도 참석할 수 없고, 연방정부의 정책결정에도 직접적인 영향력을 행사할 수 없다.

3) 내각제: 연방수상과 연방정부

독일연방공화국은 내각책임제를 채택하고 있어 연방수상(Bundeskanzler)이 연방정부(Bundesregierung)의 최고책임자로서 연방정부를 이끌고 있다. 연방정부는 연방수상과 정부각료로 구성된다(기본법 제62조). 연방정부는 오직 연방수상의 책임 하에 있다. 연방수상은 연방대통령의 추천에 의해 연방하원에서 발언 없이 투표로 선출된다(기본법 제63조 제1항). 연방하원에서 재적의원 과반 이상의 찬성을 얻은 자가 선출되며, 연방대통령은 선출된 자를 연방수상으로 임명해야 한다(제63조 제2항).

서독에는 내각책임제의 단점 중 하나로 지적되는 야당의 빈번한 불신임안 제기가능성 문제점을 방지하기 위한 '건설적 불신임(Konstruktives Mißtrauensvotum)' 제도가 도입되어 있다. 즉 연방하원은 재적의원 과반의 찬성으로 후임 수상을 선출해 연방대통령에게 연방수상을 해임하도록 요청함으로써만 연방수상에 대한 불신임을 할 수 있는 것이다. 연방대통령은 이 요청에 따라야 하며, 선출된 자를 연방수상으로 임명해야 한다(제67조 제1항).[6]

연방수상의 구속력 있는 요청에 의해 연방대통령이 연방각료를 임명하고 해임하기 때문에, 각료들에 대한 연방수상의 권한은 매우 강하다. 서독의 정치체제를 '수상민주주의(Kanzlerdemokratie)'라고 표현되는 근거이기도 하다.

4) 주정부

'독일연방공화국'이라는 국가명에서도 알 수 있듯이, 독일의 연방제 성격은 유럽 어느 나라보다도 강하다. 서독은 11개 주로 구성되어 있었다. 연방정부와 연방하원과 별도로 각 주에는 주정부(Landesregierung)와 주의회(Landtag)가 있다.

연방정부와 주정부의 업무분담은 권력의 분할과 권력의 균형 측면에서 중요하고 기본적인 요소이다. 전적으로 연방업무에 속하는 입법사항은 ―전국적으로 동일하게 적용되어야 하는 것들로― 외

---

[6] 제2차 세계대전 후 서독에서 불신임제도를 통해 수상을 교체하려는 두 차례의 시도가 있었으나, 한 번만 정권교체가 이루어졌다. 첫 번째 시도는 1972년 4월 27일 빌리 브란트 수상에 대한 불신임안이 제기되었으나 투표결과 정권교체를 위한 득표 수에 2표 모자라 정권교체 시도는 실패했다. 이후 1982년 10월 1일 사민당(SPD) 헬무트 슈미트 수상에 대해 제기되었고, 자민당(FDP)이 경제정책과 관련해 연정을 이루고 있던 사민당과 오랫동안 대립하다가 연정에서 탈퇴했다. 이후 기민당(CDU)에 동조해 헬무트 콜 수상을 후임 수상으로 선출해 불신임안을 통과시켰다(손선홍, 2005, 281).

교, 국방, 통화제도, 관세, 항공, 그리고 일부 조세권 등이다(기본법 제73조). 주에 위임되어 주가 거의 독자적으로 처리하는 분야는 교육과 문화정책 분야라고 할 수 있다. 독일에서 연방법은 주법에 우선한다(제31조)고 하여 연방이 주보다 더 상위법으로서 포괄적 입법기능을 갖지만, 국가 사무의 수행은 기본적으로 주정부 소관사항이다.[7] 뿐만 아니라 연방 행정업무의 대부분은 주에 위임되어 있고, 그 위임 방식에 따라 3단계로 구분된다.[8]

독일 근대국가 형성 과정의 이해에서 우리가 주목해야 할 점은, 독일이 각 자치공국의 연합에 의해서 연방국가로부터 출발했으며, 역사적 조건 상 숙명적으로 연방국가가 될 수밖에 없었다는 것이다. 근대국가 독일은 신성로마제국 해체(1806년) 이후 시기부터 "독일 영토 전체를 아우르는 국가가 아니라 부분영역의 차원에 한정된 부분국가로만 나타났"던 상태에서 출발한다. 영주들의 실권이 행사되는 개별 주권국가들이 ─비록 정치적 형태는 달리 하고 있더라도─ 지역별로 할거하면서 동맹체를 꾸리고 있던 상태에서,[9] 연방주의는 "독일 민족들의 수많은 정치공동체를 그 공동체들의 단일성을 해치지

---

[7] 「기본법 제30조」는 다음과 같이 분명히 하고 있다: "이 기본법에 별도 규정이 없거나 이를 허용하지 않는 한, 국가적 권능의 행사와 국가과제의 수행은 주의 소관사항이다."

[8] 첫째, 주정부 자신의 고유한 업무(예, 학교업무, 경찰업무, 주(州) 국토계획수립 업무 등); 둘째, 연방권에 의해 수행하는 자체 업무(예, 건축계획 및 기업영업권 등을 포함한 지역개발계획, 자연보호 및 자연경관 보호 업무 등); 셋째, 연방의 권한을 위임받아 처리하는 업무(예, 연방도로 건설과 교육진흥 업무 등)로 구분된다.

[9] 나폴레옹의 보호정치 아래 16개의 남부독일 제후국이 동맹을 맺었던 라인동맹(1806년)은 1814년 프랑스군이 물러가면서 현재의 독일, 오스트리아, 룩셈부르크 지역을 포함하는 지역에 산재해 있던 1806년 신성로마제국이 해체한 이후 주권국가로 구성된 독일동맹(Deutscher Bund)이 된다. 이때부터 상설 연방의회와 연방상원을 두었다. 여기서 'Bund(동맹 내지 연맹체)'라는 단어는 연방국가(Bundesland)에서도 동일하게 사용된다.

않으면서 하나의 민족국가로 묶어"(오향미, 2003, 452)낼 수 있는 유일한 방식이었던 것이다. 1815년 독일동맹을 꾸렸던 독일 민족은 1848년 프랑크푸르트 국민의회에서는 제도적으로 좀 더 체계화된 연방제가 통일국가 건설의 원칙으로 제시되었다. 이미 1848년 프랑크 푸르트 헌법에서부터 연방국가 특성이 두드러져, 제2장(87조 이하) 에서는 '독일제국(Deutsches Reich)'을 '연방국가(Bundesstaat)' 라고 명명하고 있을 정도다.[10] 따라서 연방주의는 이후 제정되는 바 이마르 헌법(1919년)과 서독의 기본법(Grundgesetz, 1949년: 이하 GG) 모두에서 기본원리의 하나로 된 것이다.[11]

2. 동독

독일민주공화국(DDR, 동독)의 헌법은 1949년 10월 7일에 제정된 후,[12] 1968년에는 인민민주주의 단계를 벗어나 사회주의 단계에 진 입하였다면서 사회주의헌법을 국민투표로 통과시켰으며(1968.4.6.), 1974년 10월 14일 다시 개정되는데, 이른바 '발전된 사회주의' 단계에

---

[10]   서독 헌법학자 로엘렉케는 기본법과 프랑크푸르트 헌법 사이에는 "단지 구조 적 차이만 존재"하는 것으로 평가한다. "기본법은 국가조직의 최고 지위에 있어서 정치문화를 대표하는 연방대통령(Bundespräsident)과 정치권력을 대표하는 연방 수상(Bundeskanzler)을 구분하고 있다. 프랑크푸르트헌법에서는 단지 독일 황제를 국가원수로서 최고지위에 규정하고 있다."(로엘렉케, 2001, 269)는 점에서 다를 뿐, 나머지에서는 차이가 거의 없다는 것이다.

[11]   바이마르공화국 국가구성의 기본원리는 연방제와 의회민주주의 원리였으며 (오향미, 2003), 이는 서독 기본법에서도 핵심적 국가구성 원리로 자연스럽게 받아들여 지고 있다. 서독 기본법의 기본원리는 민주주의, 법치국가, 사회적 국가, 연방주의다. 아래에서 독일 헌법은 디지털 아카이브 사이트(http://www.documentarchiv.de) 에서 인용한다.

[12]   1949년 5월 15일 독일인민의회 선거(Wahlen zum 3. Deutschen Volkskongress) 가 진행돼, 인민의회 구성은 58.1% 찬성과 41.9%의 반대로 인준되고, 새로이 구 성된 인민의회는 인민평의회 채택 헌법을 2087:1로 승인했다.

들어감에 따라 그에 조응한 개정이 이루어졌다. 1968년 헌법 개정을 통해서 독일사회주의통일당(SED, Sozialistische Einheitspartei Deutschlands)의 지도적 지위가 헌법에 명시되었다.[13] SED의 지위는 이후 1976년 헌법 개정을 통해 더욱 공고해지는데, "노동자계급과 근로인민들의 의식 있고 조직화된 전위부대"라는 1976년 SED 강령을 통해 동독 사회에서 압도적인 다수의 정치적 의지와 이익을 대표하기 때문에 보장돼야 한다는 것이다. 이로써 동독에서는 사회주의를 실현하기 위한 정치조직으로서 SED의 주도성에 근거한 '정당국가(Parteistaat)'가 특징화된다. 당(SED)의 지도가 국가 정책의 큰 틀과 목표를 세우고, 국가는 정책을 집행하는 '주요 도구'로 기능할 뿐이어서 정당국가로서 동독 국가체제의 모든 권력은 SED로부터 나오는 것이다. 그런데 이러한 정당국가는, 1949년 제헌헌법의 내용과는 매우 다른 것으로, 헌법변천 과정을 거쳐 성립된 것이다.

1) 1949년 제정헌법과 헌법변천 및 권력구조의 변천

가) 프랑크푸르트 헌법, 바이마르 헌법과 1949년 제정헌법

동독은 1949년 10월 7일 헌법을 제정 및 발효시키고, 독일민주공화국(DDR)을 선포했다.[14] 이 헌법의 제정 작업은 서독과의 통일

---

[13] 독일사회주의통일당은 1946년에 독일공산당(KPD)과 독일사회민주당(SPD)이 통합된 것이다. 통일 이후 SED는 독일민주사회주의당(PDS)으로 이름을 바꾼 후, 현재는 좌파당이라는 이름으로 존재하고 있다.

[14] 1949년 10월 7일에는 인민평의회(Volksrat)가 구성되었는데, SED 대표 또는 그 하부조직의 대표가 77.5%를 점하고, CDU 및 LPD 대표자가 22.5%를 차지했다. 인민평의회는 과도인민의회법과 과도정부조직법을 제정하고, 1949년 10월 10일 5개 지방의회 선거가 실시되었고, 1949년 10월 11일에는 인민의회와 지방의회의 합동회의에서 SED 당비서 오토 그로테볼(O. Grottewohl)을 수상으로 하는

을 상정한 채로 1946년부터 시작되었다.[15] 분단을 예상하지 않았던 동독 헌법 제1조 제1항에 "독일은 분단될 수 없는 단일의 민주공화국으로, 독일 주(州; Länder) 영토 위에 건립된다"고 선포되고 있다. 1949년 헌법 제정에서 주목되는 점은 이 헌법이 기본적으로 바이마르헌법을 계승한 것이고, 바로 이러한 점에서 동독의 권력구조는 서독의 제정헌법인 기본법(GG)의 권력구조와 커다란 차이를 보이지 않았다는 점이다.

1949년 동독의 헌법은 연방제와 법치주의를 규정한 의회민주주의 국가조직 원리에 근거하고 있어, 서독의 내독성에서 발간한 『동독 핸드북』조차도 1949년 동독 헌법을 "연방주의와 법치국가적 특성을 갖는 의회주의-민주주의 체제의 구조적 요소 내지 구조적 원칙"을 드러냈다고 평가하고 있을 정도이다(BMIB, 1985, 1410). 동독의 성립 과정에서 권력구조와 특성을 결정하게 된 1949년 10월 7일 헌법은 1848년 프랑크푸르트 헌법과 1919년 바이마르 헌법의 정신을 이어받았다. 독일은 매우 가까운 역사에서 근대헌법의 역사적 경험을 갖고 있었던 것이다. 즉 독일은 1848년 프랑크푸르트 헌법 이외에도 1919년에는 자유권과 사회권이 매우 잘 발달된 헌법으로서 바이마르 헌법을 갖고 있었고, 이런 경험이 독일인에게 살아남아 있었던 것이다. 동독의 초대 수상 그로테볼(O. Grottewohl)은 1949년 제정헌법을 투표에 부치기 위해 작성한 선언문에서 역사적 경험의 중요성을 다음과 같이 명확히 밝히고 있다: "우리는 이 헌법의 제정에서 낯선 전형(典刑)이나 선례를 따르지 않았다. 우리에게

정부가 승인되고(정부는 SED와 산하조직 당원 11명, CDU 당원 4명, LPD 3명으로 구성됨), 1949년 10월 13일 소련이 동독헌법을 승인했다.
[15] 통일국가를 헌법제정의 토대로 한 것은 당시 런던에서 열리고 있는 연합국 외상회담에 대하여 독일통일에의 의욕을 과시하기 위함이었다.

는 오직 하나의 장인·스승이 있기 때문이다. 즉, 우리의 역사가 그 것이다. 우리 역사는 풍부한 경험을 갖고 있으며, 실패와 실망도 충분히 경험한 것이다. 우리의 역사에서 좋고 건강한 것은 살아남도록 해 더 나은 미래를 위해 활성화되도록 해야 한다"(Grottewohl, 1949). 1949년 헌법 제정자들은 −SED 외에 여타 정당이 모두 참여할 수 있도록 해 폭넓은 정당성을 획득하기 위해− 일방적이 아니라 타협적인 협의의 과정을 거쳐 합의되는 권력구조를 창출했어야 했다.[16]

　　1949년 헌법은 "1946년 제출된 SED 초안에 기원한다. 하지만 많은 부분에서 당시 정치적 의사형성에 영향력이 있던 다른 정당들, 기독민주당(CDU)과 독일자유당(LPD)의 타협의 인장을 받아야 했다"(Müller-Römer, 1968, 314). 이러한 이유로 "공산주의자들은 바이마르 제국헌법의 형성에 대한 숙고해야만 했다. 따라서 헌법문은 소비에트 모델과 유사성을 거의 가지지 못했고, 독일 토양 위에 세워진 공산주의 국가체제의 기본법으로 작용할 수 있을 것이라고 추측하기 어려웠다"(Müller-Römer, 1968, 314). 비단 국가의 권력구조에 관련된 조항만 아니라 헌법상 기본권 내용에서도 바이마르

----

[16]　동독의 헌법제정 과정은 1946년으로 거슬러 올라간다. 동독에서는 1946년 9월 전(全) 독일헌법 제정에 관한 토의가 진행되고, 1946년 11월 사회주의통일당(SED) 지도부는 서독 측을 포함한 모든 정당에게 통일과 정당한 평화를 위한 독일인민의회의 구성에 초청했다. 이렇게 초청·구성된 1,729명의 독일인민의회는 1947년 12월 6~7일 베를린에서 개회되었다. 이들은 개별적인 정치집단에 의해 선출된 사람들로 주로 소련 점령지역에서 허가된 정당 사회주의통일당(SED, 이하 사통당), 기독민주당(CDU)과 독일자유당(LPD) 대표자와 SED에 가까운 정치집단(독일민주혁신문화연맹, 민주여성단체, 독일자유노조연맹(FDGB), 자유독일청년단(FDJ), 나치정부피억압자동맹 등과 서독의 독일공산당)은 독일인민평의회(Deutscher Volksrat)를 선출했다. 1948년 10월 22일부터 회의를 개최, SED의 헌법초안을 「독일민주주의공화국의 헌법초안」으로 수락하고 토론을 위하여 공개했고, 1949년 3월 인민평의회 6회기 중 헌법초안을 추인했다.

헌법의 영향은 동독 헌법제정에 크게 영향을 미치고 있었다. "동독 헌법상의 기본권 규정이 전부 직접적 효력을 가진 것은 아닐지라도 1919년의 바이마르 헌법의 전통을 이어 받아 상당한 자유권보장과 생존권보장이 이루어지고 있었다"(김철수, 1997, 463).[17] 나치의 역사만을 괄호 속에 넣는다면, 바이마르 헌법에서 1949년 동독 제헌헌법은 연속되는 헌법체제라고 할 수 있다.

나) 연방제와 의회민주주의

이러한 역사적 경험으로 인해 동독의 1949년 제정헌법은 권력구조에 있어서 지방분권에 근거한 연방국가적 성격과 의회민주제라는 바이마르 헌법의 기본적인 것을 내용으로 담고 있을 수밖에 없었다. 1949년 헌법 제1조는 연방주의에서부터 시작한다. "①독일은 분리될 수 없는 민주공화국으로, 독일 주(州)의 영토 위에 건립된다. ③공화국이 결정한 것은 기본적으로 주에 의해 시행된다." 그리고 국가권력구조와 관련한 C장 I 절 [공화국의 인민대표]의 첫 조항에 따르면, "공화국의 최고기관은 인민의회"이고(제50조), "(인민의회)의원은 보통, 평등, 직접, 비밀선거로 비례대표선거의 원칙에 따라 4년의 임기로 선출된다"(제51조②항). II 절 [주의 대표]의 첫 조항에서는 주 의회의 대표성을 "독일 주를 대표하는 것은 주 의회이다. 주 의회는 50만인을 대표하여 1인의 대표가 선출되어 이들로 구성되며, 각 주는 최소 1인 이상의 대표자를 갖는다."(제71조)고

---

[17] 헌법학자 김철수는 바이마르 헌법의 강한 영향 때문에 동독에서 기본권 보장이 이루어졌던 것에서 동독 붕괴원인의 하나를 찾기도 한다: "동독의 붕괴원인은 여러 가지가 있을 수 있겠으나 법적 측면에서 볼 때 (바이마르 헌법의 영향 때문에) 국민의 언론의 자유, 종교의 자유, 시위의 자유, 여행의 자유가 어느 정도 보장되었기 때문이다"(김철수, 1997, 463; 괄호 안 필자).

하고 있으며, VI절 [공화국과 주]에서는 "각 주가 독자적인 헌법을 갖는다."(제109조)고 명시하고 있다.[18] IV절 [공화국 정부]에서는 의원내각제 방식으로 다수당이 수상과 장관을 내세워 정부를 구성하고, 공화국 대통령에게 선서의 의무를 갖는다고 정하고 있다 (제91∼93조). 1949년의 헌법은, 직선 대통령제의 폐해를 극복하기 위한 방편으로 대통령이 연방의회와 지방의회 의원에 의해 선출되는 간선 방식을 명시하여 차이점을 보이긴 하지만, 기본적으로는 연방제 의회민주주의 정치체제를 명확히 하고 있다(제101조). 1949년 10월 7일 제정된 동독의 헌법은 그보다 4개월여 먼저 공포(1949.5.23.)된 서독의 기본법(GG)과 매우 유사해 차별성을 찾기 어렵다.

다) 헌법변천[19]

1949년 제정헌법에 따른 권력구조는 -헌법 개정이 아닌- 세 차례의 법 제정·개정 과정을 거쳐 변경되는데, 1958년 지방의회가 폐지되어 연방주의 기본원칙이 의미를 잃고 중앙집중적 권력구조로 재편되며,[20] 1960년 대통령제가 폐지되는 대신 국가평의회가 도

---

[18] 이러한 권력구조는 바이마르 헌법의 연방주의와 의회민주주의 체제와 거의 차별성을 보이지 않고 있고, 이는 마찬가지로 바이마르 헌법에 근거를 두고 있는 서독 기본법의 권력구조와 차이가 없다는 것을 알 수 있다. 바이마르 헌법은 1절 [제국과 (연방)주], 2절 [제국의회], 3절 [제국 대통령과 정부], 4절 [제국 상원], 5절 [제국 입법], 6절 [제국 행정], 7절 [사법]으로 구분되어 있다.

[19] 헌법변천이란 어떤 헌법조항이 헌법 개정절차에 따라 의식적으로 수정·변모되는 것이 아니고, 조문은 그대로 존속하면서 의미내용만 실질적으로 변화하는 경우를 의미한다. 즉 헌법규범과 헌법현실 사이에 모순이 발생함으로써 성문헌법조항의 의미가 소멸하고 현실에 상응하는 새로운 의미내용의 헌법규범이 생성되는 경우(새로운 불문헌법규범의 생성)를 의미한다(강경선·서경석, 2011, 69); 성낙인, 2009, 57).

[20] Gesetz über die Auflösung der Länderkammer der DDR vom 8.12.1958.

입되고,[21] 국방군에 관한 규정이 추가된 것이다.[22] 일찍이 1952년 지방조직이 개편되는 것을 시발로 하여, 공화국 정부가 수상과 내각에 의해 구성된다는 제91조가 행정구(區)최고의장단(Kollegium der obersten Behördenchefs)으로 변경되고, 이를 각료평의회(Ministerrat)라고 지칭했다. 1960년대 초 군사 결정권은 국가방위회의로 넘어갔다. 고유 정부기능은 국가평의회(Staatsrat)로 넘어갔는데, 국가평의회는 집단지도체제의 상부국가기관이었고 의회의 장단 책무의 일부를 책임졌다.(Dietrich Müller-Römer, 1968, p.314) 공화국 또는 주 단위에서 다수정당에 의해 구성된 내각이 아니라 최고위원단이라는 각료평의회, 국가 수준의 국가평의회 내지 주(혹은 변경된 행정구역) 단위 행정구각료평의회에 의해 행정시무가 주관되는 방식으로 변경되었다. 이러한 1960년대 말까지의 권력구조의 변화는, 한편으로, 의회민주주의제적 책임정치의 현시체(顯示體)인 의원내각제의 폐지, 다른 한편으로, 지방의회 폐지와 연방제 폐지에 따른 중앙집중적 정치체제로의 변화와 동시에 대통령제 폐지에 따른 국가평의회로의 권력집중화였으며, 점점 현실사회주의 정치체제로 변천돼 간 것이다.

2) 사회주의 헌법과 권력구조

1974년 헌법 제1조에 따르면, 동독은 '노동자계급과 마르크스-레닌주의 정당(SED) 지도하'의 '도시와 농촌 근로자들의 정치조직'으로서 사회주의국가다. "노동자계급과 이들의 마르크스-레닌주의

---

[21] Gesetz über die Bildung des Staatsrates der DDR vom 12.9.1960.
[22] Gesetz über die Bildung des Nationalen Verteigungsrates der DDR vom 27.2.1960.

적 정당"으로서 SED의 지도적 지위 1968년 동독 헌법(제1조)에 명시된 이후, 1976년에는 '동독사회에서 압도적인 다수의 정치적 의지와 이익을 대표하기 때문에 그 배타적 지위가 보장돼야 한다'는 취지로 당 강령에 명시되었다. 당(SED)은 동독 국가정책의 큰 틀과 목표를 세우고, 국가는 정책을 집행하는 '주요 도구'로 기능한다. 정당국가로서 동독 국가체제의 모든 권력은 SED로부터 나온다. 동독이 사회주의를 실현하기 위한 정치조직으로서 '정당국가(Parteistaat)'로 특징지어지는 배경이다.

1989년 초 SED는 전체 인구의 약 10%에 해당하는 230만 명이상의 당원을 확보하고 있었다. 당조직은 노동현장(생산의 원칙)과 주거지역(지역의 원칙)에 따라 형성되었지만, 생산의 원칙을 우위에 두었다. 당 지도부는 정부 부처, 행정관청 그리고 기업체를 전반적으로 통제할 수 있는 권한을 가지고 있었다. SED의 정관에 따라 매 5년마다 소집되는 전당대회는 "당의 최고기관"(당 강령 제34조)으로 간주되었다. 전당대회에서는 당 지도부의 제안에 따라 당의 주요 위원회들이 승인되었다. 중앙위원회가 일종의 의회 형식을 띠고 있다면, 정치국은 SED의 지도기관이었으며 권력의 중심체였다. 정치국에 소속되어 있던 중앙위원회 10명의 서기는 여러 부서를 관할하고 있었다. 이들 정치국원은 정당국가체제에서 당에 소속된 장관이라고 할 수 있으며, 정부에 커다란 영향력을 행사하였다. 정당국가 동독에서 SED가 정치체제의 핵심이라면, 국가권력은 정책을 집행하는 주요 도구다.

가) 인민의회

권력구조의 변천을 마무리한 1974년 헌법은 인민의회(Volkskammer)를 "국가정책의 근본 문제"를 결정하는 "국가최고권력기관"으로 정의

하고 있다(제48조). 인민의회 의원들은 동독 민족전선으로 총괄된 당·사회 조직의 단일명부를 근거로 5년에 한 번씩 선출되었다(구동독에서 최종적으로 1986년에 선출됨). 인민의회는 73개 선거구로부터 전체 500인의 의원으로 구성되었다. 이들은 사회주의통일당(SED)을 위시해 독일기독교민주당(CDU), 독일자유민주당(LDPD), 독일국가민주당(NDPD), 독일민주농민당(DBD) 등 5개 정당에 소속되었거나, 자유독일노조연맹(FDGB), 자유독일청년연맹(FDJ), 동독문화연맹(KB), 독일민주여성연맹(DFD), 1986년에 창설된 농민상호부조회(VdgB) 등에 소속되었다.[23]

기독교민주당, 독일자유민주당, 독일국가민주당, 독일민주농민당 각각은 자신들의 이해관계에 따라 민주주의적 블록 형태로 SED의 연정 파트너가 되었다. 이들 블록정당은 강령과 정관에서 SED의 지도적 역할을 인정하고 있다. 그들의 과제는 사회적 위치나 SED의 세계관적 토대 때문에 제대로 파악될 수 없는 각 계층을 정치적으로 활성화시키는 것이었다.

수치상으로 가장 강하고 중요한 사회조직은[24] 자유독일노조연맹(FDGB)으로, 여기에는 총 960만 명의 노조원이 가입해 있었으며, 이는 거의 모든 근로자를 포괄했다. 노조연맹은 유일한 사회적 조직으로 헌법에 근거하고 있다. 자유독일청년연맹(FDJ)은 14~25

---

[23] 확정된 의석 배분에 따른 당의 의석 수는 다음과 같다. 즉 사회주의통일당(SED) 127석, 4개의 '동맹정당' 각각 52석, 자유독일노조연맹 61석, 자유독일청년연맹 37석, 독일민주여성연맹 32석, 동독문화연맹 21석, 그리고 농민상호부조회 14석 등이었다. 동독에서는 정치적 동원, 사회적 통합, 그리고 사회적 통제를 위해 제도적인 연결망이 형성되어 있었으며, 이 연결망에는 사회주의통일당과 4개의 '동맹정당', 그리고 약 80개의 사회조직이 속했다.

[24] 국가는 사회생활의 모든 영역을 조직화했으며, 국가와 관련이 없는 공공기관·조직은 존재하지 않는다. 교회는 국가적 조직에 얽매이지 않은 유일한 기구였다.

세 사이의 모든 청년들 중 약 70%에 해당하는 230만 회원을 거느리고 있었다. 1946년 초당적인 단체로 설립될 당시에 자유독일청년연맹은 이미 SED의 "적극적인 조력자이자 예비전투력"으로서의 역할을 부여받으며, 차세대 정치엘리트들은 거의 대다수가 이들로부터 충원되었다.

나) 국가평의회(Staatsrat)

국가평의회는 헌법과 법률 및 인민의회의 결의에 의해서 부여된 직무를 수행하는 기관으로, 인민의회에 대하여 책임을 진다(1974년 헌법 제66조). 동독 국가운영의 상부기관으로서 국가평의회는 동독을 국제법적으로 대표했고, 국방위원회의 도움을 받아 국가방위 문제를 책임졌다(제73조). SED의 총서기 호네커는 1976년부터 국가평의회 의장과 국방위원회 위원장을 겸임하고 있었다.

다) 각료평의회(Ministerrat)

국가 각의는 국가의 행정부를 구성했다. 1960년대의 정치 상황에서는 경제부서의 기능에만 제한되었는데, 1968년 헌법에 따라 '국가정책을 통일적으로 수행'(제78조)하는 책임을 졌다. 당과 국가부서 사이의 복잡한 연결체제에서 국가기관은 SED의 원칙·입장에 따라 정책을 결정하였다. SED 당원들에게는 당의 정관에 따라 국가와 경제영역에서 당의 지침을 이행해야 할 임무가 부과되었던 반면, 당의 결정들은 각료평의회와 각 장관들, 그리고 다른 국가기구의 당직자들에게 법적인 근거로 인해서 구속력 있는 지침으로 간주되었다.

3. 소결

동독의 제정헌법인 1949년 헌법은 서독의 기본법(GG)과 거의 차이가 없는데, 기본적으로 두 헌법 모두 제정 과정에서 1848년 프랑크푸르트 헌법과 1919년 바이마르 헌법에서 정하고 있는 정치체제의 기본원리와 그 구조를 받아들이고 있기 때문이다. 연방국가와 의회민주주의가 기본원리로 수용되었고, 정치체제 측면에서는 연방제와 양원제, 의원내각제, 제한적 권한의 간선(間選) 대통령과 내각의 대표로서 수상제도가 계승되었다.

앞에서 살펴본 대로 1848년 독일제국의 프랑크푸르트 헌법과 바이마르 헌법에서 명백히 드러나는 연방주의는 서독의 기본법(GG)과 동독의 1949년 헌법에서 국가구성의 기본원리다. 연방주의는 수십 개의 자치공국을 통합해 형성된 독일 근대국가의 역사적 숙명이었다. 이러한 숙명은 서독의 국가명이 독일연방국가(BRD)라는 데서 명확히 드러난다. 뿐만 아니라 권력의 집중을 기본적 특성으로 하는 현실사회주의 국가체제로서 동독에서도 1949년 헌법은 제1조 제1항에서 연방주의임을 선포하고 있다. 대의민주주의 원리 수용의 측면에서도 동독은 서독과 구분되지 않는다. 동독의 헌법은 최고기관으로서 인민의회 의원은 보통, 평등, 직접, 비밀선거로 비례대표선거의 원칙에 따라 4년의 임기로 선출되고, 다수당에 의한 정부 구성이라는 대의제적 의원내각제를 취하고 있었다. 이러한 정치체제는 서독과 차이가 없는데, 기본적으로 프랑크푸르트 헌법(1848년)과 바이마르 헌법(1919년)의 정치체제에서 기인하기 때문이다.

1949년 동독 헌법 자체에 근본적 개정이 이루어진 것은 1968년이지만 헌법이 아닌 하위법의 제·개정을 통해서 정치체제의 변경에 버금가는 권력구조의 변경은 일찍이 1950년대 후반부터 시작되었다. 1958년 지방의회 폐지, 1960년 대통령제 폐지 대신 국가평의회의 도입, 그리고 일찍이 1952년부터 지방자치단체장 체계를 행정구(區)최고의장단(Kollegium der obersten Behördenchefs)으로 변경하는 등으로 연방제가 약화했다. 그리고 고유 정부기능도 국가평의회(Staatsrat)로 넘어감으로써 대의민주주의의 기본 정신이 훼손되는 방향으로의 헌법 변천이 이루어졌다. 이로써 서독과 동독의 정치체제는 1949년 헌법에서 드러나지 않았던 차이가 드러나기 시작, 갈림길에 들어서게 된 것이다. 1989~1990년 체제전환기 동독 주민은 40여년의 현실사회주의라는 단절을 뛰어넘어 본(Bonn)의 기본법(GG)에 따른 서독 정치체제의 선택을 할 수 있었고, 정치적 통합이 순조로이 진행되었던 것은 1848년 프랑크푸르트 헌법과 1919년 바이마르 헌법 체제로 회귀하는 것이었기 때문이다.

III. 동독 체제전환과정의 역동성과 제도화

1. 1989~1990년의 격변기 역동성과 체제전환의 안정적 제도화

1) 아래로부터의 역동성: 동독 탈주 물결과 비제도권(시민운동)의 역동성

소련과 동구유럽국의 개혁과 개방정책에 따른 변화에도 불구하고 동독정권은 개방·개혁을 거부함으로써 동독 주민들의 불만을 고조시켰다. 이에 대해 동독 주민들은 당에 항의 서한을 보냈고, 이러한 항의는 점차 고조되어 갔다. 그럼에도 동독정권은 '동독의 정체성', '소련과 구별되는 동독 특유의 사회주의' 등을 강조하면서 소련의 고르바초프가 주도하는 페레스트로이카(변혁, perestroika)를 거부했다.

개혁·개방에 대한 요구가 받아들여지지 않는 상황에서 일부 주민들은 집권세력에 대한 반대의사를 국가 탈출로 표현했다. 1989년 8월 '범유럽 유니온(Paneuropean Union)'이란 단체가 헝가리와 오스트리아 국경에서 평화축제행사를 개최했는데, 동유럽국의 평화단체들이 참가했다. 행사가 끝난 후 동독 참가자 대다수 600여 명이 오스트리아로 탈출하는 일이 벌어졌다. 서독 정부는 즉시 특사를 보내 탈출자 전원을 서독으로 데려왔을 뿐 아니라, 헝가리 정부에게 지속적으로 국경을 개방해 줄 것을 요청했다(Der Spiegel, 1991.09.02). 헝가리는 1989년 5월 오스트리아와의 국경에 쳐져 있던 철책을 제거한 후 마침내 9월 11일에는 국경을 개방하기에 이르렀다. 이후 상황은 불안정이 심화되는 상태로 발전되었다. 1989년 8월부터 10월까지 3개월 동안 헝가리를 통해 이탈한 주민은 10만 명을 넘었고,[25] 동서독 간 국경이 개방(1989년 11월 9일)된 11월에는 20일 동안에 동독인 13만 명이 서독으로 이주했고, 이후 이주물결은 걷잡을 수 없는 상황으로 발전했다.

1989년 동독에서 저항행위 내지 시위를 촉발하는 두 가지 사건이 있었다. 하나는 그해 5월 7일 지방선거에서의 선거조작이었고, 다른 하나는 10월 7일 동독 수립 40주년 기념행사였다. 5월 지방선거에서 사회주의통일당과 위성정당은 98.85퍼센트를 득표했다고 발표했으나, 국민들은 선거조작을 의심하고 대중시위가 발생했다. 하지만 이들 시위에 대해 정부는 무반응으로 일관했다. 그리고 몇 달 후 10월 7일에 SED는 동독국가 40주년 행사를 과거 방식대로 치렀다. 집권층은 시민의 요구에 대화를 거부했고, 개혁의지의 표명도 없었다. 고르바초프는 당서기장 호네커에게 "뒤처져 늦게 따라오는 사람은 역사의 심판을 받을 것이다"라는 일침을 놓았을 정도였다. 불만이 가득 찬 시민들은 호네커가 아니라 고르바초프를 향해 "고르비, 우리를 도와주세요!"라고 외쳤다. 결국 (비밀)경찰은

---

25 이후 1989년 11월 4일 체코도 동독인들이 직접 서독으로 갈 수 있도록 국경을 개방했다. 이로써 동독의 난민 물결을 막는 것은 단 하나 베를린장벽뿐이었다.

폭력적으로 시위군중을 해산시키는 것으로 국가창건 40주년 행사를 끝내야 했다. 이 시위는 동독체제의 종말을 알리는 서종(曙鐘)이었다.

동독에서 시민운동단체들이 결성된 것은 1989년 가을 평화혁명이 일어나기 전부터다. 동독에서의 시민운동은 폴란드에서와 달리 공식적인 정치문화 환경에서 허용되었고, 이러한 조건에서 새로운 정치문화를 형성하려 시도했다. 즉 평화운동 및 환경운동 등이 대표적으로 꼽힐 수 있는데, 이는 1975년 여름 헬싱키에서 열린 유럽안보협력회의(CSCE) 이후 변화한 국제관계에서 활동이 가능해진 것이다. 동독에서도 냉전체제의 문제점을 제기하는 평화운동과 환경운동이 활동공간을 확보하기 시작했다. 평화·환경 운동 흐름 속에서 다양한 예술가들의 시위문화도 생겨났다. 이러한 정치적 저항·시위 문화를 주도하는 그룹은 1988년 현재 약 325개로 추정되었다 (Knabe, 1990, 22).[26] 이러한 토양 위에서 1989년 민주주의와 자유, 그리고 체제개혁을 요구하던 세력은 시민운동단체나 정당으로 모습을 드러냈다. 1989년 여름까지만 해도 이들은 확고한 프로그램이 없었고 회원도 많지 않았다. 1989년 가을 민주주의·자유와 개혁을 요구하고 조직된 단체와 정당들은 조직과 강령 등을 정비하여 활동을 본격화했다.

---

[26] 그러나 이들은 조직화하지 못했고, 다만 비공식조직으로 활동했다. 또한 주로 교회의 보호 아래 활동하고 있었다.

단체명	주요 의제 및 특징	대표자
FM (Iniative für Frieden und Menschenrechte, 평화와 인권을 위한 이니셔티브)	• 1985~1986년에 조직됨. • 가장 오래된 시민단체 • 인권과 평화·군축	G. Poppe; W. Templin
DA (Demokratischer Aufbruch, 민주변혁)	• 1989.6. 설립 • 주요 교회세력 가담 • 1989.10.30 정당으로 조직 • 환경친화적 사회적시장주의 주창	R. Eppelmann; F. Schorlemmer; E. Neubert; A. Merkel; W. Schnur
NF (Neues Forum, 신포럼)	• 1989.9.9 설립 • 30명의 대표자로 발기 • 동독 개혁을 위한 정책 제시 • 정당이 아닌 시민단체로 활동 • 1990.1. 분열됨.	B. Bohley; H.-W. Katja; R. Henrich; S. Pflugbeil; J. Reich
DJ (Demokratie Jetzt, 즉각적 민주주의)	• 1989.9.12 설립 • 시민주도단체 (정당 조직화 반대) • 선거부정 비판과 대안 제시	H.-J. Fischbeck; U. Poppe; K. Weiss; W. Ullmann
VL (Vereinigte Linke, 좌파연합)	• 1989.9. 설립 • 정치적 입장에서 친(親) SED 성향 • 사회주의의 개혁 및 혁신 • 기초민주주의	
SPD (Sozialdemokratische Partei, 사회민주당)	• 1989.10.7 설립 • 환경적 사회민주주의 • 법치국가, 다당제, 연방주의 주창 • 동서독의 공동 발전과 독일 통일	대표: I. Böhme
Grüne Partei (녹색당)	• 1989.11. 설립 • Netzwerke Arche 등 기존의 녹색 연합단체에서 출발 • 자연과 환경을 위한 사회경제체제	대표: V. Wollenberger

출처: BPB, 1998, pp.48-61.

1989년 11월 17일 동독의 모드로우 총리는 동독 인민의회 연설에서 서독 정부에 대해 동서독 간 '조약공동체(Vertragsgemeinschaft)' 구성을 제의했다. 11월 28일 동독의 비판적 지식인들은 '우리나라를 위하여(Für unser Land)'를 발표했다. 이들은 계획되지 않은 통일에 반대하고, 여전히 동독의 독자적 존속을 요구했고, 100만 명 이상이 서명했다. 같은 날 서독 헬무트 콜 수상의 '10개항 프로그램'도 '조약공동체 → 국가연합 → 연방국가'의 3단계 통일방안을 제시했다. 모드로우 총리의 '조약공동체' 방안, 동독 지식인의 선언과 콜 수상의 '10개항 프로그램'은 자율적 결정에 의한 통일가능성을 열어 놓았다는 점에서는 공통적이었지만, 방식에서는 차이를 보였다. 전자가 동서독의 대등한 관계를 전제로 하는 것이었다면, 후자인 콜 수상의 통일방안은 동독에서 민주적 선거를 통해 정통성을 확보한 정권 수립 이후에야 동서독 정부 간 협상이 가능하고, 그에 근거해 조약공동체를 구성할 수 있다는 입장을 밝혔던 것이다.

이후 국가통일이라는 의제가 전면에 부상하면서 동독 내에서는 통일 방식에 대한 논의 및 서독과의 연계 등 관련하여 입장이 나뉘기 시작했다. 통일 방식에 대한 논의는 국가연합으로 시작되어 시민단체와 정당의 분화·발전을 촉진했다. 신포럼(NF)의 기본노선에 대한 논의와 견해 차이를 가진 보수적인 남부 지역의 회원들은 독일 포럼정당(Deutsche Forumpartei)을 결성해 분열되었고, 민주변혁(DA) 중 사회민주주의 성향의 활동가는 사민당으로 이적하는 등, 정치적 입장에 따른 이합집산과 정당으로의 결집이 진행되었다.

2) 권력공백과 안정적 체제전환의 보루로서 '원탁회의'

10월 18일 호네커의 후임으로 크렌츠(E. Krenz)가 들어섰음에도 대중시위는 점차 확산되었고, 사태가 진정되지 않자 11월 13일 슈토프(W. Stoph) 총리의 후임으로 개혁적 인사 모드로우가 인민의회에서 수상에 선출되었다. 11월 18일 공식 출범한 모드로우 내각은 이전과는 확연히 다른 개방적인 조치로 적극적 수습에 나섰다. 11월 한 달 동안에도 백만 명 넘는 군중이 참여한 집회가 동베를린에서 개최되고, 집회에서 군중들은 사회주의통일당의 퇴진과 자유선거, 서독으로의 자유로운 여행, 언론의 자유 등을 요구했다. 이러한 과정에서 1989년 11월 9일 SED 정치국원 샤보브스키(G. Schabowski)가 "모든 동서 국경을 개방한다"고 밝혀 베를린장벽이 붕괴되었고,[27] 12월 1일 동독 인민의회는 동독 헌법에 보장되어 있는 SED의 지도적 권한, 즉 '정권독점' 조항을 삭제하기로 의결했다. 12월 3일 SED의 당 권력 핵심기구인 중앙위원회(Zentralkomitee) 위원과 정치국원이 사표를 제출했고, 12월 6일 크렌츠도 사임했다.[28] 이로써 동독의 정치권력은 SED로부터 내각으로 넘어갔다. 하지만 체제전환 과정에서 내각의 국정 장악능력은 현저히 약해진 상태로 권력의 공백 상태가 지속되었다.

모드로우 수상은 1989년 11월 22일 모든 정당과 제반 사회단체들이 참여하는 '중앙원탁회의(Der zentrale Runde Tisch)'의 구성을 제안했고, 이 원탁회의는 11월 29일 라이프치히(Leipzig)시를 시작으로 지역에서부터 활발하게 구성되었다. 중앙원탁회의는 인민의회(Volkskammer)에 참여하던 기존의 5개 위성정당과 민주화 과정에서 결성된 저항운동단체 및 정당 대표들, 노조 및 각계 대표가 참가하도록 했다.[29] 12월 6일 크렌츠가 사임함으로써 모든 SED 권력

---

[27] 이후 40여 일 지난 1989년 12월 22일 새벽 0시 27분, 브란덴부르크 문의 장벽이 무너지기 시작했다. 당시 30만 명에 달하는 베를린 시민들이 퍼붓는 빗속에서 독일 통일의 현장을 지켜보았다.

[28] 1989년 10월 18일 호네커의 후임으로 들어선 크렌츠는 1989년 12월 6일 사회주의통일당(SED) 서기장, 국가평의회 의장, 국방위원회 의장직에서 물러났다.

[29] 중앙원탁회의 의석은 SED(사통당, 3), LDPD(자유민주당, 3), NDPD(국가민주당, 3), DBD(민주농민당, 3), CDU(기독민주당, 3), VdGB(농민상호부조회, 2), FDGB(노동조합, 2), 민주변혁(DA, 2), 평화와 인권을 위한 이니셔티브(IFM, 2), 신포럼(NF, 2), 즉각적 민주주의(DJ, 2), 독립농업여성연맹(BUFV, 2), 동독 사민당(SPD, 2), 좌파연합(VL, 2)과 녹색연맹(GL, 2)으로, 새로 형성된 권력관계를 반영하는 것이었다(박성조·양성철, 1991, 19). 새로 형성된 정치 조직과 정당들로 구성된 '접촉그룹(Kontaktgruppe)'은 1989년 11월 10일에 이미 '원탁회의' 설치

이 내각으로 이동하자, 12월 7일 처음 소집된 중앙원탁회의는 "책임 있는 정부"의 구성을 위해 인민의회의 민주적 선출을 위한 선거를 5월 6일 실시하기로 결정했다. 1989년 12월 7일 동독의 신구 양 교회의 대변자들이 대국적 문제를 토론하기 위해 제안하여 모인 첫 원탁회의(Runder Tisch)는 시위군중의 요구가 제도 정치권력의 진정한 관심을 끌지 못하는 문제점들을 해결하기 위해 착수했다. 원탁회의는 개혁을 앞당기고 동독 사회를 시급하게 안정시키기 위해 선거 일정을 애초의 5월 6일에서 3월 18일로 앞당기는 데 결의했다. 이에 따라 정당과 시민단체의 활동은 3월 18일 총선거를 향해 집중되어 갔다.

1990년 1월 중순 모드로우 수상이 시민운동 대표자들과 정부 차원에서 직접 협력할 것을 제안하면서 원탁회의의 역할과 기능은 크게 바뀌었다. 원탁회의는 이제 하나의 '비토 기관'(Veto-Organ)에서 '동독의 중앙정치 심급기관'(Uwe Thaysen)으로 발전해 간 것이다. 1990년 1월 28일 원탁회의 참여 조직과 정당은 "책임 있는 정부 구성"을 위해 활동하기로 합의했다. 원탁회의 참여 조직과 정당은 8개의 정무부서를 구성해 이를 대표했고, 여러 부문에 관한 의결안을 작성·제안했다. 중앙원탁회의는 동독의 미래를 토론하고 정부와의 협조 속에 새로운 선거법 제정과 제도개혁 등에 대해 논의·결정했다. 중앙원탁회의 이외에도 지역, 지방, 전문집단 원탁회의가 속속 생겨나기 시작했다. 이는 모드로우 총리의 허약한 정치적 기반을 보완하기 위한 것과 재야단체들이 그들의 개혁의지를 구체적으로 실현하기 위한 이해가 맞물린 결과였다. 지방원탁회의는 1990년 5월 6일 지방의회선거가 있을 때까지 존속했다. 원탁회의는 인민의회

를 요구한 적이 있었다.

위상 관련한 통제 기능, 발의 기능, 입법 기능, 그리고 공공 기능과
선거관리까지 위임받았던 것이다.[30]

3) 체제전환 과정의 제도화와 헌법 개정

격변기 동독 정치체제의 불안정성은 지속적으로 헌법조항 개정
이라는 방식을 통해 점차적인 변화를 거쳤다.[31] 우선 1989년 12월
1일에는 동독 헌법 제1조 제1항의 사회주의통일당의 지도적 지위
조항이 삭제되었고, 이로써 정치적 다원주의가 도입되었다. 1990년
1월 12일에는 생산수단의 사유를 금지했던 제12조 2항이 개정되어
인민공유재산 사유화의 길이 열렸다. 1990년 2월 20일에는 동독 헌
법의 선거조항이 개정되어 SED 명단에 대한 흑백투표에서 민주적
으로 수정된 선거관리위원회의 관리 하에 민주적인 직접선거를 하
기로 했다. 직접선거를 위하여 선거법과 정당과 정치결사에 관한 조
항을 제정했다. 3월 6일에는 단일노동조합체제를 부정하는 헌법 개
정과 동시에 노동조합법을 제정하여 노동조합 설립의 자유를 보장
했다. 1990년 3월 18일 선거에서 선출된 새 직선의회가 구성되어
4월 5일에는 헌법 전문을 삭제하고 각료회의 구성에 관한 규정을
개정해 국가대표권을 의회에 주도록 했다. 5월 17일에는 헌법의 지
방조직조항을 개정해 지방자치단체의 제도적 보장과 자율성을 보
장, 지방자치제도를 도입했다.

----

30 정통성의 기반이 무너진 상태에서 의회나 정부의 기능을 직접 수행하지는 않
   지만, (비록 '임시적'일지언정) 정통성에 근거해 공공통제를 수행할 '중앙정치 심
   급기관'으로서 원탁회의는 우리에게 중요한 연구과제의 하나다. 상세한 것은
   Thaysen(1990) 참조.
31 이에 대해서는 바이덴펠트·코르테 저(임종헌 외 역), 『독일통일백서』(한겨레
   신문사, 1997), pp.447~459 참조.

성문에 의한 헌법 개정 이외에도 많은 헌법 변천이 이루어졌다. 1989년 11월 13일부터는 인민의회의 권한이 강화되었고, 과거의 SED 결정 동의 거수기관에서 민주적으로 선출된 의회로서의 지위를 가지게 되었다. 그러나 인민의회의 결정은 민주변혁의 열의로 구성된 원탁회의의 자문을 얻어 결정함으로써 민주적 정당성을 획득했다. 특히 인민의회와 원탁회의와의 공조로 헌법상의 기본권 규정이 실효성을 가지게 되었고,[32] 표현의 자유, 정보의 자유, 언론매체의 자유가 신장되었다. 인민의회는 헌법의 해석권을 행사해 기본권 조항을 서구식으로 해석하여 정치적 결사에 관한 규정들을 만들어 정치적 자유의 보장에 노력했다.

　　1990년 3월 18일 선거에서 서독과의 즉각적인 통일을 원하는 동독 주민들이 기민당 중심의 독일연합에 48퍼센트의 지지를 보내 새로 구성된 의회에서 다수를 차지하면서부터 원탁회의의 입장은 급격히 약화되었다. 원탁회의가 1989년 12월 7일 '신헌법을 위한 작업그룹'을 설치해 1990년 4월 5일에 제안한 '신헌법안'은 소수설의 입장으로 되었다. 3월 18일 선거 이후 통일 과정에서 동독 과도 정부는 서독 정부의 주도성에 압도된 상태였다.[33] 1990년 6월 17일

---

[32]　1990년 초부터는 내각의 결정권이 약화되고 내각에는 원탁회의의 대표자와 야당의 대표자도 참석하게 되었다. 1990년 1월 24일에는 지방행정에도 지방원탁회의가 참가하게 되었다.

[33]　"Entwurf Verfassung der Deutschen Demokratischen Republik Arbeitsgruppe "Neue Verfassung der DDR" des Runden Tisches"(Berlin, April 1990). 이 초안에 대해서는 새로 구성된 인민의회에 송부되어 1990년 4월 중순 자유토론에서 논의된 바 있는데, 녹색당, 동맹'90, 민주사회주의당 등이 이 초안을 지지했고, 사민당은 초안이 광범한 기본권의 목록을 포함하고 있다고 평가해 이후 심의할 가치가 있다는 입장을 보였다(박정원, 1997). 1990년 4월 5일 새로 구성된 인민의회에는 원탁회의의 헌법작업그룹이 1990년 3월 12일 가결시킨 조약안이 넘겨졌는데, 이 안은 1990년 4월 26일 179표의 반대표와 167의 찬성표로 기각되었고, 인민의회 헌법위원회에 회부되는 것도 거부되었다. 이런 결정에 시민운동단체는 거세

동독 헌법 개정과 증보를 위한 법률이 통과되었는데, 헌법원칙법 (Verfassungsgrundsätzegesetz)이라고 한다. 이 헌법 개정은 제 1조에서 동독이 자유주의·민주주의·연방주의·사회적·환경보호적 법치주의에 입각한다는 것을 명확히 했다.[34] 또 제2조에서는 사유재 산제도를 보장하고, 제3조에서는 경제행위의 자유와 사적자치를 보 장했다. 제4조에서는 노동계약의 자유를 보장하고, 제5조에서는 국 가권력에 의한 권리침해에 대한 법적 구제수단을 규정했고 사법권 의 독립을 규정했다. 제6조에서는 자연환경 보호와 노동권의 보호 를 국가목적으로 설정했다. 제9조에서는 인민의회 3분의 2의 다수 에 의한 결의로 헌법을 개정할 수 있도록 했다. 이로써 동독은 안정 적인 자유주의적·민주주의적 정치체제로 전환되었다.

동독은 성문법적으로 SED 주도의 정당국가에서 입헌국가로 변 화했다. 이 헌법 개정은 헌법의 최고성을 보장하기 위해 헌법재판소 의 설치까지 예정하고 있었다. 이 헌법은 독일기본법의 효력이 발생 할 때까지 한시적으로 효력을 갖는 것으로 해 사실상 동독의 서독 가입을 예정했으며, 일종의 헌법 제정행위였다고 할 수 있다. 이러 한 새로운 동독 헌법 제정 시도는 짧은 시간 내에 효력을 상실했다. 선거에서 주민의 다수가 서독에의 합병을 원했기 때문이다.[35] 1990년

게 항의했다. 정부는 1990년 5월 5일 헌법 개정을 논의하기 위해 위원회를 열었는 데, "거기에서 위원회는 새 헌법을 가결시키는 데 어떤 실질적인 힘도 갖고 있지 않다는 것"이 확인되었다(바이덴펠트·코르테, 1997, 457).

[34] 이는 서독의 헌법에서 명시하고 있는 공화주의, 민주주의, 사회국가, 연방국가, 법치국가성과 비교해, 동독 나름의 역사성에 따른 차이를 보이는 것을 알 수 있다. 동독에서는 서독에서와 달리 자유주의와 환경보호의 가치가 두드러진다.

[35] 헌법원칙법의 제정으로 국가조약으로 헌법을 개정할 수 있는 가능성이 생겼 으며 동서독은 국가조약헌법에 착수해 1990년 5월 18일에는 통화·경제·사회 통 합을 위한 조약이 체결되었고, 이것이 헌법 개정에 필요한 다수의 지지를 얻어 6 월 2일에 동독의회를 통과했다. 이 조약에 의하여 동독 헌법의 경제조항의 통용이

8월 22일 통합을 위한 전독일 선거조약이 통과되었고, 9월 20일에는 통일조약이 의회를 통과했다. 이외에도 법원조직 개정과 검찰청 조직법 개정 등으로 사법권의 독립이 실현되었고, 7월 22일에는 동독에 지역 주를 설립하는 법률이 통과되어, 10월 14일에는 5개의 새로운 행정 주가 설립되었다. 이 법률은 1990년 10월 3일 통일 후에도 연방법으로 효력을 유지하고 있다.

2. 체제전환의 공고화와 연방제 개헌

독일 헌법은 통일 이전의 임시 헌법이라는 의미에서 ―헌법이 아니라― '독일연방공화국기본법(Grundgesetz für die Bundesrepublik Deutschland)'이라는 명칭으로 1949년 5월 23일 서독에서 제정되었다. 서독 기본법은 통일 이후에도 구 동독 지역에 확대 적용되었으며, 오늘날까지 이 명칭을 유지하고 있다. 통일 후 기본법 개정은 2006년 8월 28일 연방제에 관한 내용들의 대폭 개정을 통해 이루어진 후 2009년 3월 19일 최종적으로 개정되어 2009년 7월 1일부터 효력을 발휘했다. 현행 기본법은 전체적으로 1949년 기본법을 근간으로 하면서 연방제와 관련해서는 2006년 개정법에 토대를 둔다.[36]
　　통일 후 기본법 개정이 2006년에 처음 이루어진 것은 아니었다. 통일과 동시에 통일조약이 발효되면서 기본법 개정 효과가 발생했

금지되었다.

[36] 2009년 개정은 제106조에서 관련 세목을 구체화하고 제106b조를 추가해 자동차세의 연방 이관에 따른 주들의 분담금 수령권한을 규정하며 효력발생일을 명기하고 일부 자구를 수정하는 정도였다. 'Gesetz zur Änderung des Grundgesetzes(Artikel 106, 106b, 107, 108) vom 19. März 2009' in: "Bundesgesetzblatt Jahrgang 2009 Teil I Nr. 16, ausgegeben zu Bonn am 25. März 2009" 참조.

으며, 이른바 '헌법개혁'이라 불리는 2006년 기본법 개정(제42차 개정)이 이루어지기 전까지 다섯 차례의 일부 개정이 이루어졌다(제36~41차 개정)(장태주, 2001, 35-37). 우선 제36차 개정이라 불리는 통일조약의 발효로 서독기본법이 동독 지역으로 확대 적용되었으나, 연방과 주의 관계(제2장), 연방법률의 집행과 연방행정(제8장), 공동과제(제8a장), 사법부(제9장), 경과규정(제11장) 등은 1995년 말까지 그 확대적용이 유보되었다. 이때부터 이미 연방제 개혁의 필요성이 제기되었다고 할 수 있다. 이후 1994년 10월 27일의 제37차 개정부터 2006년 제42차 기본법 개혁 이전까지 이루어진 개정의 주요 내용은 유럽통합, 연방과 주의 관계 조정, 망명권의 제한 등에 관한 것으로, 다음과 같이 요약된다.

- 통합유럽을 궁극적 목표로 하는 유럽연합의 발전에 대한 협력을 국가목표로 설정(제23조 1항)
- 유럽연합과 관련하여 연방의회 및 주의 협력권을 규정(제23조 2항)
- 유럽연합 회원국으로서 독일에 부여된 권리 주장에 관해 규정(제23조 6항)
- 정치적 망명 제한(제16조 2항 2문 삭제, 제16a조 1항 추가)

2006년의 기본법 '개혁'은 이전과 달리 흡수통일에 따라 단일제 국가였던 동독이 과거의 주들로 분리되어 서독연방에 편입됨으로써 발생한 연방제에 관련된 내용이 중심이었다. 통일 후 16년이 지난 후에야 비로소 통일 독일의 연방제가 완성된 셈이다. 이는 연방제에 관한 주들 간 갈등이 얼마나 심각했는가를 알려주는 방증이기도 하다. 즉 연방제 개혁은 비단 구 동독 지역의 주들만 아니라 서독 각 주들의 상이한 이해관계들이 타협을 통해서 주의 자율성을 강화하는 동시에 연방의 권한도 유지 또는 강화하려는, 이중적이고 복합적인 성격을 갖기 때문이다(윤석진·이준서, 2008, 9; 유진숙, 2006, 301-302).

2003년 10월부터 3년여에 걸쳐 주와 연방의 관계를 재정립하기 위한 '연방국가적 질서의 현대화에 관한 공동위원회(gemeinsame Kommission zur Modernisierung der bundesstaatlichen Ordnung: Föderalismuskommission)'의 제1차 연방제개혁위원회의 활동과, 이후 2007년 3월부터 2년여의 제2차 연방제개혁위원회 '연방-주의 재정관계 현대화위원회(Kommission zur Modernisierung der Bund- Länder- Finanzbeziehungen)'를 통해서 두 차례의 개정법안을 연방의회에서 가결해 연방과 주의 관계를 '현대화' 및 재정립했다.

독일 연방주의의 특징은 —미국의 연방주의와 달리— 중앙과 지방의 권한 및 책임의 한계가 '분야'라기보다는 '기능적'이라는 데 있다. 중앙정부는 정책의 기획, 입안 등 정책결정의 일체를 책임지는 반면, 지역 차원의 행정권은 갖고 있지 않다. 연방은 원칙적으로 독자적인 행정기구를 갖고 있지 않는데, 이러한 특징은 '협력적 연방주의'를 지향한다. 1969년에 개정된 '기본법'은 중앙과 지방의 공동책임을 제도화했다. 공동책임의 규정은 중앙과 지방의 광범위한 합의를 전제로 이루어지도록 했다. 이는 협력을 강제하는 정치연계(Politkverflechung)를 초래했다. 하지만 이런 '정치연계' 구조는 불충분한 투명성, 불명확한 책임성, 의회 역할 감소 등의 이유로 민주주의 결핍이라는 비판을 받았다.

협력 강제적인 연방제도에 대한 비판에 따라 협력의 강제를 이완하는 방향으로 개혁되었는데, 이 내용은 통일 후 두 차례에 걸친 독일 연방제도 개혁의 핵심이다. '연방제개혁위원회'는 연방과 주의 행위능력과 결정능력을 개선하고, 행정사무의 효율성과 합목적성을 제고하며, 정치적 책임의 귀속성을 명확히 하고자 했다. 개혁 내용의 범주는 크게 연방상원의 협력권에 대한 개혁, 입법권한의 개혁, 재정책임의 명확한 귀속이다. 연방제도의 개혁이 효과를 보여, 입법 제정의 측면에서 2006년 6월부터 2009년 2월 28일까지 공표된 법 가운데 연방상원의 동의를 요하는 법률이 차지하는 비율은 39퍼센트로 낮추어졌다(연방제도 개혁 이전에 이 비율은 평균 53퍼센트였음). 연방제 개혁 이후 중재위원회를 소집한 비율도 3.3퍼센트로 크게 낮아졌는데, 이는 14회기(1998~2002)에 11.8퍼센트, 15회기(2002~2005)에 22.9퍼센트였던 것과 대비된다(정재각, 2011, 82-88). 즉 연방제도의 개혁을 통해 법 제정에서 동의법률 비율과 중재위원회 소집비율이 크게 줄어들고 있는 것이다. 두 차례에 걸친 연방제 개혁으로 주정부는 상원에서 일정 권한을 포기하는 대신, 교육과 공무원 채용 등에서 독점 권한을 행사하게 되었다. 통일을 계기로 통일 이후 연방상원은 더 이상 협력이 강제되는 사무행위를 크게 줄임으로써 정치연계를 이완했고, 행정사무의 효율성과 합목적성을 강화했으며, 보다 투명한 정치적 책임 구조의 연방제를 세운 것이다. 동독 5개 주가 이에 편입됨으로써 통일은 더욱 공고한 연방주의체제를 수립한 것이다.

IV. 정치·사회적 통합과 정당: 정치통합의 주체이자 매개체로서 정당

1. 체제전환 격동기에서 정당의 역할

독일 통일 과정에서 가장 적극적으로 정치통합의 역할을 수행한 기관은 정당이다. 비록 동독의 정당체제가 사회주의통일당의 위성정당으로서의 역할에 머물 수밖에 없었던 역사적 한계에도 불구하고, 정당은 1989~1990년 사이 역동적으로 변화하는 상황 속에서 체제전환을 안정적 제도화를 가능케 하는 데 중심적 역할을 수행했다. 이후 체제전환을 요구하는 국민의 통일의지와 통일방안에 대한 입장을 대변하는 정당이 3월 18일 선거를 통해서 선택되고, 그 정당의 주도성에 근거하여 통일은 제도화되어 갔다. 통일이라는 역동적 정치 과정에서 동독과 서독의 정당은 정치적 동원의 핵심적 행위자로 기능했고, 동독 주민의 자율적 선택이 이들 정당을 통해 반영되었으며, 이들에 의해 형성된 대변체제에 의해 통일은 안정적으로 이루어졌다.

동독 내 반체제 정치단체들이 다양한 정치집단으로 분열되어 있던 상태에서 SED가 물러남으로써 드러난 권력의 공백을 메우기 위해 모드로우 수상은 당시의 권력관계를 반영하여 형성되어 있던 원탁회의에 내각과의 공동통치를 제안했고, 중앙원탁회의는 이후 체제전환을 위한 정치 일정을 ―정당성이 확보되는 정권의 옹립과 이를 위한 제반 선거 과정의 관리 및 대안적 정치권력체제 수립계획 등― 관리하는 '중앙정치의 심급기관'으로 거듭난 것이다.

3월 18일의 선거 일정이 확정된 상태에서 서독 정당들은 유사한 정치 성향의 정당들을 적극적으로 지원하는 방식으로 동독에서의 과도정부 창출에 개입했다. 1990년 2월 중순 모드로우 동독 수상이 본(Bonn)을 방문해 화폐·경제 통합 준비를 위한 공동위원회 결성을 서독 정부와 합의하고, 2월 14일 오타와에서는 동서독 외무장관이 4대 전승국(미·영·불·러)과 독일 통일의 외교적 장애를 극복하기 위한 '2+4 회담', 즉 동·서독과 전승 4국 회담 개최 합의를 도출했다. 이와 같이 독일 통일이 가시화되자, 서독 정당들은 동독 자매 정당들과 제휴를 통하여 새로운 물적 구조를 형성하도록 물적·인적 자원을 제공하는 등 동독 정치 상황에 매우 적극적으로 영향력을 행사하기 시작했다.[37]

기민/기사련(CDU/CSU)은 일차적으로 동독 지역의 정당이 아닌 사회조직 및 종교조직과 연계를 시도했다. 1989년 가을까지 서독 기민당은 통일 추진 과정에서 SED과의 관계를 부정적으로 보아 어떠한 공산주의 이념조직과의 협력도 거부했던 상태에서, 서독의 기민당과 연결될 수 있는 사회기반을 갖고 있던 동독 기민당(CDU)과 민주농민당(DBD)이 SED의 위성정당이었던 사실은 즉각적인 관계

---

[37] 정당별 3월 18일 선거에의 개입에 대한 내용은 송태수(2006)의 일부를 수정·전재한 것임.

의 설정을 가로막았다. 그러나 동독 기민당이 SED로부터 독자노선을 선언하자 1989년 12월 서독 기민/기사련은 정당협력을 공식화하고, 본격적으로 이들을 지원해 1990년 3월 선거에 참여하게 되었다. 특히 서독 기민/기사련은 동독 기민당 지지율 상승이 부진하자[38] 민주농민당, 독일사회동맹(DSU), 민주주의개벽(DA) 등을 끌어들여 동독 기민당과의 연합세력으로 선거에 임하도록 했다. 결국 선거에서 기민/기사련의 지원을 받은 보수 선거연합 독일연맹은 48퍼센트 지지를 획득, 사민당과 민주사회주의당(PDS, SED의 후신, 이하 민사당)을 제치고 동독 지역 제1당으로 부상할 수 있었다.

사민당(SPD)은 위성정당 지도자들 중 일부가 SED를 이탈해 1989년 9월 새로이 창당한 동독 내 사민당을 지원하며 1990년 3월 선거에 간접적으로 참여했다. 그러나 선거결과는 동독 사민당이 21.9퍼센트의 지지밖에 얻지 못해 기민당과의 대결에서 약세를 면치 못했다. 이러한 결과는 한편으로 사민당이 즉각적 통일을 반대하는, 즉각적 통일 반대의 입장에 있었기 때문이며, 다른 한편 동독 지역 내 사회주의지지 성향을 갖는 유권자들을 대상으로 민사당(16.4퍼센트 득표)과의 차별성을 부각시키는 데 실패함으로써 발생한 것이기도 하다.

자민당(FDP)은 종래 자유주의 이념 하에 독일 내 평화체제 구축을 위한 대동독 접촉을 활발히 해온 것을 토대로 통일 시점에서 동독 지역의 자유민주당(LDP) 및 국가민주당(NDPD)과 관계를 공고히 할 수 있었다. 자민당의 지원 하에 선거에 참여한 동독 지역의

---

[38] 동독 지역 시민들은 SED만 아니라 위성정당을 위시한 모든 정당에 대해 거부감을 갖고 있었다. 이 거부감은 통일 이후에도 지속되고 있다. "동독 시절에 경험한 정당에 대한 인식이 뿌리 내렸고, 시민들의 사랑을 받지 못한 SED 지배 이후 정당은 많은 사람들로부터 평가절하당하고 있다. 정당은 오늘날까지도 의무적 행상, 중앙의 여론통제 등의 이미지와 연결된다."(Linnemann, 1994, 146, 통합)

자유민주연합세력은 5.3퍼센트의 지지를 얻었으며, 이러한 지지율은 서독의 소수정당인 자민당이 통일 이후 동독 지역 거점 확보를 가능케 하는 것이었다.

동독 지역에 이념적으로 연계성을 갖는 정치조직이 없었던 녹색당은 동독 지역 지식인을 중심으로 하는 환경·인권단체들을 지원했다. 이들 동독 지역의 지식인 계층은 동독 SED정권의 붕괴에 직면해 사회주의체제의 유지와 개혁을 주장했으며, 동독보다는 서독의 소수 정치엘리트의 통일시간표에 따라 급박히 진행되던 통일을 반대하는 입장이었다. 동독에 대한 자주적 국가 지위를 인정하여 조속한 통일을 반대해 온 녹색당은 이러한 동독 지식인들과 연대가 가능했다.

[표 1] 1990년 3월 18일 동독 인민의회 선거결과(투표참여율: 93.4%)

선거연합	정당·정치/사회단체	통일방안	득표율(%)		의석 수	
독일연맹 (Allianz für Deutschland)	기민연(CDU)	서독 기본법 23조에 따른 조속한 통일	40.8	48.0	163	192
	사회연(DSU)		6.3		25	
	민주변혁(DA)		0.9		4	
자유민주 /자유 동맹 (BFD/Liberalen)	포룸당(DFP)	점진적 통일; 국민투표에 의한 통일	5.3		21	
	독일자민당(LDPD)					
	자민당(FDP)	통일 찬성; 기본법 23, 146조와 무관				
농민당(DBD)			2.2		9	
사민당(SPD)		서독기본법 146조에 따르며, 흡수통합 반대, 신중한 통일	21.9		88	
민사당(PDS)		국가연합을 거친 단계적 통일	16.4		66	
동맹90(Bündnis 90)			2.9		12	
녹색당 /여성연합 (Grünen/UF)	녹색당(Grüne Partei)	두 개의 독일 국가 유지, 양국가의 유럽 내 공동발전 후 유럽공동체에 통합	2.0		8	
	여성연합(UF)					
여성동맹(DFD)			0.2		1	
기타			1.1		3	
합 계			100.0		400	

출처: Zwahr, 1993, 157-8; 통일방안은 필자가 보완.

서독 정당들의 적극적인 통일방안의 제시와 통일 과정에서 동독 정당 및 단체의 지원을 통한 시민의 정치 참여 통로 제공 등의 역할은 독일 통일을 촉진시키는 결과를 가져왔다. 특히 서독 정당들의 동독 정치 세력과의 연계 시도는 동서독 간 이질성 및 대중의 분단 정서를 축소시키는 것이었으며, 양 지역 주민 다수가 지지하던 통일 요구를 고무하는 정치행위였다. 지지계층 기반이 서로 다른 서독 정당들의 동독 정당 지원은 결과적으로 동독 사회의 계층화 현상에 대응하는 정치적 선택이 되었으며, 서독 정당들 사이에 나타나는 차별적 태도 역시 서독 사회와 동독 사회의 통합을 촉진하는 요인으로 작용했다고 할 수 있다.

인민의회 선거에 서독 정당의 적극적 개입이 인민의회 선거를 '동독 땅에서 치러진 서독의 선거'가 되도록 했다는 문제점이 있긴 하지만,[39] 서독만 아니라 동독의 정당은 각기 자신의 통일방안을 제시하고 선거를 통해 유권자의 자율적 판단과 자유로운 선택을 지원했고, 선거결과에 따른 판단을 거침으로써 통일독일체제의 정당성을 제고했다. 통일 과정에서 동서독 정당의 협력과 통합 등의 정치활동은 동서독 주민들의 통일방법에 대한 의사를 대변했으며, 주민들의 선택에 근거해 정치적 정당성을 부여함으로써 격변기 동독체제의 안정적 이행에 기여했다(송태수, 2006; 강원택, 2011, 44-54).

---

[39] 물론 이 과정에서 동독 정당들은 서독 정당의 대리전을 실시했다고 할 정도로 통일방안의 제시에서나 정당의 재정적인 측면에서 서독 정당에 의존적이었음은 사실이다. 이러한 문제는 이후 동서독 사회의 통합 과정에서 구 동독 지역 주민들의 독자적 요구가 대변되지 못하고, 스스로를 '2등 국민'으로 비하하는 상황으로 귀결되었다. 그럼에도 불구하고 이러한 정당의 역할은 비단 동독 주민에 대해서만 아니라 서독 주민들의 정치적 의사형성에도 기여했다.

2. 통일 이후 사회통합과 정당

통일 이후 동서독 주민들 간 사회·문화적 이질성과 사회경제적 조건의 격차 등으로 인한 동독 지역 주민의 정체성 혼란과 사회적 불안정 상황은 심각하다. 동독 지역 주민들은 새로운 제도에 적응하기 위하여 많은 시간과 노력을 기울이고 있으며, 그 외에도 서독체제에 적응하기 위해 커다란 심적 부담을 느끼며 살고 있다. 독일인들은 과거 절대주의 시대부터 국가가 공공이익을 실현하고 특수이해가 아니라 일반이해를 대변함으로써 사회적 관계를 조정해 나가는 국가주의 및 권위주의 의식에 사로잡혀 왔다(Sontheimer, 1991, 36).[40] 그러나 서독에서는 2차 대전 후 지속적인 시민사회의 성숙과 '68운동의 여파로 개혁정책이 추진되어 점증하는 정치참여의식과 더불어 탈물질주의적 가치관이 일정 정도 성숙된 서구식 민주주의 모델이 정착되었다. 이에 반해 동독에서는 정치문화의 발전에서 거의 반세기 동안 정체되어 있었다.

동서독 주민은 국가관, 생활 방식, 가치·경험 체계 등에서도 서로 달랐다. 동독 지역 주민은 아직 통일독일의 새로운 정치·경제·문화 제도 및 질서에 적응하지 못하고 있을 뿐만 아니라 서독 지역 주민에 대한 심리적 열등감도 강하게 느끼고 있으며, 물리적 장벽은 무너졌지만 '심리적 장벽'이 세워지고 있다. 독일의 슈피겔지(誌)가 5년의 시차를 두고 한 여론조사 결과에 따르면, 1991년 초 실시된 9개 항목 조사에서 동독 주민들은 치안, 여성권리, 사회적 안정 세

---

[40] 이러한 국가주의적 의식은 독일인의 비정치적 전통과 밀접히 연관되어 있다. 즉 정치란 국민들의 용무가 아니라 능력 있는 정치가의 일로 치부하는 의식에서 비롯된다. 국가주의와 비정치성으로 인해 정치참여가 봉쇄되어 있던 조건에서 현실정치를 이상주의적 관념론적 척도로 평가하고, 이에 대해 부정적 태도를 보이는 경향이 있다. 이외에도 정치 문제를 형식적인 법률 문제로 돌리려는 경향이 있다.

가지 측면에서 구 동독에 높은 점수를 주었던 반면, 생활수준, 과학기술, 학교교육, 직업교육, 의료제도, 주택사정 등 여섯 항목에서 서독이 우월하다고 답했다. 그러나 5년 뒤인 1995년 9월 조사에 따르면 생활수준과 과학기술을 제외한 일곱 항목 모두에서 구 동독이 서독보다 더 나았다고 대답할 정도로, 동독 지역 주민들의 통일에 대한 실망감이 두드러지게 나타나고 있었다. 이런 실망은 사회경제적 어려움 등과 결합돼 열등감과 소외감으로 번져나가 동독 지역 주민의 72퍼센트가 '2등 국민' 대접을 받는다고 느끼거나, 67퍼센트가 '마음의 벽'이 더 높아지는 것을 토로할 정도였다(Der Spiegel, 1995.09.25).[41] 동독 지역 주민들은 현실로 다가온 실업 문제, 물가 등귀 등의 문제로 심리적 갈등이 증폭되어 동서독 주민들 사이에는 사회심리적 일체감보다 이질감이 더 강했고, 이러한 현상은 상당히 완화되긴 했지만, 통일 20년이 지나서도 계속되고 있다.

이러한 조건 속에서 동독 지역에서 민주사회주의당(PDS, 민사당)에 대한 지지가 여전히 높은 것으로 나타난다. 서독 지역에서는 거의 지지를 받지 못하지만, 동독 지역에서는 제2당 내지 제3당의 위치를 차지하고 있는 민사당은 통일 후 사회통합의 측면에서 매우 중요한 역할을 하고 있다.[42] 기민당, 사민당, 동맹'90/녹색당, 자민당

---

[41] 그러나 이러한 불만과 소외감이 통일 자체를 거부하는 것은 아니어서, 동독 지역 주민의 단지 15%만이 통일이 되지 않았으면 좋았을 것으로 대답했다. 동서독 간 분열은 경기회복의 부진에 따른 장기실업 등으로 지금도 여전히 지속되고 있다. 1993년 조사에서 동독 지역 주민의 83%가 통독에 대해 긍정적으로 평가했는데, 2000년 여론조사에 따르면 70%만이 통일을 긍정적으로 평가했다(Der Spiegel, 2000.10.02). 1999년 동독 지역 주민 대상 여론조사에 따르면 이들의 20%만이 스스로를 독일 시민으로 느끼고, 나머지 80%는 특별히 독일 민족으로서의 정체성을 느끼지 못하는 것으로 나타났다(Der Spiegel, 1999.10.27).

[42] 민주사회주의당은 2007년 이후 노동과사회정의당과 합당해 좌파(Die Linke)로 선거에 나서고 있다. 2013년 연방의회 총선거에서는 전체 의석의 10% 이상(총 631석 중 64석)을 점해 제3당으로 부상했다.

을 지지하는 동독 주민들은 민사당의 사회주의적 이데올로기를 강하게 대변하는 입장에 대해서 장벽을 치고 있으면서 일종의 블록을 형성하고 있는 상태다. 그러면서도 동독 주민들은 서독 주민들에 비해 평등에 대한 기대치, 혹은 자신의 처지에 비춘 현실 판단에서 '불평등함에 대한 불만'이 훨씬 높은 것으로 나타난다. 서독에서는 '소득의 분배는 공평하다'에 대해 정당의 성향에 따라 차이가 있기는 하지만 동맹'90/녹색당(16퍼센트)에서부터 기민당(43.1퍼센트) 지지자들에 이르기까지 평균 30퍼센트가 동의하지만, 동독의 경우 민사당, 동맹'90/녹색당, 사민당, 자민당 지지자의 약 6퍼센트(정당별로 3~9퍼센트)만이 동의하고 있다(Thumfart, 2007, 303-314). 이렇게 동서독 주민 간 사회의식의 분열선이 분명하게 드러나는 상태에서 민사당의 정치적 통합에의 기여도는 매우 크다.

V. 결론: 독일의 정치제도와 통일, 그리고 통합

앞에서 우리는 독일의 통일 과정을 정치제도의 지속 및 변화와 권력체제의 변화의 측면에서 살펴보았다. 매우 역동적으로 변화하는 정치상황은 아래로부터 자발적으로 형성된 체제저항단체에 의해서 주도되기도 하고, 그 변화에 능동적으로 대응하지 못한 정치엘리트와 정치체제는 짧은 기간 내에 다른 정치집단과 제도에 의해 대체되어야 했다. 그 폭발적인 힘은 때로 체제의 붕괴를 초래할 것 같은 위협적인 상황으로 발전하기도 했다. 그러나 독일의 이러한 상황은 어느 정도 관리되면서 안정적으로 통일이 완성되어 갔다. 아래에서는 이러한 과정을 통해 독일 정치제도의 어떠한 요인이 어떠한 방식으로 작용함으로써 안정적인 통일과 통합으로 귀결했는지 정리하면서, 그 함의를 찾는 것으로 글을 맺는다.

첫째, 1989~1990년 체제전환의 격동기는 다양한 혼돈상황을 수반할 수도 있는 불안정한 상황이었음에도 불구하고 동서독 양국의 매우 혁신적이고 비상한 방식의 적극적 대응을 통해서 안정적으로 체제전환이 가능했음을 확인할 수 있다. 격랑기 중 1989년 11월 18일에 공식 출범한 모드로우 내각은 11월 한 달 동안에도 백만 명

넘는 군중집회가 동베를린에서 개최되는 긴박한 상황을 —동독체제의 경직성을 고려했을 때— 매우 혁신적인 원탁회의라는 제도의 도입을 통해서 관리할 수 있었다. 인민의회에서 SED와 위성정당들만이 대변하고 있던 상황을 파격적으로 전환하기 위해 원탁회의 소집을 인정하고 시민사회단체와 신생 정당 대표들로 하여금 민의를 적극 대변할 수 있도록 함으로써 아래로부터의 역동적 흐름을 체제전환의 에너지로 모을 수 있었다. 이에서 더 나아가 모드로우는 1990년 1월 중순부터 이들 원탁회의가 정부와 공동으로 일할 수 있도록 함으로써 과도기 '동독 중앙정치 심급기관'으로 기능하도록 했고, 이로써 광범한 대중적 정당성을 확보한 대의·집행 기구를 창출했다. 이외에 지역 원탁회의는 5월 6일 지방의회선거가 치러지기까지 과도정부의 가장 중요한 조력자로서 권력공백을 메워 주는, 안정적 체제전환의 보루가 되었던 것이다.

둘째, 비록 짧은 기간이지만 모드로우 수상 이후 1989년 11월부터는 성문에 의한 헌법 개정 이외에도 많은 헌법변천이 이루어졌다. 특히 "SED의 지도 하에 사회주의를 실현하기 위한 정치조직"으로서 정당국가를 인정할 수 없다는 동독 국민의 열망은 동독 국가체제의 기본적인 정체성 인정과 배치되는 것이었다. SED 지도부에 의한 권력독점을 인정하지 않겠다는 국민적 요구는 SED의 권력독점을 인정하지 않는 것과 구분되지 않았고, 호네커의 실권, 뒤이은 크렌츠의 실권, 그리고 마침내 12월 3일 모든 정치국원과 중앙위원의 사임 등은 SED 권력독점의 폐기를 의미했다. 이것은 모든 정당이 SED와 대등한 위치에서 대중들의 지지에 따라 정권을 장악할 수 있다는 다원주의와 대의민주주의의 회복을 의미했다. 이러한 헌법변천의 과정에서 정치체제를 중심으로 동독과 서독의 헌법기관을 비교함으로써 확인할 수 있는 것은, 프랑크푸르트 헌법과 바이마르 헌법 정치체제의 역사를 갖고 있던 국가로서 동독과 서독은 비록 반세기의 분단에도 불구하고 동독에서 SED의 권력독점 조항이 폐지됨으로써 상당한 유사성을 갖고 있었다는 점이다. 따라서 동독의 정당국가로서의 특징, 즉 정치체제의 근원인 SED의 지배적 지위를 제거하는 것과 인민의회를 하원으로, 그리고 각료회의를 내각으로 회복해 대의제적 정치체제를 복원하는 것이 관건이었던 것이다. 콜 수상이 1989년 11월 28일 제안한 '10개항 프로그램'의 핵심, 민주적 선거에 의해 선출된 정부 수립 요청은 바로 동독의 정당국가로서의 정체성 폐기를 의미하는 것이었고, 이러한 요청은 3월 18일의 선거를 통해 관철되고 SED는 통일과도정부에서 배제되었다.

셋째, 서독은 한편으로 바이마르공화국 헌법의 정치체제로부터 상하 양원제도와 내각제를 계승했으며, 다른 한편으로 직선 대통령을 간선 국가원수로서의 제한적 역할만을 부여받은 채 통합의 상징으로 정파적 특성에서 벗어나 있는 연방대통령으로 바꾸었다. 상하 양원제도는 권한이 적절히 배분된 체제로, 연방하원은 전 국민의 의사와 이익을 대변하는 기관인 반면, 상원은 엄밀한 의미에서 국민의 대표기관이라기보다는 연방제국가에서 주의 이익을 대변하는 기관이다. 그리고 독일 상원은 국민의 직선에 의해서가 아니라 주정부에 의해 임명되고 해임되는 방식이다. 정당에 대한 투표를 기본으로 비례대표제에 의해 선출되는 연방하원 선거에서 승리한 다수당에 의해 구성되는 내각은 다수당의 주도하에 집단적으로 권력을 공유하게 되고, 비록 '수상민주주의'라고 불릴 정도로 수상의 권한이 강함에도 불구하고, 대통령제의 대통령보다는 권한의 제어가 용이한 조건에 놓여 있다. 내각에 대한 야당의 불신임제도가 ―독일은 건설적 불신임제 채택― 견제하고 있는 상태에서 정당의 집단적 책임성이 우선적 요인으로 작용하기 때문이다. 다른 한편으로, 바이마르공화국의 국민 직선 대통령과 수상 권력분점의 폐해를 경험한 독일은 수상의 행정부 수반으로서의 역할과 연방대통령의 국가원수로서의 역할을 명확히 구분했다. 국가원수로서 대통령의 권한은 매우 제한적으로만 인정되고, 통합의 상징으로서 정파적 상황에 휩쓸리지 않도록 해 각료회의에도 참석할 수 없으며, 연방정부의 정책결정에도 직접적 영향력을 행사할 수 없도록 제한적이다. 이러한 정치체제 하에서 앙겔라 메르켈은 통일 15년 만에 동독 출신으로 독일 권력의 정점인 수상 자리에 올랐으며, 반체제운동단체의 대변인을 지내는 등 민주화운동 및 인권운동을 했던 동독 출신의 루터교 목사 요아힘 가우크는 2012년부터 독일의 연방대통령을 역임하고 있다.

넷째, 독일 통일에서 가장 적극적으로 정치·사회적 통합을 가능하게 했던 주체이자 통합의 매개체 역할을 수행한 것은 정당이었다. 3월 18일 총선에서 동독의 정당만 아니라 서독의 거의 모든 정당이 동독의 자매정당을 적극 지원해 선거를 치러내고 정당의 정치활동을 활성화했다.[43] 3월 18일 연방정부 구성을 결정하는 선거에서 독일동맹(기민당 중심의 선거연맹)이 승리를 거둔 후 5월 6일 지방선거에서도 기민당이 승리를 거둠으로써, 동독의 서독 편입 방식을 통한 독일 통일은 서독의 특정 정파에 의한 일방적인 강요에 의한 것이 아니라 동독 주민의 자율적 선택에 의한 결과였던 것이다. 정당의 적극적 정치동원과 정치적 대변을 통해서 선택된 통일 방식은 대중의 것이었다. 선거에서 대중적 동의의 창출은 중앙수준의 정치에서만 아니라 지역(또는 주)수준의 정치에서 통일방안과 이후 정치발전방안에 대한 적극적 동의를 통한 통일 추진을 의미한다.

---

[43] 서독의 녹색당은 동독 내 정당의 자주성을 존중해 최소한의 요청에만 응하는 방식의 소극적 지원을 원칙으로 했다.

동서독 지역 유권자의식에 대한 다양한 연구에서 확인되고 있듯이, 동독 주민들의 가치지향성은 서독 주민들의 경우보다 훨씬 동질적이다. 특정 정당을 선택한 동독 지역 유권자들은 같은 정당을 선택한 서독 지역 유권자들보다 다른 정당을 선택한 동독 유권자들과 오히려 더 공통점이 많다는 것이다(Thumfart, 2007, 303-314). "신연방주의 기민당, 자민당, 사민당, 녹색당 지지자들의 가치지향 설정에는 커다란 차이가 없다. (...) 서독의 기민당 지지자들은 동독의 기민당 지지자들보다는 오히려 서독의 녹색당 지지자들과 공통점이 더 많다. 자민당과 사민당의 경우도 마찬가지다."(Jagodzinski and Kühnel, 1997, 231) 이렇게 동서독 주민들 간 사회정치 의식의 분열선이 선명한 상태에서 통일 이후 정치·사회적 통합 과정 중 이들의 선택은 정당의 주도적 행위자이자 적극적인 매개체로서 매우 중요하다. 특히 민주사회당(PDS)에 대한 여전히 높은 지지와 PDS의 지속적인 변화 과정은 동독 지역 주민의 유동적인 정체성 형성의 과정과 맥을 같이하며, 이것이야말로 동서독 정치통합의 과정을 의미한다고 할 수 있다.

다섯째, 독일 정치체제에서 연방국가성은 독일 통일과 정치통합 과정에서 중요한 의미를 갖는다. 연방주의는 공화주의, 민주주의, 사회국가, 그리고 법치국가와 함께 독일의 5대 국가이념으로 꼽힌다. 서독체제에서 연방주의는 권력의 집중을 막기 위한 중요한 분권기제의 하나다. 역사적으로 국민국가로서의 출발이 늦었던 것도 자치공국의 강한 독립성이 배경으로 작용했고, 연방주의는 바이마르공화국 국가구성원칙의 근간이었다. 연방주의의 복원은 몰락한 동독 주민들에게 지역에 대한 소속감을 다시 부여함으로써 독일이라는 정치적 정체성을 유지하는 데 기여했다(오향미, 2003, 455). 2005년부터 4년 동안 실시된 튜링엔주 여론조사에 따르면, 주민의 25~30

퍼센트만 독일인으로서의 정체성을 갖고 있을 뿐, 40~45퍼센트는 튜링엔 주민으로서, 그리고 약 20퍼센트는 동독인으로서의 정체성을 갖고 있는 것으로 나타났다.[44] 동독 주민은 1990년 5월 6일 실시된 선거에서 부정선거로 이루어졌던 주 의회 대표를 다시 선출함으로써 동독 정치체제에서 제한적 의미만 갖던 분권주의와 연방주를 새롭게 부활시켰으며, 이와 동시에 서독의 민주주의제도를 채택·시행하는 행위이기도 했다.

끝으로, 독일은 통일 후 동독 지역 주민들의 정당을 통한 정치적 의사표현을 더욱 활성화시킴으로써 사회적 통합을 촉진하려고 시도했다. 선거제도 내에 매우 파격적인 예외조항을 두어 선거를 사회통합의 기회로 적극 활용한 것이다. 독일의 선거제도는 기본적으로 비례대표제를 택하고 있어, 전체 의석 배정의 기준은 제2투표인 정당별 지지율에 의해서 확정된다. 이때 전체 의석 중 절반은 지역선거구에서 다수표를 얻은 자를 우선 당선자로 배정한다(제1투표). 그리고 나머지 절반은 정당별 지지율에 따라 제1투표에 의해 당선된 수만큼 제외하고 비례대표 후보 리스트 중에서 배정되는 것이다(제2투표). 이외에도 독일은 군소정당의 난립을 막고 정당정치의 안정성을 확보하기 위해 '제2투표에서 최소한 5퍼센트'를 얻는 정당에게만 의석이 배분된다(5퍼센트 조항). 하지만 통일 후 첫 선거인 연방하원선거(1990.12.02)에 한해 동독 지역에서 출발한 정당은 독일 전체 유권자가 아닌 구 동독 지역 유권자 유효투표의 5퍼센트 지지만 얻어도 의회 진출이 가능하도록 했다. 뿐만 아니라 동독 지역에는 '5퍼센트 조항'을 유보적으로 적용했다. 이에 따라 1994년 10월 연방하

---

[44] 10% 미만의 주민은 유럽인으로서의 정체성을 갖고 있다(ThüringenMONITOR July 2005 / July 2006 / October 2007 / July 2008)

원선거 때 지역선거구에서 4명을 당선시킨 민사당이 5퍼센트에 미치지 못한 4.4퍼센트를 얻었음에도 불구하고 그만큼의 비례의석 26석을 추가로 배정받아 모두 30석을 획득했다. 즉 독일은 비례성 원칙이 가장 잘 관철되는 선거제도를 택하고 있는 상태에서도, 통일 후 지역통합을 위해 보다 개방적이고 소수의 대표성을 강화하는 제도의 도입으로 동독 지역 유권자의 통합을 위한 다각적인 노력을 경주하고 있다.[45]

독일 통일은 벌써 사반세기 전의 역사가 되었다. 하지만 내적인 통합의 문제는 여전히 중요한 사회·정치적 숙제 중 하나다. 동독 주민들의 의식조사에 따르면, 내적 통합은 경제통합보다 더 어려울 것이라고 한다.[46] 독일 통일은 그나마 정치통합에 용이한 역사적·제도적 조건에서 진행된 과정으로 평가됨에도 불구하고 여전히 내적 통합의 문제를 과제로 안고 있다. 동서독에 비해서 남북한은 역사적 경험의 차이로 인한 갈등에 대해서도 대비해야 한다. 통일 대비에 대한 진정성은 현재 남한 정치체제의 변화와 관련 정략적이 아닌 사회통합적 방안 모색에의 진정성과 통하는 것이다.

---

[45] 동독 지역에 대한 예외 인정에 대해 연방헌법재판소에 위헌 제소가 있었지만, 1997년 4월 10일 "이 제도가 의회의 기능을 원활히 하고, 제2투표율에 따른 의석을 배분할 때 고려되지 않은 선거인과 정당에 대한 기회균등을 고려한 것으로 기본법에 위배되지 않는다"고 합헌 판결했다. 한편으로 '5퍼센트 조항'은 1949년 도입 이후 점점 더 강화하는 방향으로 진화되어 왔다. 하지만 다른 한편으로, 사회적 통합을 위한 목적으로 소수민족을 대표하는 정당에는 적용하지 않는다는 예외를 도입해 소수 덴마크족을 대변하는 '남(南)슐레스비히유권자연합(SSW)'에 대해서 주 의회 진입을 인정했다. 2012년 선거에서도 SSW는 정당 지지율이 4.6%임에도 불구하고 3명의 의원이 슐레스비히-홀슈타인 주 의회에 진출하고 있다(http://www.election.de/cgi-bin/content.pl?url=/ltw_sh.html/, 검색일: 2014.02.15).
[46] 2000~2006년 여론조사에 따르면, 경제통합에 15~18년이 필요하지만, 내적 통합을 위해서는 21~23년이 더 소요될 거라는 의견이다(Sächsische Langsschnittstudie).

참고문헌

강경선·서경석. 2011. 『헌법의 기초』. 한국방송통신대학교출판부.
강원택. 2011. 『통일 이후의 한국 민주주의』. 나남.
김철수. 1997. "東獨憲法과 統獨憲法", 『미국헌법연구』, 8권.
로엘렉케 저·김상겸 역. 2001. "프랑크푸르트에서 바이마르와 본을 거쳐서 베를린으로: 독일에 있어서 민주적 헌법과 유럽에 있어서 사회발전(Vom Frankfurt über Weimar und Bonn nach Berlin)", 『아·태공법연구』, 제9집(2001.09.).바이덴 펠트·코르테 저. 임종헌 외 역. 1997. 『독일통일백서』. 한겨레신문사.
박성조·양성철. 1991. 『독일통일과 분단한국』. 경남대 극동문제연구소.
성낙인. 2009. 『헌법학』, 제9판. 법문사.
송태수. 2006. "독일 통일에서 정당의 역할", 『사회과학연구』, 14(1).
오향미. 2003. "독일 바이마르 공화국의 국가건설사상 연방제와 의회민주주의 원칙", 『국제정치논총』, 43(4).
유진숙. 2006. "연방주의 부활과 내적 동력: 2006년 독일 기본법 개정과 연방구조의 이완", 『한국정치학회보』, 42(2).
윤석진·이준서. 2008. "2006년 개정 독일기본법의 주요내용 연구", 『현안분석』, 2008-49. 한국법제연구원.
정재각. 2011. "독일연방제도에 관한 연구", 『한국행정연구원 연구보고서』, 2011-44. 한국행정연구원.

BMIB(Hg.). 1985. "Bundesminsterium für innerdeutsche Beziehungen". *DDR-Handbuch*, Bd. 2. Köln.
BPB(Bundeszentrale für Politische Bildung). 1998. *Die demokratische Revolution in der DDR 1989/90.*
Bundesgesetzblatt Jahrgang 2009. Teil I Nr. 16, ausgegeben zu Bonn am 25. März 2009.
Der Spiegel. 1991.09.02.
_____. 1995.09.25.
_____. 1999.10.27.
Gesetz über die Auflösung der Länderkammer der DDR vom 8.12.1958.
Gesetz über die Bildung des Nationalen Verteigungsrates der DDR vom 27.2.1960.
Gesetz über die Bildung des Staatsrates der DDR vom 12.9.1960.
Grottewohl, Otto. 1949. Über 'Die Verfassung der Deutschen Demokratischen Republik' (http://www.documentarchiv.de/ddr/1949/grotewohl_ddr-verfassung.html).
Jagodzinski, Wolfgang and Steffen M. Kühnel, 1997. "Werte und Ideologien im Parteienwettbewerb", in: O. W. Gabriel. O. Niedermayer, and R. Stöss (Hg.), *Parteiendemokratie in Deutschland*. Opladen.
Knabe, Hubertus. 1990. "Politische Opposition in der DDR. Ursprünge, Programatik, Perspektiven", *APuZ*, B.1-2.
Linnemann, Rainer. 1994. *Die Parteien in den neuen Bundesländern. Konstituierung, Mitgliederentwicklung, Organisationsstrukturen*. Münster-New York

Müller-Graff, Peter-Christian. 2005. "Deutsche Wiedervereinigung: Bilanz der rechtlichen Dimension," in: Volker Sellin (Hg.), *Deutschland fünfzehen Jahre nach der Wiedervereinigung*. Heidelberg: C. F. Müller.

Müller-Römer, Dietrich. 1968. "Zur sozialistischen Verfassung der DDR", *Juristenzeitung*, No.10(1968.05.17.).Sächsische Langsschnittstudie.

Sontheimer, Kurt. 1991. *Deutschlands politische Kultur*. München.

Thaysen, Uwe. 1990. *Der Runde Tisch. Oder: Wo bleibt das Volk? Der Weg der DDR in die Demokratie*. Opladen.

Thumfart, Alexander. 2007. *Die politische Integration Ostdeutschlands* (일부 번역. 『동서독의 정치통합』, KINU 2007.

Thüringen MONITOR. July 2005.

——————————. July 2006.

——————————. July 2008.

——————————. October 2007

Zwahr, Hartmut. 1993. *Ende einer Selbstzerstörung: Leipzig und die Revolution in der DDR*. Göttingen: Vandenhoeck & Ruprecht.

http://www.documentarchiv.de

http://www.election.de/cgi-bin/content.pl?url=/ltw_sh.html/.

제8장

독일 통일 이후 지방분권과 통일

윤영관

I. 서론

2014년 《이코노미스트》지는 위기에 직면한 서방국가들의 민주주의를 특집으로 다뤘다. 그 글은 현대 서방 선진국 정부들은 파당적 양극화와 대결, 그리고 자기 몫 챙기기에 혈안이 되어 있는 이익집단 갈등 속에서 저성장과 재원 부족 등 여러 어려움에 직면하고 있고 갈수록 권위와 능력이 약화되어 가고 있다고 지적했다. 그에 대한 하나의 처방으로 국민들이 정치가나 관료들에게 상부로 권한을 위임한 것과 같이, 하부로도 권한을 위임해 지방 차원의 견제를 강화하도록 해야 한다고 주장했다. 예를 들어, 토크빌(Alexis de Tocqueville)이 말한 것처럼 타운홀 미팅을 적극 활용해 시민 참여와 이노베이션을 강화하고 지역 주민들이 적극 참여하는 독립적 위원회들을 만들어 지방 차원에서 감독하고, 개혁하고, 비용을 절감하며 효율성을 추구하는 방안을 제시했다.[1]

---

[1]   *The Economist*, "What's gone wrong with democracy," March 1, 2014. (http://www.economist.com/news/essays/21596796-democracy-was-most-successful-political-idea-20th-century-why-has-it-run-trouble-and-what-can-be-do).

이처럼 지방 차원으로 국가 권력을 분산시키는 것은 민주주의 활성화를 위한 바람직한 미래 방향이다. 특히 우리는 지방분권이 단순히 민주주의라는 규범적 차원의 이유에서뿐만 아니라 기능적 차원에서 효율적일 것이라는 지적에 주목할 필요가 있다. 정치적 결정 과정에서 권한이 지역과 지방 차원으로 분산되고 위임되어 있을 때 지역 하부의 현장 상황을 가장 잘 알고 있는 현지 사람들의 적극적인 참여로 더 적합하고 합리적인 결정을 내릴 수 있기 때문이다. 그러한 의미에서 지방자치는 민주성과 효율성을 동시에 추구할 수 있는 중요한 제도적 장치로 간주되어 왔다.

한국의 경우도 분권과 지방자치가 1995년 민선 지방자치단체장 선출을 즈음해 제도화되기 시작한 지 벌써 20년이 지났다. 그러나 아직도 한국의 지방자치는 취약하다. 중앙정부가 중요한 권한과 재정을 지방에 이양하기를 꺼려해 왔고 그 결과 지방자치단체는 약하고 재정자립도도 낮다. 그러다 보니 아직도 정치, 경제, 사회, 문화, 모든 것이 서울에 집중되어 있고 서울을 제외한 모든 지방도시 및 농촌 지역 주민들은 상대적 박탈감에 사로잡혀 있다. 국민 참여라는 민주주의의 기본원칙과 기능적 효율성이라는 두 가지 목표뿐만 아니라 삶의 제반 영역에서까지 만족도가 떨어지고 있는 것이다.

이 같은 상황에서 최근 갑작스럽게 통일 논의가 일어나고 있다. 통일과 관련된 구체적 이슈들을 차분히 밝혀내고 그러한 이슈들에 대해 조용히 준비하고 필요한 조치들을 실제로 이행해 나가기보다는 통일의 당위성을 강조하며 국민들의 관심을 불러일으키는 데 주로 초점이 모아져 있는 듯하다. 통일을 달성해 나가는 데 있어서 수많은 중요한 과제들이 있겠지만 그중에서도 가장 중요한 과제는 정치적 통합의 문제다. 한국의 민주주의와는 전혀 다른 1인 독재체제를 견지해 온 북한 지역의 정치체제를 어떻게 민주주의체제로 통합시킬 것인가가 중요하다. 특히 고려해야 할 점은 북한 지역을 어떻게 지방분권정치의 틀 안에 통합해낼 것이냐 하는 문제일 것이다. 앞에서 지적한 것처럼 지방분권은 21세기 민주주의의 방향이고 한국의 통일도 그러한 대세에 발맞추어 추진되어야 할 것이기 때문이다.

이 글은 1990년 독일 통일 이후 서독의 지방분권정치가 어떻게 동독 지역의 통합 과정에서 작동하게 되었는지, 그리고 그것이 한국의 통일 이후 통합 과정에 어떠한 시사점을 던져 주는지를 살펴보는 것을 목표로 한다. 독일은 역사적으로 지방분권정치의 오랜 전통을 가지고 있다. 이러한 지방분권의 전통은 히틀러 치하와 2차 대전 이후 냉전분단체제 하의 동독에서 한때 중단되었다. 예를 들어 동독에서는 분단 직후 1952년까지는 주가 행정의 기본 단위로 유지되었으나 1952년 공산당 정권에 의해 폐지되었다. 그러나 베를린장벽이 무너진 후 1990년 10월 3일 통일에 이르는 과정에서 지방자치제에 입각한 연방제가 부활되었다. 통일을 원하는 동독 주민들의 여론을 반영해 서독에 가까운 제도를 만들기 위한 의도에서였다. 이러한 시도는 동독 지역이 각 주별로, 그리고 각 지방별로 특색 있는 발전과 경쟁 속에서 자연스럽게 통일독일의 민주주의 정치체제로 통합되는 결과를 가져왔다.

이 같은 독일 통합의 교훈이 미래 한반도 통일 이후 통합 과정에 던져주는 함의는 무엇일까? 물론 한국과 독일 두 사례에서 대조적인 점은 한국의 경우 중앙집권의 전통이 강하다는 사실이다. 중앙집권의 전통이 강하다 보니 상당수의 한국의 정치인들이나, 관료, 그리고 전문가들은 통일 이후 통합 방식에 대해서도 독일과 전혀 다른 통합 과정을 상정한다. 예를 들어 일부에서는 북한 지역에 특별행정구역을 설정하고 남쪽과 차별화된 정치, 경제체제를 당분간 유지하는 것이 바람직하다는 생각을 하고 있다. 북한은 민주주의의 경험이 없으니 당분간 남한 지역의 지방분권이나 민주적 정치체제와 차별화하고 경제적으로도 북한 지역의 노동자들이 남으로 이동하는 것을 막겠다는 것이다. 여기에는 효율성을 강조하는, 그리고 그러한 효율성을 1970∼1980년대의 권위주의적 방식으로 추구해야 할 것이라는 일종의 편의주의적 사고방식이 밑바닥에 깔려 있다.

본 논문은 그러한 편의주의적 발상을 넘어서서 정치 통합의 문제를 좀 더 진지하고 입체적으로 바라봐야 한다는 전제에서 출발한다. 예를 들어 앞에서 언급했듯이 남북 간의 정치 통합 과정에서 효율성 못지않게 중요한 것이 민주성의 원칙이고 이를 주어진 상황에서 최대한 반영하려 노력하는 것이 대단히 중요할 것이라는 것이다. 이런 진지한 노력을 남쪽의 통일 주도세력이 기울이지 않는 것으로 북쪽의 주민들에게 비쳐진다면 그들은 상당한 심리적 박탈감을 느끼고 반발할 것이며 그 결과 민주주의로의 통합도 힘들어질 것이다. 예를 들어 통일의 기본 정신이 자유민주주의 시장경제체제를 구 북한 지역으로 확산 적용하겠다는 것이고 통일헌법에 그렇게 규정하게 될 것임에도 불구하고 이를 실질적으로 위반하는 조치를 취하는 것이 아무리 잠정적이라 하더라도 과연 문제가 없을 것인가? 또한 그러한 권위주의적 중앙집중 방식을 시도하는 것이 길게 보아 다른 대안적 통합 방식보다도 부작용이나 비용이 적은 효율적인 방식이라고 보장할 수 있을 것인가? 과연 효율성의 추구를 위해서는 민주성의 목표를 포기해야만 하며, 두 목표가 동시에 같이 갈수는 없는가?

이 연구는 이러한 문제의식에서 출발한다. 그리고 한국도 통일이 되면 바로 그 시점부터 지방분권과 민주주의제도를 북한 지역에 적용하는 것이 가능하도록 지금부터라도 사전에 차분히 준비해 나가야 할 것임을 주장한다. 예를 들어 한국 안에서부터 먼저 지방분권과 지방자치를 강화해 나감으로써, 통일이 왔을 때 우리의 지방자치정치의 틀 안에 북한 지역을 통합해낼 수 있도록 평소에 준비해 나가야 한다는 것이다. 즉 한국의 지방분권과 민주주의 강화가 바로 통일 준비의 핵심 중 하나라는 것이다.

II. 서독에서의 지방분권정치

독일의 지방자치제 역사는 길다. 독일은 신성로마제국의 지배 하에서 수세기 동안 수많은 공국(公國)들로 나뉘어져 있었던 정치사적 전통이 있다. 그러나 17~18세기에 걸쳐 절대왕정이 강화되면서 도시의 자치적 재정과 행정에 대해서도 직접 통치하게 되었는데 1806년 나폴레옹군에게 프러시아군이 대패하면서 새로운 근대적 의미의 지방자치정부제로의 개혁안이 나오게 되었다. 1808년 프러시아도시법(Städteordnung) 제정을 통해 도시의 자유 시민들이 스스로 지역의 공적 업무와 공통의 의무를 이행해 나가도록 해주었던 것이다.[2] 이 법안의 창시자였던 칼 슈타인 준(準)남작(Baronet Karl vom Stein)은 "공공정신에 활기를 불어넣고 인간활동을, 사익을 초월해

---

[2] 전면적으로 수용되지는 않았지만 프랑스혁명의 여파로 이미 독일에도 민주적 대의제와 입헌정부에 대한 사상이 스며들기 시작했다. 독일의 역사학파 경제사상가인 프리드리히 리스트는 나폴레옹 전쟁 직후 이미 지방자치(municipal autonomy)를 옹호하는 글을 출간했다. Günther Chaloupek, "Friedrich List on Local Autonomy in His Contributions to the Debate About the Constitution of Württemberg in 1816/1817," in J.G. Backhaus, ed., *Two Centuries of Local Autonomy* (Berlin: Springer SBM, 2012), pp.3-4.

공익에 가깝게 유도(steer)해 나가도록 하기 위해" 법이 제정되었다고 말했다.[3]

1949년 5월에 제정된 서독의 기본법(헌법)은 바이마르(Weimar) 공화국 시기(1918~1933)의 지나치게 파편화된 다당제 하의 불안정한 민주주의와 나치독일 시기(1933~1945)의 중앙집권적 독재라는 양 극단의 경험을 피하고자 하는 기본 정신을 담고 있었다. 이를 통해 연방제와 강한 정당제도에 기반하는 정부체제를 구축해 안정된 입헌민주주의를 달성하고자 했다.

서독의 기본법 1조에서 19조까지는 독일 시민들에게 적용되는 기본적 권리, 즉 법 앞의 평등, 언론, 집회, 신앙의 자유 등을 규정하고 있다. 20조는 서독이 민주주의적이고 사회적(social) 연방국가임을 규정하여 국가가 시민들에 대한 기본적 사회복지를 제공할 책임이 있음을 규정하고 있다. 또한 각종 정부기관들 간의 견제와 균형 원칙을 규정하고 있으며 무엇보다도 중요한 연방정부(Bund)와 주정부(Land) 간의 권력을 배분하는 문제를 다루고 있다.

주목할 것은 독일의 기본법은 강력한 지방정부의 역할에 입각한 연방제를 규정하고 있다는 점이다. 기본법 30조는 연방정부가 기본법에 구체적으로 규정되어있는 분야에서만 권한을 행사할 수 있도록 정하고 있는데 연방정부에게는 주정부보다 더 큰 입법 기능을, 그리고 주정부에게는 연방정부보다 더 큰 행정 기능을 부여했다. 예를 들어 기본법은 연방정부의 입법 권한을 국방, 외교, 이민, 교통, 통신, 화폐 등의 분야에서 배타적으로 행사할 수 있게 했고(71조,

---

[3]   Everhard Holtmann, "A Decentralized Side of System Change towards Democracy: The Role and Importance of Local Government during the Process of Unification in Germany," 서울대 국제문제연구소 주최 <독일통합의 경험과 한국> 회의 발표논문 (2015.1), p.2.

73조), 민법, 난민, 공공복지, 국토관리, 소비자보호, 공공보건, 중요 통계수집 등의 분야에서는 주정부와 함께 권한을 행사할 수 있게 규정했다(72조, 74조, 74a조). 이렇게 연방의 권한으로 구체적으로 규정되어 있지 않은 기타의 영역, 예를 들어 교육, 법 집행, 라디오와 TV 규제, 문화활동, 교회 등에 대해서는 주정부가 권한을 행사하게 되어 있고 주정부는 세금 부과에 관해서도 상당한 권한을 보유했다. 이처럼 서독은 주정부의 권한이 상당히 강한 연방제를 가지고 있었다.

또한 서독의 기본법 28조는 이 같은 중앙정부와 주정부로 구성되는 연방제도와 함께 그 하위 수준에서의 지방자치를 보장하고 있다. 지방자치와 관련해서는 두 가지 수준의 행정제도를 구비하고 있었는데 그것은 광역자치단체인 크라이스(Kreis, 영어로 'county')와 최하위 기초자치단체이자 행정단위인 게마인데(Gemeinde, Städte, 영어로 'municipalities')가 그것이다. 그러나 대도시 지역에서는 이러한 2단계의 행정조직이 아니라 이 두 가지를 복합한 형태지만 크라이스로부터 독립된 단일 행정조직으로 자치시(kreisfreie Städte, 自治市)가 있었다.[4] 기본법 28조는 지역사회(örtliche Gemeinschaft, local community)의 모든 문제들을 법의 틀 안에서 책임지고 처리하는 것이 게마인데의 권리임을 규정했다. 그러나 각 주 정부가 법과 법률제정을 통해 지방정부를 감독(regulate)하고 지방정부의 행정지역구조(territorial structure)를 결정하도록 규정하고 있어 각 주의 고유한 사정에 맞게 지방행정구조를 결정할 수 있도록 했다. 또한 지방정부는

---

[4] 1994년 통계에 의하면 전체 지방정부 관리들의 33%가 자치시(kreisfreie Städte)에 의해 고용되어 있었고, 37%가 게마인데(Städte), 그리고 26%가 크라이스(Kreise)에 의해 고용되어 있었다. Helmut Wollmann, "Territorial Local Level Reforms in the East German Regional States (Länder): Phases, Patterns, and Dynamics," *Local Government Studies*, Vol.36, No.2 (April 2010), pp.269.

이러한 주정부 입법의 영향아 래 있지만 나름대로 '지방자치정부의 보장'이라는 헌법규정에 따라 헌법소원(Verfassungsbeschwerde)을 헌법재판소에 제기할 수 있도록 하여 견제와 균형의 메커니즘을 갖추고 있었다.[5]

이러한 지방자치단체들은 "지역공동체의 모든 사항을 자기 책임하에 규정할 권리"를 가졌다. 좀 더 구체적으로 설명하자면, 경우에 따라 다소 제한될 수는 있지만 원칙적으로 공직자를 독자적으로 선발하고 고용, 해임할 수 있는 인사권, 행정조직을 독자적으로 구축할 수 있는 조직권, 의회에서 조례를 제정할 수 있는 입법권, 예산을 독자적으로 책정하고 집행할 수 있는 재정권, 조세를 징수할 수 있는 조세권을 가지고 있다.[6] 이러한 권한을 통해 자기 고유의 사무를 실행하며, 또한 연방과 주의 법으로 위임받은 사무를 처리한다. 주정부들 간에 상호 약간의 차이가 있지만 고유사무는 스포츠 시설, 연극관, 박물관, 교통사업, 경제 부양 등 자유사업과 도로, 건설계획, 학교 건축 등 지시가 없는 의무사업, 건축 감독, 환경보호, 소방 등 지시에 따른 의무사업 등이 있다. 위임사업으로는 선거, 소방, 연방 복지서비스, 청소년 지원, 주택지원금, 질병예방, 자연보호 등 연방과 주정부법의 집행과 관련된 사항들이 있어 상당한 범위에서 권한을 행사할 수 있게 되어 있다.[7]

흥미로운 점은 권력분산에 있어서의 이러한 기본 원칙 아래 서독의 각 주(Länder) 행정의 자체조직, 주와 하위 지방자치단체들과의 관계들을 보면 상당한 제도적 차이와 다양성이 존재했다는 것이

---

[5] Wollmann, "Territorial Reforms," pp.253.

[6] 양현모, "독일통일에 따른 행정통합과 한반도통일의 시사점,"『독일통일 총서 2: 행정분야 - 통합관련 정책문서』(통일부, 2013년 12월), p.20.

[7] 정재각,『독일연방제도에 관한 연구』(한국행정연구원, 2011), pp.223-5.

다. 그런 의미에서 동독으로 이전될 단일한 서독 모델이 존재했던 것은 아니라고까지 말하는 사람도 있다. 더 나아가 연방제와 지방자치제가 동독으로 이전된 후에도 동독의 주의회들이나 주정부, 그리고 지방자치단체들은 스스로의 제도적 장치들을 개발하면서 각자의 고유한 상황에 맞게 적응하고 상황을 스스로 개선해 나갔다는 점을 주목할 필요가 있다.[8]

서독의 기본법은 통일로 이르는 두 가지 방식을 규정하고 있었다. 23조는 서독의 정치경제체제 안으로 동독을 흡수하는 방식이었고 146조는 통일독일헌법을 따로 만들어 기본법 자체를 대체하는 방식이었다. 통일 당시 서독의 헬무트 콜(Helmut Kohl) 총리는 국제정세가 빠르게 변화해 통일의 기회를 놓칠 가능성을 우려하며 신속한 통일을 원했고, 따라서 독일 통일은 23조 방식에 따라 이루어지게 되었다. 그래서 1990년 여름 양독 정부는 1,000쪽에 달하는 조약을 만들어 서독의 정치 체제와 정책을 동독에 연장시키는 것을 규정했고 이에 의거해 1990년 10월 3일 통일이 이루어졌다.

---

[8] Hellmut Wollmann, "Local Government and Politics in East Germany," in Winand Gellner and John D. Robertson, eds. *The Berlin Republic: German Unification and a Decade of Changes* (London: Frank Cass, 2003), p.155.

Ⅲ. 통일 과정에서 동독으로의 연방제적 지방분권 정치의 확대이전

1945년 동독 지역에 수립된 소련 군정은 동독의 5개 주, 즉 브란덴부르크(Brandendburg), 메클렌부르크-포어폼메른(Mecklenburg-Vorpommern), 작센(Sachsen), 튀링겐(Thüringen), 작센-안할트(Sachsen-Anhalt)를 임시적으로 지방행정을 관장하는 주로 인정했다. 그러나 7년이 지난 1952년 4월 동독의 사회주의통합당(SED) 정치국은 기존의 주들을 베치르크(Bezirk)로 분할 재편한다는 결정을 내렸다. 1956년에는 주를 완전 해체해 14개의 새로운 준지방적 행정기구(Bezirke)로 대체시켰다. 동구권의 공산정권들이 그랬던 것처럼 이른바 '민주적 집중주의(democratic centralism)'의 명분을 내걸고 지방자치제를 실질적으로 폐기했고 이로써 모든 권력이 중앙에 집중되어 중앙에서의 명령이 지방으로 하달되는 수직적 체제가 작동하게 되었던 것이다.

그러나 1989년 동구권에서의 민주화 및 자유시장경제 도입의 바람으로부터 변화가 시작되었다. 이러한 변화의 바람은 베를린장벽이 무너지기 수개월 전부터 동독에도 상당한 영향을 미치고 있었다. 결국 그해 가을 평화적 민주화운동이 동독에서 고조되면서 동독 정부가 해체한 주를 부활시키는 문제가 논의되기 시작했다. 이 시기에 시작된 설문조사는 동독 주민들의 50%가 '주' 행정단위가 재도입되는 것을 찬성했다고 1990년 2월 1일에 열린 장관회의에 보고되었다.[9] 당시 한스 모드로(Hans Modrow) 지도 하의 임시정부는 주를 다시 도입하는 문제를 검토하기로 결정했고 2월 1일 장관회의에서 지방자치단체 도입을 골자로 하는 행정개혁 추진이 결정되었다. 그리고 이 결정이 1990년 2월 5일 새로 들어선 준의회적 성격의 '원탁회의(Runder Tisch, Round Table)'에서 승인되어 행정구역 개편 논의가 시작되었다. 그러한 개편작업의 초점은 기초자치단체의 구성, 행정구역 개편을 통해 기초자치단체의 위상을 강화하고 주를 도입하는 문제, 그리고 지역의회의 결정권을 강화하는 문제였다. 1990년 2월 9일 동독 임시정부 회의에서는 이러한 결정사항을 논의하기 위해 각 분야별로 4개의 실무그룹이 구성되었다.[10]

1990년 3월 18일에는 동독에서 최초로 자유로운 인민회의(Volkskammer) 선거가 실시되었는데 헬무트 콜 총리의 제안으로 만들어진 '독일연합(Allianz für Deutschland)'이 승리해 로타 드메지에르(de Maizière)가 새로운 동독 총리로 선출되었다. 드메지에르 총리 정부는 출범과 함께 동독에 연방주제도의 도입을 위한 준비작업에 착수했다. 결국 1990년 5월 17일에 열린 인민회의에서 지방자치단체법(DDR-Kommunalverfassung, Municipal Charter)을 통과시키면서 1990년 초부터 진행되어 오던 동독 내에서의 행정구

[9] 양현모, "독일통일에 따른 행정통합과 한반도통일의 시사점,"『독일통일 총서 2: 행정분야 - 통합관련 정책문서』(통일부, 2013년 12월), p.44.
[10] 앞의 책, pp.45-46.

역 개편 논의가 종결되었다. 이 법에 의해 기초자치단체와 광역자치단체에 관한 규정과 행정체계가 확정되었는데 그 핵심은 서독의 행정체계에 부합하는 구조로 동독의 행정체계를 개편하는 것이었다.[11]

1990년 7월 22일 동독의 인민회의는 차후 서독과 체결하게 될 통일조약의 선결사항으로 '주설립법(Ländereinführungsgesetz)'을 제정했다. 이 법은 1990년 10월 14일부로 동독 지역에 사라졌던 5개 주를 재설립하고 동베를린에 별개의 주 지위를 부과하는 (후에 서베를린과 하나의 주로 통합) 것을 목표로 했다. 1990년 8월 22~23일에는 동독 인민회의가 3분의 2의 다수로 서독기본법 23조에 따라 양독의 통합을 결정했다.[12] 결국 양독 간의 통일조약(Einigungsvertrag)에 따라 서독의 연방구조가 이러한 동독지역의 새로운 주들과 동베를린에게 1990년 10월 3일자로 예정보다 11일 먼저 확대 적용되었다. 이로써 독일연방의 주는 11개에서 16개로 늘어났고 영토적으로는 40퍼센트가 그리고 인구상으로는 약 4분의 1이 증가하게 되었다.[13]

1. 지방별 다양성과 민주성을 살리는 지방자치제 이전

1990년 5월 17일에 통과한 지방자치단체법(DDR-Kommunalverfassung, Municipal Charter)은 전기한 대로 서독 지방자치제 모델을 동독에 들여오는 것이 기본 목적이었다. 그러나 동독의 제도가 무너지고 서독의 새로운 제도로 이전하는 과정에서 동독의 주의회나 주정부, 그

---

[11] 앞의 책, pp.51-52.

[12] Hartmut Klatt, "German Unification and the Federal System," *German Politics*, Vol.1, No.3 (September 2007), p.1.

[13] 앞의 책, pp.2-3.

리고 지방자치정부나 의회들은 상당한 정도의 자율권을 가지고 각자의 고유한 상황에 맞게 적응하고 발전할 수 있도록 제도적 해법들을 강구해 나갔다.[14]

예를 들어 1990년 5월의 지방자치단체법의 논의 과정에서 당시 동독공산당 정부에 대항해서 저항했던 저항단체들의 민초(民草) 수준에서의 활동과 원탁회의의 경험을 살리고 제도에 반영하기 위해 지방주민투표(local referendum)제도를 만들었다.[15] 즉 지방의회제도와 별개로 주민들이 직접 투표하여 목소리를 반영하는 주민직선제, 주민청원제, 주민결정제 등을 도입하여 현지 상황을 반영하면서도 적극적으로 직접 민주주의를 지방 차원에서 실현하기 위한 제도적 장치들을 마련한 것이다. 사실 당시 서독의 주들 중에서도 바덴-뷔르템베르크(Baden-Württemberg)주만이 유일하게 이러한 지방주민투표제를 가지고 있었는데 동독 지역에서 이러한 제도를 실시하자 구 서독의 다른 주들이 오히려 여기에 자극받아 지방주민투표제를 도입하기 시작했다.[16]

1990년 5월 6일 지방의회선거의 결과 새로운 정치 엘리트들이 나타나 '신정치인' 그룹을 구성하기 시작했다. 또한 동독의 지방자치 행정기관들을 중심으로 제각기 다양한 직업적 정치적 배경을 가진, 그리고 다양한 정치적 개인적 야심을 가진 행위자들과 집단들로 구성되는 정치의 장이 마련되어 그 지방 고유의 상황과 여건을 정책결정에 반영시킬 수 있었다.[17] 이들은 과거 공산당 정권 하에서 어떤

---

[14] Wollmann, "Local Government and Politics in East Germany," p.155.
[15] 양현모, "독일통일에 따른 행정통합과 한반도통일의 시사점," 『독일통일 총서 2: 행정분야 – 통합관련 정책문서』(통일부, 2013년 12월), p.65.
[16] Wollmann, "Local Government and Politics in East Germany," p.157.
[17] 앞의 책, p.156.

정치적 직책도 맡지 않았던 사람들로, 구 공산당 정권 시절의 엘리트들을 쫓아내고 크라이스나 게마인데, 자유시들의 선출직이나 임명직 행정 및 정치의 장(시장, 부시장, 또는 국장 등)을 맡게 되었다. 그러나 동시에 다른 중요한 행정직책에 수많은 서독 출신 인사들이 자리를 잡았다. 이처럼 서독의 제도와 행정 경험이 구 동독 지역의 지방자치에 중요한 영향을 미쳤다. 특히 주, 크라이스, 게마인데 등 각 수준의 행정기관 차원에서 구 서독 지역의 주, 크라이스, 게마인데 등과의 파트너십이 중요했고 구 서독 지역에서 중요한 지방자치자문기관(KGSt, Kommunale Gemeinshaftsstelle fur Verwaltungsvereinfachung)이 제공한 자문도 중요했다.

이러한 동독 지역에서의 자생적인 노력에 더해 연방정부와 구 서독 지역의 각 주 및 지방자치단체들로부터 실시된 구동독 지역에 대한 인력 지원이 행정체제의 정착에 중요한 역할을 했다. 통일 직후 혼란스러운 상황에서 새로운 행정절차를 정착시키는 데 있어서 경험과 재정적인 측면에서 구 동독 지역의 지방자치단체들의 역량은 한계가 있었다. 따라서 1990년 중반부터 서독의 인력 지원이 시작되어 1995년 말에는 약 35,000명에 달하는 행정인력이 구 동독 지역에 파견되었다. 이러한 막대한 인력을 구 동독 지역에 파견하는 것을 체계적으로 지원하기 위해 1990년 8월 29일 '연방-주 조직정비처(Bund-Lander Clearingsstelle)'의 설립이 결정되어 10월부터 구 동독 지역 행정기구의 정리 및 재조직 사업을 지원하는 활동을 시작했다. 이외에도 '합동인력소개소(Personalborse)'를 만들어 구 동독 지역에 효율적으로 행정인력을 제공했다. 또한 구 동독의 상대적으로 열악한 환경에서 일을 해야만 했었기에 지원 행정인력(Verwaltungshelfer)에게는 봉급 및 연금 혜택, 추가적 생활비 지급, 여행경비 및 별거수당 지급, 승진상의 혜택 등의 인센티브를 제공했다.[18] 그러나 행정인력 선발 과정이 시간적 여유가 없는 상태에서 급작스럽게 특별한 자격제한이나 심사 과정 없이 빠르게 진행되었고 이들에게만 지나친 차별적 혜택을 제공했던 점, 그리고 이들이 보조적인 역할을 넘어서서 점차 책임자나 결정권자로서 중요한 직책들을 차지하게 된 점들이 구 동서독 행정인력들 간의 갈등을 빚어내기도 했다. 그러나 이러한 행정인력 지원은 빠른 시간 내에 구 동독 지역에 행정체제를 구축하고 효과적인 업무수행을 가능하게 하는 데 상당한 기여를 했다.[19]

지방분권에 입각한 주 및 지방정치 활성화 노력이 펼쳐지는 과정에서 또 한 가지 중요한 것은 구 동독 지역의 주들과 구 서독 지역의 주들 간의, 그리고 지방자치단체들 간의 자매결연이 구 동독 지역의 경제 재건 및 연방 차원의 정치적 통합에 큰 도움이 되었다는 사실이다. 동서독은 통일 이전에도 자매결연이 존재했었으나 통일 이후 급속도로 증가했다. 예를 들어 베를린장벽 붕괴 이후 1990년 초까지의 수개월 동안에 약 646개의 도시 간 또는 기초자치단체 간 자매결연이, 그리고 통일 당시에는 총 854건의 자매결연이 이루어졌고 이것이 1993년에는 약 2,000건에 달했다.[20]

예를 들어 구 동독 지역의 브란덴부르크주는 자매결연을 통해 노드라인-베스트팔렌주의 도움을 많이 받았다. 통일 당시 브란덴부르크주 총리를 역임했고(1990~2002) 그 후 연방정부의 교통부장관(2002~2005)이면서 동시에 구 동독 지경재건담당 특임관직을 수행했던 만프레드 슈톨페(Manfred Stolpe)는 다음과 같이 말했다.

---

[18] 양현모, "독일통일에 따른 행정통합과 한반도통일의 시사점," 『독일통일 총서 2: 행정분야 - 통합관련 정책문서』(통일부, 2013년 12월), pp.89-93.

[19] 앞의 책, pp.94-101.

[20] 앞의 책, p.102.

"먼저 통일이란 정치적 변혁을 의미한다는 것이었다. 정치적 변혁을 위해 새로운 정치제도와 기관을 도입하는 작업이 쉬운 것은 아니지만, 그래도 그것은 의지가 있으면 실행에 옮길 수 있는 일이다. 그리고 이러한 과정에서 서독으로부터 도움을 받을 수도 있었다. 브란덴부르크주와 같은 경우 노드라인-베스트팔렌주로부터 많은 도움을 받았다. 통일 이전부터 나를 잘 알고 있었던 요하네스 라우가 나에게 브란덴부르크주 총리에 입후보하라고 권했을 때 나는 노드라인-베스트팔렌주가 브란덴부르크주와 자매결연을 맺는다면 입후보하겠다고 했다. 그리고 실제 브란덴부르크주와 노드라인-베스팔렌주 간에 자매결연 협약이 체결되었다. 그 후로 노드라인-베스팔렌주는 약 5,000명의 공무원과 전문가를 우리 주의 각 분야에 파견했다. 그들은 주정부의 행정기구, 경제기구 외에 우리 주의 전 분야에 투입되었다. 당시 그들은 우리 주에서 개혁이 실현되는 데 중요한 역할을 했다."[21]

　또한 연방정부, 주정부의 재정지원과 함께 이러한 자매결연 채널을 통해 구 동독 지역으로 흘러들어간 재정지원이 이 지역에서의 신속한 행정 시스템 구축에 큰 도움이 되었다. 물론 전체 통일 과정에서 구 동독 지역에 거액의 지원이 제공되었다. 1991년부터 2014년까지 서독에서 동독으로의 이전은 1조 5,000억 유로로 추산되고 이중 동독에 대한 '특별' 지원 액수는 3,500억 유로고 나머지는 주간 경제적수준의 격차를 해소하기 위해 헌법규정에 따라 구 서독의 경제력이 약한 주에도 지원되는 '일반적' 지원이라고 한다. 지금도 매년 약 550억 유로가 순이전(세금과 사회보장연금을 뺀)되고 있는데

---

[21]　이은정·베르너 페니히, "통일독일의 행정구조 통합과 행정인력 수급,"『독일통일 총서 3: 구 동독지역 재건 특임관 분야 관련 정책문서』(통일부, 2013년 12월), pp.152-153.

이 액수는 1995년에 1,070억 유로로 가장 높았다고 한다.[22]

지방자치제도의 동독으로의 이전기에 민주적 지방정부를 활성화시키기 위한 노력과 관련된 문제가 게마인데의 규모였다. 구 동독 지역의 각 주들은 동독공산당 시절 권력의 중앙집중을 위해 1952년 새로이 획정된 지방자치 구획들이 너무 규모가 작아 조직적으로나 기능적으로 통일 후의 새로운 지방분권정부 모델에 맞지 않다고 생각했다. 따라서 게마인데들의 숫자가 너무 많은 것을 고려해 실제로 원활한 기능을 할 수 있도록 여러 게마인데들이 연합해 자율적으로 공동의 업무처리를 하는 '연합자치단체(Ämter, 또는 Verwaltungsgemeinschaften)'를 만들어 각 게마인데들이 여기에 가입하도록 유도했다. 이 또한 서독의 지방행정자치 모델을 본 딴 것으로 학교시설, 지방도로, 쓰레기 등의 관리를 주정부의 위임에 따라 시행했다. 그러나 작센주는 다른 네 개의 주와는 달리 연합자치단체를 만들기보다는 여러 게마인데들을 통합해 각각의 사이즈를 크게 하고 숫자를 줄이는 방식을 선호했다.[23] 1990년에 시작되어 1994년에 신속하게 완성된 새로운 구역 획정으로 크라이스의 숫자는 189개에서 86개로 줄고 각 크라이스의 평균 인구수도 6만 명에서 15만 명으로 늘어났다.[24]

2000년대에 들어서서는 게마인데의 규모를 조정하기 위한 또 한 번의 새로운 지방행정 개혁이 진행되었다. 게마인데에서의 인구가 너무 적어 지방의회(local council)나 게마인데의 장(長)을 선출하기에 충분할 정도의 후보가 나타나지 않았고 청년층들이 떠나감으

---

[22] Joachim Ragnitz, "The Economic Integration of East Germany since 1990," 서울대 국제문제연구소 주최 <독일통합의 경험과 한국> 회의 발표논문 (2015.1), p.3.

[23] Wollmann, "Territorial Local Level Reforms," p.258.

[24] 앞의 책, p.259.

로써 노인층들만 남아 사회적, 인구적, 정치적으로 문제가 생기기 시작했던 것이다. 그리고 크라이스와 게마인데 사이에 생겨난 연합 자치단체들이 상호 간에 그리고 내부의 구성 게마인데들의 의회나 행정의 장들과의 관계에서 기능이 원활하지 않아 긴장이 나타났다. 또한 너무 행정단위가 지방 차원에서 많아진 것도 문제가 되었다. 그 결과 2004년 개혁을 통해 게마인데의 숫자는 1,729개에서 421개로 줄었고 각 게마인데에 속하는 평균 인구수는 1,500명에서 5,900명으로 늘어났다. 연합자치단체의 숫자도 152개에서 54개로 줄어들었는데 아직도 게마인데들의 56퍼센트가 연합자치단체의 구성원으로 남아 있었다.[25]

2. 지방분권화 - 동구권의 일반적 추세

사실 지방분권화 개혁은 동독 지역에만 한정된 것이 아니라 동구권 국가들의 일반적 대세였다. 1980년대 말 공산당 정권의 붕괴 과정을 거치면서 동구권 공산주의국가들도 중앙집중적인 공산당 치하의 사회주의 정치경제 시스템이 대단히 비효율적인 것이었음을 인식하고 지방분권화의 길로 진입해서 오늘날에 이르고 있다. 또한 시장경제 체제로의 전환을 경험한 동구권 국가들이 유럽연합에 가입하기 위해서도 중앙집중적 공산주의 모델을 지양하고 지방분권적 민주주의 강화를 원했던 유럽연합 당국의 요청을 만족시켜야만 했다.

예를 들어 폴란드의 경우는 이러한 동구권 국가들 중에서도 가장 전형적인 분권화 시도 국가였다. 폴란드는 1795년에서 1918년까지, 그리고 1939년에서 1945년까지 지도상에서 두 번씩이나 사라져

---

[25] 앞의 책, p.261.

버린 국가였다. 그리고 1945년 재탄생한 후 4년 6개월 만에 소련 공산주의의 지배를 받는 공산주의국가가 되었다. 폴란드는 독일, 러시아, 오스트리아에 의한 지배 경험에 의해 각 지역별로 다른 문화전통이 남아 있었고 지역별로 다양한 언어가 구사되고 있었다.

1차 개혁 시도는 1990년 3월에 이루어졌는데 1975년 공산당 정부가 파괴한 지방행정단위를 되살리는 것이었다. 당시 공산당 제1서기 기렉(Edward Gierek)은 지역에 기반한 잠재적 정치 라이벌들의 기반을 약화시키고 자신의 권력기반을 확대하기 위해 역사적으로 존재해 왔던 지방행정단위(powiat)를 없애 버리고 기존의 16개 주(the voivodship)를 49개로 잘게 쪼개 버렸다. 그리고 49개 주 지사들이 자신의 직접적인 통제 아래 지역정책을 관장하게 만들었다.**26** 이로써 사회주의체제 국가들이 채택했던 이른바 민주적 집중주의가 심화되었다. 1차 개혁은 이러한 문제들을 해소하기 위해 지방행정단위에 자율적 능력을 강화했지만 재정의 이전은 수반되지 않았다.

2차 개혁은 1998년 7월에 입법화되었는데 주의 숫자를 49개에서 16개로 줄였고 주지사는 지역정부의 감독자 역할에 그치고 실제권력은 선출된 주의회와 주의회 의장이 갖고 행정을 관할하게 되었다. 그리고 이들 주의회와 의장은 자기 주에서 거두어들인 소득세의 30퍼센트, 부가가치세의 15퍼센트를 사용할 수 있게 되었다.**27** 이러한 주 아래에는 소규모 지방행정 단위(powiat)가 재설정되었고 그 단위의 장 역시 주민에 의해 선출되었다. 이러한 개혁 법안을 만드는 과정에서 상당한 민주적 토론이 진행되었는데 각 지방의 주민들

---

26 Francois Bafoil, "Regionalization and Decentralization in Comparative Perspective: Eastern Europe and Poland," CERI/Sciences Po (March 2010), p.10.
27 *The Economist*, "Poland's Devolutionary Battleground," Feb. 5th, 1998.

은 자신의 지역의 이익이 무엇인지 알게 되었으며, 오래된 과거 지역행정 경험에 대한 기억을 되살리게 되었다.[28] 이러한 지방분권화 개혁으로 주 차원 정치의 상당한 근대화가 이루어졌다. 그 전에는 중앙집중화된 행정체제 속에서 관료들의 업무는 전문화되지 못했고 그 결과 무책임성이 팽배해 있었다. 그러나 지방분권화로 행정기관들의 업무가 전문화되고 개별 관리들의 업무영역이 세분화되었으며 그 결과 시민들에게 책임을 지는 합리적 관료체제가 가능해졌다.[29]

---

[28] Francois Bafoil, "Regionalization and Decentralization in Comparative Perspective: Eastern Europe and Poland," CERI/Sciences Po (March 2010), p.11.
[29] 앞의 책, p.12.

IV. 지방분권정치의 정치적 통합효과

비록 입법과 행정 구조 등, 정치 구도는 서독에서 동독으로 자발적으로 수입되었지만 동독의 5개 주의 부활 이후 각 주의 정체성과 고유한 문화가 되살아나기 시작했다. 예를 들어 '작센의 긍지', '브란덴부르크 방식' 등의 용어들이 등장하기 시작했고 각 주만의 독특한 깃발, 협회들, 역사적 기념물, 거리 이름 등이 등장하며 지역주의의 전통이 부활하기 시작했다.[30]

이처럼 통일 과정에서 구 동독 지역의 주들은 서독으로부터 수입된 민주주의체제를 획일적이 아닌 지역적 특성을 살리는 방식으로 운용해 나갔고 이는 독일의 연방적 지방분권제도 때문에 가능했다. 즉 지방분권의 정치가 지역별 정체성의 형성을 통해 공산주의체제 이전 시대, 공산주의체제 시대, 그리고 새로운 민주정치체제를 관통하는 다리 역할을 하게 된 것이다. 또한 지방분권정치는 문제해

---

30 Jennifer A. Yoder, "The Regionalization of Political Culture and Identity in Post-Communist Eastern Germany," *East European Quarterly*, Vol.32, No.2 (June 1998), p.197.

결을 분산화하고 정체성을 형성해 주며 정치적 참여를 증대시킴으로써 전국 차원에서 추구하는 민주주의를 강화하는 효과를 가져왔다. 특히 보통의 시민들 입장에서는 지방과 지역 차원의 정치가 새로운 민주정치체제 하에서 새로운 소속감과 정치적 효율성을 강화시키는 기제가 되었던 것이다.[31]

비슷한 맥락에서 구 동독 지역의 각 지방들은 경제적 사유화와 경제체제 전환의 과정에서 제각기 다른 경험을 하게 되었다. 즉 각 지방마다 독특한 특색이 있었는데 예를 들어 구 동독 지역의 북부지방은 경제적으로 산업화의 정도가 낮아 덜 풍요로웠던 데 비해 작센과 같은 남부지방은 산업화가 더 진행되어 있어서 상대적으로 잘 사는 지방이었다. 이러한 차이점들은 체제 전환과 통합 과정에 대한 구 동독 지역 주민들 상호 간에도 인식의 차이를 낳았다. 또한 서독과의 지리적 근접성 여부, 서독의 영향(인적 자원의 유입, 상업화의 정도)의 크기 여부도 구 동독 지역 주민들 간의 인식 차이를 낳았다. 이처럼 구 동독 지역 주민들은 서독 주민들이 이해하기 힘든 자신들만의 문제점과 시각들을 가지고 있었는데 통합을 주도하는 구 서독 지역의 정치인들은 이러한 지방별 사정에 대한 인식이 부족하기 마련이었고 이에 대한 구 동독 지역 주민들의 불만도 존재했던 것이 사실이었다.

정치적 통합의 측면을 살펴볼 때 서독 사람들의 관점, 특히 국가 차원의 중앙정치 관점에서 보면 동독 치하의 40년 독재는 아무런 의미가 없는 것으로 인식될지 모른다. 그러나 실제로 구 동독 지역 주민들 당사자의 입장에서는 그러한 서독 사람들의 시각을 받아들인다는 것은 스스로의 정치적 정체성과 자긍심을 훼손당하는 것을

---

[31]   앞의 책, p.198.

의미했다.

또한 구 동독 지역 주민들은 공산주의체제에서의 경험으로 말미암아 정치참여 그 자체에 대해서 독특한 부정적 시각을 갖고 있었다. 공산주의 정치체제 하에서 개인은 국가의 하부에 존재하는 것으로 진정한 의미의 정치참여 기회가 전혀 주어지지 않았다. 정치 참여는 모두 상부의 공산당에 의해 지시된 경우에 한정되었을 뿐이며 그것은 부패하고 비도적적이고 회피해야할 대상으로 간주되었다. 이러한 오랜 사고방식은 통일 이후 새로운 정치체제 아래서도 남아 있기 마련이었다. 즉 정치는 아직도 소수의 권력자들을 위해 작동하는 것이라는 생각이 남아 있어 자연스럽게 정치 참여를 꺼리게 만들었던 것이다.[32] 이 또한 정치적 무기력증을 심화시키는 요인이 되었다.

이러한 정체성과 자긍심의 공백을 메꿔 줄, 동시에 정치적 무기력증을 해소해 줄 대안적 기제가 구 동독 지역 주민들에게 필요했던 것이고 이것이 독일의 경우에는 지방자치였던 것이다. 실제로 독일 통합 과정에서 중요한 역할을 했던 정당이 구 동독 지역에서 작동하는 방식을 살펴보면 지방분권정치의 중요성이 드러난다. 위에서 언급한 정치 참여에 대해 회의적인 구 동독 지역 주민들의 태도로 말미암아 구 동독 지역에서의 정당조직은 구 서독 지역의 정당조직에 비해 약했다.[33] 특히 당원 가입 비율은 매우 낮았고 정치제도와 엘리트들과 시민들을 연결시켜 줄 중간 연결고리 역할을 할 조직들도 제대로 개발되지 못한 취약한 상태였다. 그렇기 때문에 동독의 문화, 사회구조, 또는 이해관계와 원래 서독 지역에서 만들어져 동독

----

[32] 앞의 책, p.201.
[33] 앞의 책, p.202.

지역으로 확장된 정당들 간에는 간격이 존재했다. 그 같은 상황에서 구 동독의 정당 지도자들은 주민들의 지지를 확보하기 위해 각자 지방 차원에 적합한 방향으로 정당의 정체성과 지지 동원 전략을 조정해 나갔고 때로는 구 서독 지역의 동일 정당과 상충할 수도 있는 독자적 입장이나 정체성을 추구해 나갔다.[34] 이로써 동일한 정당 내에서도 지방에 따라 상당히 다양한 정체성을 형성하게 된 것이다.

멀리 느껴지고 익숙하지 않은 전국(연방) 차원의 정치는 아무래도 구 동독 지역의 주민들에게는 자신들의 문제를 풀어 나가는 적합한 정치적 공간이 아니었다. 그런 상황에서 좀 더 익숙하고 실질적이며 접근이 쉬운 주와 지방 차원의 지방자치가 눈앞에 닥친 자신들의 문제들을 해결하는 데 더 적합한 정치공간을 마련해 주었다. 이는 또한 구 동독인들의 정치적 자긍심을 높여주고 민주주의체제 발전에 긴요한 책임의식과 태도를 강화시켜 민주적 통합에 기여하게 되었다.

지방 분권과 자치를 강조하는 통합 과정은 행정의 효율성의 관점에서도 대단히 중요했다. 통일 이후 통합 과정에서 주민들의 일상적 삶의 어느 부분에서도 마비가 없이 순탄하게 지속되는 것이 대단히 중요했다. 예를 들어 학교, 상하수도, 전력 공급 등도 당연히 지속되어야 했고 사회보장 시스템, 사회적 서비스 시스템, 치안유지 등이 차질 없이 운영되어야 했다. 만일 이러한 일상적 삶의 영역 중

---

[34] 예를 들어 기민당(CDU)의 경우 통일 직후 초기에는 통일 이전 서독의 기민당의 정강정책이나 동원전략이 변동 없이 그대로 동독 기민당에 이식되었다. 그러나 점차로 동독의 기민당 당원들은 서독과 다른 자신들만의 특수한 문제들을 더욱 집중적으로 논의하기 시작했고, 1994년 선거에서 기민당이 비판했던 PDS가 약진하며 자당에 대한 지율이 하락하자 동부 지역의 특수성을 반영한 상당히 독자적인 노선을 추구하기 시작했다. 사민당(SPD)의 경우에는 1990년 선거에서 실망스러운 결과를 목도한 후 동독의 특수성을 반영하는 방향으로 유사한 전환을 모색했다. 앞의 책, pp.203-206.

어느 한 분야에서라도 차질이 생기면 주민소요가 일어날 가능성이 높았다. 그러한 상황에서 행정의 효율성을 높이기 위해서는 지방의 현장 사정에 밝은 인사를 활용해야 하는데 기본 전제가 지방에 권한을 주는 분권에 입각한 지방자치제 하에서만 이것이 가능했다.

　기초단체의 행정조직을 제대로 가동시키는 것이 중요한 또 다른 이유는 그것을 통해 새로운 정치체제를 신속하게 정착시키는 데 도움이 되기 때문이다. 그것은 주민들의 입장에서 볼 때 새로운 민주정치체제를 받아들이고 수용하는 정도는 주민들의 일상적인 삶과 관련해 그러한 민주정치체제가 지방기초단체 차원에서 만족을 주어야 하기 때문이다. 만일 통일 후 중앙정부에서 민주주의 정치체제를 내세우는데 그러한 민주주의 정치체제의 하부 작동 기능이 자신들의 일상적 삶을 어렵게 만든다면 민주정치체제 자체에 대한 반발과 회의가 심해질 것이다.

V. 독일의 경험이 한국의 통일에 주는 함의

동독에서 주가 부활되고 지방자치가 활성화되자 각 주들이나 그 아래 지방자치단체들의 환경과 입지가 제각기 다름에 따라 상호간에 이해관계가 달라지고 주들 간에 경쟁도 활발해지게 되었다. 결국 이슈별, 사안별로 구 동독 지역의 각 주나 지방들이 서로 경쟁하면서 자연스럽게 지방분권에 기반한 민주정치의 틀 안에 수용되어 새로운 정치체제로의 통합이 순조롭게 진행되는 결과를 낳은 것이다. 통합 과정에서 구 동독 지역 전체가 하나의 정체성(identity)을 형성해 단합하고 구 서독 지역이나 통일독일의 연방정부에 대립하는 구도가 생겨날 정치적 공간을 아예 없애는 효과를 가져왔던 것이다.

한국이 통일된다면 동일한 딜레마에 부딪히게 될 것이다. 통일 이후 북한 지역 주민들은 그렇지 않아도 경제적, 사회적, 심리적 차원에서 박탈감에 젖어 있을 텐데 이들에게 박탈감을 벗어 버리고 민주주의체제에 대한 신뢰와 함께 적극적 참여에 대한 강한 동기를 부여해 줄 정치적 기제가 필요할 것이다. 그러한 기제가 바로 분권에 입각한 지방자치제도다.

특히 통합 과정의 혼란과 상대적 불리함 때문에 중앙정치 차원에서 두각을 드러내고 자체적인 입장을 강하게 주장하기 힘든 북한 주민들에게는 삶의 가까운 영역에서 실질적인 영향력을 행사할 수 있는 정치적 공간은 지방정치가 될 수밖에 없을 것이다. 민주주의에 대한 경험이 없다는 이유로 경제적으로 힘든 북한 주민들에게 이러한 자율적 정치공간마저 박탈해 버리면 심리적 박탈감과 무기력증이 심화될 것이고 이 때문에 실질적 통합 과정은 더욱 힘든 난관들로 점철될 것이다. 또한 민주주의에 대한 과거 경험이 없다고 현재의 연습 기회마저 박탈한다면 미래의 민주주의에 대한 희망은 더욱 멀어질 것이다.

국내에서는 통일과 관련하여 이른바 홍콩형 모델과 독일형 모델을 종종 이야기해 왔다. 독일처럼 신속하게 전체 국가 차원에서의 통합을 추진하기보다는 홍콩처럼 특별행정구를 북한 지역에 설치해 과도기를 두고 점차적으로 통합하자는 것이다. 사회적 충격과 비용을 줄이는 차원에서 이 같은 홍콩 모델이 바람직하다는 주장도 들린다. 그러나 홍콩 모델은 두 가지 측면에서 한계가 있다.

첫째는 홍콩형 통합 모델의 경우 통일 이후의 과정에서 위에서 설명한 독일에서와 같은 내부적 해소와 완충 메커니즘이 없다면 북한 지역의 불만사항들이 누적될 것이다. 그 경우 북한 지역 전체로의 단일 정체성이 점차 형성되어 중앙정부, 또는 과거 남한 지역을 향해 분출될 것이고 남북 간 갈등이 높아질 것이다. 이는 결국 말로는 통일이 되었지만 실제로는 내부적 분단 지속이라는 딜레마 상황을 낳을 것임을 의미한다. 이러한 갈등을 내부적으로 완화해 주고 해소해 주는 기제가 바로 분권에 입각한 지방자치다.

앞에서 살펴본 것처럼 지방 차원에서 자치권을 부여해 충분히 민주성과 효율성을 추구하기 위해 노력했던 독일 통일의 경우에서 조차도 구 동독 지역 주민과 구 서독 지역 주민 간의 심리적 갈등이 아직까지도 완전히 해소되지 않은 상태다. 그런데 하물며 한국이 그러한 1국가 2체제의 홍콩형 모델로 간다면 진정한 의미의 남북 통합은 상당히 지체되고 힘들 것이며 남북 간 정치적, 경제적 이해갈등이 사라지지 않고 상존할 가능성이 높다. 북한 주민들은 지속적인 열등감에 사로잡혀 살게 될 것이고 이것이 남북 간 정치적 갈등을 심화시킬 것이다.

둘째로 홍콩형 모델은 이처럼 국내 정치적 통합 차원뿐만 아니라 국제적 차원에서도 새로운 불확실성을 야기할 수 있다. 한국이 통일된다 하더라도 북한 지역은 중국 경제와 깊은 상호 의존관계를 유지해 나갈 수밖에 없다. 특히 중국의 동북3성 지역과 깊은 연계를 가지고 경제발전을 추진하며 시너지효과를 구사해 나가야 할 것이다. 그러한 상황에서 만일 남쪽과는 다른 특별행정구역을 북한 지역에 유지한다는 것은 그만큼 단일 통일국가로의 구심력이 약화되고 북한 지역에 대한 외세의 상대적 영향력이 강화될 것임을 의미한다. 그러한 추가적인 불확실성과 불안 요인을 과연 우리가 만들어 낼 필요가 있을 것인지 깊이 따져 봐야 한다.

물론 통일 직전과 진행 과정의 국내, 북한, 그리고 국제적 차원의 정치 상황이 어떻게 전개될 것이냐, 통일이 어떠한 방식으로 촉발되어 진행될 것이냐 하는 통일 당시의 상황이 어떠한 정치적 통합 전략을 선택해야 할 것이냐에 중요한 변수로 고려되어야 할 것이다. 따라서 독일식이냐 홍콩식이냐, 둘 중 독일식을 절대적으로 선택해야 된다고 주장하고자 하는 것은 이 글의 의도는 아니다. 사실 이 두 가지 방식 이외에도 또 다른 제3의, 제4의 방식도 있을 수도 있다.

이 글의 의도는 서두에서 언급한 것처럼 말로는 민주주의를 중요하게 간주한다고 말하면서 실제로는 효율성이라는 명분을 내세우며 그것을 피해가는 것을 쉽게 생각하는 편의주의적인 사고방식이 정치 지도자나 국민들의 머릿속에 자리 잡고 있을 가능성, 그리고 그것이 통일이후 정치적 통합에 대해 논의하는 과정에서 실제로 발동될 가능성에 대해 경계하고자 하는 것이다. 수많은 정치 지도자들이 민주주의를 주장하면서도 모든 권한이 집중되어 있는 한국 정치의 구조적 모순을 개선하는 일에 대해서는 소극적이었다. 승자독식(winner-takes-all) 사고방식이 깊이 자리 잡고 있기 때문일지도 모른다. 그래서 한국 정치에서는 권력을 확보하면 모든 것을 갖게 되고 놓치면 모든 것을 잃게 된다. 그러다 보니 정치권은 우리 사회나 국가가 당면한 실질적인 문제해결에는 별로 뜻이 없고 어떻게 권력을 잡느냐에만 몰두해 있다. 이것이 지역 간, 세대 간, 이념 간 갈등을 필요 이상으로 증폭시키고 민주정치의 대표성도 효율성도 최소화되고 있는 이유고 정치권 전반이 국민들로부터 유리되어 비판의 대상이 되고 있는 이유다.

만일 이러한 한국 정치의 후진성이 통일되기 전까지 극복되지 않는다면 통일 이후의 과정은 명약관화(明若觀火)하다. 한국 정치의 지역, 세대, 이념 등 기존의 갈등구조에 또 하나의 남북갈등 구도가 추가되어 혼란과 고통만이 가중될 것이다. 그러한 의미에서 진정한 통일 준비는 지금 한국 정치에서 지방분권정치를 제대로 실현하기 위한 당장의 노력일 것이다. 이를 통해 통일 이후 북한 지역에 적용할 민주정치적 통합의 틀을 미리 만들고 우리끼리 시험하면서 시행착오를 개선해 나가야 할 것이다. 물론 그 중간 과정에서 최근에도 제기되었던 것같이 새로운 권력 개편, 즉 대통령제냐 의원내각제냐 등의 논란이 있을 수 있을 것이다. 그러나 중요한 것은 분권에 입각한 지방자치를 통해 각 지방의 특수성과 대표성이 충분히 반영될 수 있도록 하는 것을 기본 원칙으로 삼아야 할 것이라는 점이다.

참고문헌

정재각. 2011. 『독일연방제도에 관한 연구』, pp.223-225. 한국행정연구원.
통일부. 2013. 『독일통일 총서 2: 행정분야: 통합관련 정책문서』, 2013년 12월. 통일부.
통일부. 2013. 『독일통일 총서 3: 구 동독지역 재건 특임관 분야 관련 정책문서』, 2013년 12월. 통일부.

Bafoil, Francois. 2010. "Regionalization and Decentralization in Comparative Perspective: Eastern Europe and Poland", CERI/Sciences Po (March 2010), p.10.
Chaloupek, Günther. 2012. "Friedrich List on Local Autonomy in His Contributions to the Debate About the Constitution of Württemberg in 1816/1817", in J.G. Backhaus, ed. *Two Centuries of Local Autonomy* (Berlin: Springer SBM, 2012), pp.3-4.
Holtmann, Everhard. 2015. "A Decentralized Side of System Change towards Democracy: The Role and Importance of Local Government during the Process of Unification in Germany", 서울대 국제문제연구소 주최 <독일 통합의 경험과 한국> 회의 발표논문 (2015.01).
Klatt, Hartmut. 2007. "German Unification and the Federal System", *German Politics*, Vol.1, No.3 (September 2007), p.1.
The Economist. 1998. "Poland's Devolutionary Battleground", *The Economist*, Feb. 5th.
_____. 2014. "What's gone wrong with democracy", *The Economist*, March 1st.
Wollmann, Hellmut. 2003. "Local Government and Politics in East Germany", in Winand Gellner and John D. Robertson, eds. *The Berlin Republic: German Unification and a Decade of Changes* (London: Frank Cass, 2003), p.155.
_____, 2010. "Territorial Local Level Reforms in the East German Regional States (Länder): Phases, Patterns, and Dynamics", *Local Government Studies*, Vol.36, No.2 (April 2010), pp.251-270.
Yoder, Jennifer A. "The Regionalization of Political Culture and Identity in Post-Communist Eastern Germany", *East European Quarterly*, Vol.32, No.2 (June 1998), p.197.